117 M 02

Rita Lüder

Bäume bestimmen
Knospen, Blüten, Blätter, Früchte

Rita Lüder

Bäume bestimmen
Knospen, Blüten, Blätter, Früchte

Der Naturführer für alle Jahreszeiten

Haupt Verlag

Zur Autorin

Dr. Rita Lüder ist promovierte Biologin und arbeitet als freischaffende Illustratorin, Dozentin und Autorin.

Umschlagabbildungen
Vorne *Bergahorn*: Okapia/imagebroker/Bernd Zoller; *Wildbirne-Knospen* und *Spitzahorn-Blüten*: rudi.s, flickr, CC-BY-SA-2.0; *Beerenfrüchte*: Roberto Verzo, flickr, CC-BY-2.0
Rücken *Laubbäume*: Okapia/imagebroker/Lilly
Hinten *Eiche*: Markusram, flickr, CC-BY-ND-2.0; *Hagebutten* und *Ahorn-Spaltfrüchte*: Roberto Verzo, flickr, CC-BY-2.0; *Salweiden-Kätzchen*: Okapia/imagebroker/Kurt Möbus

Gestaltung und Satz: Roman Bold & Black, D-Köln

1. Auflage: 2013

Bibliografische Information der *Deutschen Nationalbibliothek*
Die Deutsche Nationalbibliothek verzeichnet diese Publikation in der Deutschen Nationalbibliografie; detaillierte bibliografische Daten sind im Internet über http://dnb.d-nb.de abrufbar.

ISBN 978-3-258-07775-8

Alle Rechte vorbehalten.
Copyright © 2013 Haupt Bern

Jede Art der Vervielfältigung ohne Genehmigung des Verlages ist unzulässig.
Printed in Germany

www.haupt.ch

Inhalt

Vorwort 7
Einleitung 8

Die Bestimmungsschlüssel 11

Bestimmen nach Blattmerkmalen 12
Blätter zusammengesetzt 13
Blätter einfach, gegenständig 18
Blätter einfach, wechselständig, ganzrandig 22
Blätter einfach, wechselständig, nicht ganzrandig 26

Bestimmen nach Blütenmerkmalen 42

Bestimmen nach Fruchtmerkmalen 72
1 Kapseln 81
2 Beeren 83
3 Nüsse 86
4 Steinfrüchte 91

Bestimmen im Winterzustand 96

Die Artenporträts 125

Anhang
Bildnachweis 276
Ausgewählte Literatur und Links 276
Register der wissenschaftlichen Namen 277
Register der deutschen Namen 282

Vorwort

Bäume sind faszinierend. Der Duft ihrer Blüten, die Fülle ihrer Früchte, das Rauschen der Blätter im Wind und das Spiel von Licht und Schatten im Sonnenschein beglücken unsere Sinne genauso wie der Anblick uralter Baumriesen. Bäume haben unendlich viele Gesichter und können uns viele Geschichten erzählen, von Dürrezeiten, von guten Jahren und von Stürmen und Bränden. Wer sie zu lesen weiß, kann den Jahresringen der gefallenen Riesen viele ihrer Geheimnisse entlocken.

Seit Urzeiten bereichern und ermöglichen die Bäume das Leben auf unserem Planeten. Sie produzieren nicht nur den Sauerstoff, den wir benötigen, sie liefern auch Baumaterial für unsere Häuser, mit ihren Früchten und Blättern Grundlagen für unsere Speisen, heilende Substanzen für unsere Gesundheit, Farbstoffe für ein bunteres Leben und Material für Klanginstrumente. Es gibt kaum einen Bereich des menschlichen Lebens, der nicht in der einen oder anderen Art und Weise durch die verschiedenen «Gaben» der Bäume und Sträucher bereichert wird.

Auch die Tier- und Pilzwelt ist unabdingbar mit den Gehölzen verwoben. Gäbe es keine Bäume, würden keine Pfifferlinge, Steinpilze oder Maronen auf unserem Speiseplan stehen. Und das Überleben manch einer Vogel- oder Insektenart ist von der Nahrung und dem Unterschlupf abhängig, den die verschiedenen Gehölze bieten.

Der beste Weg, die Natur zu erhalten und zu schützen, ist es, mehr über sie zu erfahren und sich mit ihr vertraut zu machen. Warum kann beispielsweise eine Weide dort gedeihen, wo es einer Linde niemals gelingen würde, dauerhaft zu bestehen? Und erst wenn ich eine Baumart kenne, kann ich herausfinden, ob sie für die Tierwelt eine besondere Rolle spielt oder für uns Menschen als Nahrung, Medizin oder Genussmittel verwendet werden kann. So wünsche ich Ihnen viel Spaß beim Entdecken und Bestimmen der Gehölze.

Rita Lüder

Einleitung

Mit diesem Buch können die heimischen Bäume und Sträucher auf vier verschiedenen Wegen bestimmt werden: anhand der Merkmale von Blättern, Blüten, Früchten oder Winterknospen. Schritt für Schritt führen die vier separaten Bestimmungsschlüssel jeweils bis hin zur Art.

Während der Gehölzblüte führt der Schlüssel nach Blütenmerkmalen in der Regel am einfachsten zum Ziel. Es gibt jedoch Gehölzarten, bei denen eine Bestimmung über die Blattmerkmale leichter und schneller sein kann. Entscheiden Sie von Fall zu Fall, mit welchem der vier Schlüssel Sie die Bestimmung beginnen. Dabei können Sie selbstverständlich jederzeit auf einen der drei anderen Schlüssel zurückgreifen.

Die für die Bestimmung erforderlichen Merkmale, Details und Fachbegriffe sind an der Stelle erklärt und abgebildet, an der die Frage nach dem entsprechenden Merkmal auftaucht.

Folgende Hilfsmittel unterstützen Sie bei der Gehölzbestimmung: eine Lupe mit mindestens zehnfacher Vergrößerung oder ein Binokular sowie eine feine, nicht zu biegsame Pinzette.

Wird die Bestimmung nicht direkt vor Ort vorgenommen, sondern soll sie erst später anhand mitgeführter Blätter, Früchte oder Blüten erfolgen, ist es unerlässlich, vor Ort die Wuchsform, die Stammmerkmale sowie die Blattstellung festzuhalten, sei es schriftlich oder als Fotografie.

Für die erfolgreiche Bestimmung einer Gehölzart ist es jedoch grundlegend, möglichst «typische» Pflanzenteile zu verwenden. Um herauszufinden, welches denn typische Blätter, Blüten oder Früchte sind, vergleicht man diese Teile des entsprechenden Baumes oder Strauches: Diejenigen sind typisch, die am zahlreichsten vertreten sind.

Zudem kann auch der Standort eines Gehölzes Hinweise auf die Art geben, da jede Art ganz spezifische Ansprüche an einen idealen Wuchsort stellt.

Die Bestimmungsschlüssel

Der erste Teil des Buches umfasst vier verschiedene Bestimmungsschlüssel: nach Blattmerkmalen, nach Blütenmerkmalen, nach Fruchtmerkmalen und im Winterzustand (Winterknospen).

Die Bestimmungsschüssel sind nach dichotomem, das heißt zweiteiligem, Schema aufgebaut. Zwischen je zwei aufgeführten Merkmalen ist dasjenige zu wählen, das für die zu bestimmende Art zutrifft. Die erste Möglichkeit ist durch eine Ziffer, die zweite durch einen Pfeil → gekennzeichnet. Die am Zeilenende angegebenen Sprungmarken → 2 führen jeweils zum nächsten Schritt. Dies wird so lange wiederholt, bis am Zeilenende schließlich nicht mehr eine Ziffer, sondern der Seitenverweis auf das Artenporträt ➡ **S. 12** (im zweiten Teil des Buches) erscheint.

Lassen Sie sich nicht entmutigen, wenn die Bestimmung mithilfe eines Schlüssels nicht auf Anhieb zur richtigen Art führt. Beginnen Sie einfach von vorne.

Die Zahl in Klammern verweist bei größeren Sprüngen auf den vorangehenden Schritt. Dies kann hilfreich sein, wenn Sie rückwärtsgehend die Stelle suchen, an der Sie möglicherweise vom richtigen Pfad abgekommen sind.

Die in kleinerer Schriftgröße gesetzten Textteile bieten Erläuterungen bei «knifflingen Merkmalen» der entsprechenden Arten.

Die Artenporträts

1 Blüte   2 Fruchtstand   3 Knospe   4 Borke

| J | F | M | A | M | J | J | A | S | O | N | D |

Im zweiten Teil des Buches werden 125 einheimische Laubgehölze ausführlich in Wort und Bild beschrieben. Die Artenporträts sind in alphabetischer Reihenfolge nach dem wissenschaftlichen Namen aufgeführt. Neben dem wissenschaftlichen und dem deutschen Artnamen (oft mit Synonymen) ist auch die entsprechende Familie genannt.

Jede Gehölzart wird mit mehreren Detailaufnahmen der Pflanzenteile (Blütenstand, Fruchtstand, Knospe, Borke) und in der Regel mit einem Foto des ganzen Baumes oder Strauches vorgestellt.

Im Jahresbalken sind die Blütezeit grün, die Fruchreife rot hervorgehoben.

Die Bestimmungs-schlüssel

Bestimmen nach Blattmerkmalen

Endfieder
Blütezeit meist vor dem Laubaustrieb
kein Knoten
einzelne Fiederblättchen
Sprossachse
Nebenblatt
Blattstiel: alle Einzelblättchen an diesem Stiel gehören zu einem Blatt.
Knoten

Der **Gewöhnliche Blasenstrauch** hat gefiederte Blätter. Was ein gefiedertes Blatt ist, kann in diesem Fall auch daran erkannt werden, dass das Blatt (kleine) Nebenblätter hat. Solche findet man an einzelnen Blattfiedern nie.
Wenn, so wie hier, eine Endfieder vorhanden ist, wird das Blatt als unpaarig gefiedert bezeichnet. Sie kann auch fehlen oder als Ranke oder Dorn ausgebildet sein, dann ist das Blatt paarig gefiedert.

Die **Rot-Buche** hat einfache, ganzrandige Blätter. Da es bei solch leicht gewellten Blatträndern nicht eindeutig ist, ob sie ganzrandig oder doch gewellt sind, führen in diesem Fall beide Wege zum Ziel.

1 Laubblätter zu feinen Nadeln aufgerollt; Blätter und Kurztriebe zu Dornen umgebildet; Zweige grün und behaart, als Dornen endend: **Stechginster** *(Ulex europaeus)* → **S. 263**

→ Merkmale anders: → **2**

2 Blätter einfach (zuweilen gelappt oder eingeschnitten, aber nicht gefingert oder gefiedert): → **3**

Einfache Blätter sind nicht aus mehreren Fiederblättchen aufgebaut, sie können jedoch gelappt sein oder tief zerteilt – aber niemals bis auf die Mittelader getrennt.

→ Blätter zusammengesetzt (gefingert oder gefiedert): → **S. 13 ff.**

Um gefiederte Blätter von mehreren, an einem Zweig stehenden, einfachen Blättern zu unterscheiden, überprüft man, ob sich am vermeintlichen Blattstiel ein Knoten befindet oder nicht. Blätter werden als seitliche Auswüchse der Sprossachse immer an einem Knoten gebildet, während einzelne Blattabschnitte eines gefiederten Blattes ohne Knoten abzweigen.

Bei gefingerten Blättern entspringen die einzelnen Fiederblättchen einem gemeinsamen Punkt und bei gefiederten Blättern stehen sie hintereinander.

3 Blätter gegenständig: → **S. 18 ff.**

Gegenständige Blätter stehen sich an einem Knoten genau gegenüber. Man kann auch aus der Aststellung auf die Blattstellung schließen. Es ist jedoch wichtig zu schauen, ob wirklich alle Blätter gegenständig sind, denn gelegentlich können sich auch bei wechselständig beblätterten Arten einige Blätter gegenüberstehen.

→ Blätter wechselständig: → **4**

4 Blätter ganzrandig: → **S. 22 ff.**

Ganzrandige Blätter haben einen glatten Blattrand.

→ Blätter nicht ganzrandig: → **S. 26 ff.**

Der Blattrand kann ± gezähnt, gebuchtet, gekerbt, gesägt etc. sein, jedoch nie bis auf die Mittelader getrennt.

Blätter zusammengesetzt

1 Blätter aus 3 Fiederblättchen zusammengesetzt:
➜ **2**

Diese Blattform entspricht weitestgehend der des Kleeblattes und ist daher leicht zu erkennen.

➜ Blätter aus mehr als 3 Fiederblättchen zusammengesetzt: ➜ **5**

2 Blätter wechselständig: ➜ **3**

➜ Blätter gegenständig, meist doppelt 3-zählig; Pflanze kletternd; Blattstiele zu Ranken umgebildet: **Alpen-Waldrebe** *(Clematis alpina)* ➜ **S. 149**

Hier sind die gesamten Fiederblätter gemeint und nicht die einzelnen Fiederchen eines Blattes. Bei gegenständiger Beblätterung ist die gesamte Wuchsform des Gehölzes entsprechend aus sich gegenüberstehenden Ästen aufgebaut.

3 Blattrand wellig, gesägt oder gezähnt; Nebenblätter fadenförmig; Zweige ± bestachelt: **Himbeere, Brombeere** *(Rubus)* ➜ **11** Foto s. dort

➜ Blätter ganzrandig: ➜ **4**

4 Zweige scharfkantig, grün: **Besenginster** *(Cytisus scoparius)* ➜ **S. 163**

➜ Endfieder nicht oder nur wenig größer als die beiden seitlichen Fiederblättchen: **Gewöhnlicher Goldregen** *(Laburnum anagyroides)* ➜ **S. 177**

5 **(1)** Pflanze kletternd; Blätter gegenständig; Stiele der Fiederblätter zu Ranken umgebildet: **Waldrebe** *(Clematis)* ➜ **6**

➜ Pflanze nicht kletternd: ➜ **7**

6 Violettblaue Blüten einzeln, nickend, 4–12 cm lang gestielt; Blätter meist doppelt 3-zählig: **Alpen-Waldrebe** *(Clematis alpina)* ➜ **S. 149**

➜ Blüten weiß, in end- oder seitenständigen Rispen: **Gewöhnliche Waldrebe** *(Clematis vitalba)* ➜ **S. 151**

7 **(5)** Blätter gegenständig: ➜ **27**

➜ Blätter wechselständig: ➜ **8**

Alpen-Waldrebe

Besenginster

Gewöhnlicher Goldregen

Gewöhnliche Waldrebe

Die fadenförmigen Nebenblätter der **Himbeere** sind in der Lupenansicht gut zu sehen.

«Schlafäpfel» der **Hunds-Rose**

Kratzbeere

Brombeere

8 Blattrand gesägt, gezähnt oder gelappt: → **9**

→ Blätter ganzrandig: → **22**

9 Zweige ± bestachelt: → **10**

→ Pflanze ohne Stacheln: → **20**

10 Nebenblätter fadenförmig, kaum dem Blattstiel angewachsen: **Himbeere, Brombeere** *(Rubus)* → **11**

In diese Gattung gehören sowohl die Him- als auch die Brombeeren. Wobei es «die» Brombeere als einzelne Art insofern nicht gibt, als sie in viele verschiedene Arten unterteilt wurde und man von einer Sammelart spricht. Die meisten Brombeerarten haben grüne Blattunterseiten, während die Blattunterseite der Himbeere sehr viel heller als deren Oberseite ist – außerdem sind Himbeeren weniger und zarter bestachelt.

→ Unterer Teil des Blattstiels durch die an ihn angewachsenen Nebenblätter flügelartig verbreitert; Zweige ± stachelig: **Rose** *(Rosa)* → **13**

Die Rosengallwespen regen durch ihre Eiablage die Rose zur Bildung von «Schlafäpfeln» an. Sie wurden auch «Zauberkugeln» genannt und mit zahlreichen mystischen Bedeutungen belegt.

11 (10 und 3) Unterseits weiß filzige Blätter 3- oder 5-zählig gefiedert; Stängel mit kurzen, nicht hakigen Stacheln oder stachellos: **Himbeere** *(Rubus idaeus)* → **S. 232** Foto s. oben

→ Merkmale anders: → **12**

12 Stängel stark abwischbar bläulich bereift; Blätter 3-zählig; Nebenblätter lanzettförmig: **Kratzbeere** *(Rubus caesius)* → **S. 230**

→ Stängel grün mit derben Stacheln; Blätter 3- bis 7-zählig gefingert; Nebenblätter fadenförmig: **Brombeere** *(Rubus fruticosus)* → **S. 231**

13 (10) Stängel stark bestachelt, entweder mit überwiegend borstenförmigen, geraden Stacheln oder mit unterschiedlichen Stacheln, d. h., neben kräftig gekrümmten sind auch gerade Stacheln vorhanden: → **18**

→ Stängel ± gleichmäßig bestachelt und Stacheln ± gekrümmt: → **14**

14 Äste niederliegend oder kletternd; Nebenblätter gezähnt; Stacheln stark gekrümmt: **Kriech-Rose** *(Rosa arvensis)* → S. 221

→ Merkmale anders: → **15**

15 Blätter und Zweige auffallend rötlich violett oder hechtblau bereift; Blätter überwiegend 7-zählig gefiedert: **Rotblättrige Rose** *(R. glauca)* → S. 225

→ Blätter u. Zweige nicht auffallend bereift: → **16**

Wein-Rose

16 Fiedern unterseits auf der ganzen Fläche drüsig, nach Apfelwein duftend: **Wein-Rose** *(Rosa rubiginosa)* → S. 227

→ Blätter nicht nach Apfelwein duftend: → **17**

17 Blätter ober- und unterseits kahl; meist mit 7 Blattfiedern; Blattrand meist 1- bis 2-fach drüsig gesägt bis (seltener) regelmäßig einfach gesägt; kräftige Stacheln hakig gekrümmt: **Hunds-Rose** *(Rosa canina)* → S. 222

→ 7–11 Fiedern, oberseits glatt und unterseits ± behaart; doppelt drüsig gesägter Blattrand; Laub- und Nadelwälder der Gebirgsregionen: **Alpen-Rose** *(Rosa pendulina)* → S. 226

Hunds-Rose

18 **(13)** Blätter stark runzelig, unterseits filzig; Zweige dicht stachelborstig: **Kartoffel-Rose** *(Rosa rugosa)* → S. 228

→ Merkmale anders: → **19**

19 Stängel unterschiedlich bestachelt, neben kräftig gekrümmten auch borstenförmige, gerade Stacheln; Blätter ledrig: **Essig-Rose** *(Rosa gallica)* → S. 223

→ Äste dicht mit etwas ungleich langen, überwiegend geraden Stacheln besetzt; kahle Blätter mit 5–11 Fiederblättern; Blattrand doppelt drüsig gesägt: **Dünen-/Bibernell-/Pimpinell-Rose** *(Rosa spinosissima)* → S. 229

Dünen-Rose

20 **(9)** 20–30 cm lange Blätter mit 11–31 unpaarig gefiederten Fiederblättchen; Pflanze mit Milchsaft: **Hirschkolben-Sumach/Essigbaum** *(Rhus hirta)* → S. 214

→ Pflanze ohne Milchsaft: **Mehlbeere/Eberesche** *(Sorbus)* → **21**

Essigbaum

Blätter zusammengesetzt

Gefiederte Blätter von **Speierling** (links) und **Vogelbeere** (rechts).

Götterbaum

Walnuss

Robinie

Strauch-Kronwicke

21 Blätter mit 15–17, je 3–8 cm langen, gesägten Fiederblättchen; Borke älterer Äste schuppig rau: **Speierling** *(Sorbus domestica)* ➜ **S. 252**

➜ Blätter mit 9–17, je 2–6 cm langen Fiederblättchen, bis auf das unterste Drittel scharf gesägt: **Eberesche/Vogelbeere** *(Sorbus aucuparia)* ➜ **S. 250**

22 (8) Einzelne Fiederblättchen im Mittel über 8 cm lang: ➜ **23**

➜ Einzelne Fiederblättchen kleiner (oder nur an üppigen Trieben größer): ➜ **24**

23 Fiederblättchen an der Basis beiderseits mit 1–2 (–4) großen Zähnen, unterseits je mit einer Drüse (Lupe): **Götterbaum** *(Ailanthus altissima)* ➜ **S. 136**

➜ Einzelne Fiederblättchen ganzrandig; junge Zweige mit gekammertem Mark (Lupe); Blätter mit 5–9 fast ganzrandigen, kahlen Fiederblättchen (unterseits achselbärtig), von denen das endständige am größten ist; gerieben stark würzig riechend: **Walnuss** *(Juglans regia)* ➜ **S. 176**

24 Zweige mit Dornen: **Robinie** *(Robinia pseudoacacia)* ➜ **S. 220**

Die Dornen sind jeweils paarweise angeordnet und entsprechen verholzten Nebenblättern.

➜ Zweige dornenlos: ➜ **25**

25 Blätter paarig gefiedert mit 8–10 Fiederblättchen, oft in Kurztrieben rosettig stehend; Spross-System meist auffällig in Lang- und Kurztriebe gegliedert: **Gewöhnlicher Erbsenstrauch** *(Caragana arborescens)* ➜ **S. 144**

Bei paarig gefiederten Blättern fehlt die Endfieder, bei unpaarigen dagegen schließt das Blatt mit einem einzelnen Fiederblättchen ab; dieses kann sowohl gestielt als auch ungestielt sein.

➜ Blätter unpaarig gefiedert, Endfieder vorhanden: ➜ **26**

26 5–9 verkehrt eiförmige Fiederblättchen: **Strauch-Kronwicke** *(Hippocrepis emerus)* ➜ **S. 174**

Verkehrt eiförmige Fiederblättchen sind an ihrem oberen Ende am breitesten.

→ 9–13 Fiederblättchen: **Gewöhnlicher Blasenstrauch** *(Colutea arborescens)* → **S. 151**

27 **(7)** Blätter gefingert: **Rosskastanie** *(Aesculus)* → **28**

→ Blätter nicht gefingert: → **29**

28 Blätter meist mit 7 Einzelblättchen; Blüten weiß oder gelblich weiß mit roten Flecken: **Balkan-/ Gew. Rosskastanie** *(Aesculus hippocastanum)* → **S. 135**

→ Blätter meist mit 5 Einzelblättchen; Blüten fleischrosa bis rot: **Rote Rosskastanie** *(Aesculus × carnea)* → **S. 133**

29 **(27)** Zweige mit Mark: **Holunder** *(Sambucus)* → **33**

Das Mark sieht man am besten beim Querschneiden junger Zweige. Bei beiden Arten haben die Blätter einen strengen, charakteristischen Geruch.

→ Zweige ohne Mark: → **30**

30 Blätter 5- bis 7-zählig gefiedert, Endblättchen gestielt; bis 5 m hoher Strauch: **Gewöhnliche Pimpernuss** *(Staphylea pinnata)* → **S. 256**

→ Merkmale anders: → **31**

31 Blätter unpaarig 3- bis 5-, selten 7-zählig gefiedert, oft weiß gescheckt; junge Triebe häufig abwischbar bläulich bereift: **Eschen-Ahorn** *(Acer negundo)* → **S. 129**

→ Blätter mindestens 7-zählig gefiedert: **Esche** *(Fraxinus)* → **32**

32 Blätter 9- bis 13-zählig gefiedert; bis 40 m hoher Baum: **Gewöhnliche Esche** *(Fraxinus excelsior)* → **S. 170**

→ Blätter 7- bis 9-zählig gefiedert; bis 8 m hoher Baum: **Blumen-/Manna-Esche** *(Fraxinus ornus)* → **S. 171**

33 **(29)** Mark der Zweige weiß; Blätter mit 5 Blattabschnitten: **Schwarzer Holunder/Holderbusch/Holler** *(Sambucus nigra)* → **S. 247**

→ Mark der Zweige gelb-braun (Lupe): **Roter/ Berg-/Trauben-Holunder** *(Sambucus racemosa)* → **S. 248**

Gewöhnlicher Blasenstrauch

Die Blätter der **Roten Rosskastanie** sind gefingert, d. h., die Fiedern zweigen alle von einem Punkt ab.

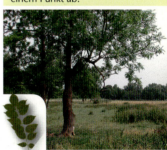
Gewöhnliche Esche

Roter Holunder

Blätter zusammengesetzt

Blätter einfach, gegenständig

Wald-Geißblatt

Der **Spitz-Ahorn** hat **gelappte Blätter**, deren Adern bis in die Blattzähne verlaufen.

Wolliger Schneeball

Gewöhnlicher Spindelstrauch

1   Spross windend; Blätter ganzrandig: **Wald-Geißblatt** *(Lonicera periclymenum)* ➡ **S. 183**

➡ Spross nicht windend: ➡ **2**

2   Blätter ganzrandig: ➡ **15**

➡ Blätter gesägt, gezähnt, gekerbt oder gelappt: ➡ **3**

3   Blätter gelappt: ➡ **8**

      Von gelappten Blättern spricht man, wenn sich zwischen mehreren Blattabschnitten ± tiefe Einschnitte befinden. Das Blatt ist aber nicht gefiedert, d. h., nicht bis auf die Mittelrippe getrennt.

➡ Blätter nicht gelappt: ➡ **4**

4   Seitenadern bis in die Blattzähne verlaufend: ➡ **7**

➡ Blattadern entweder vor dem Blattrand nach oben umbiegend und bogenförmig mit den nächsten Seitenadern verbunden oder vor dem Erreichen des Blattrandes sich in feinere Adern auflösend, die z. T. in die Blattzähne gehen: ➡ **5**

5   Blattstiele an der Basis durch eine (meist fühlbare) Querlinie verbunden oder mit ihren Ansatzstellen winklig zusammenstoßend (Lupe); Blätter ungeteilt, am Rand scharf gezähnt, unterseits dicht filzig; Zweige dicht filzig mit graubraunen, sternförmigen Haaren: **Wolliger Schneeball** *(Viburnum lantana)* ➡ **S. 270**

➡ Blattstiele an der Basis nicht durch eine Querlinie verbunden; junge Zweige ± grün; durch herablaufende Blattbasen ± kantig oder mit Korkleisten (Lupe): **Spindelstrauch** *(Euonymus)* ➡ **6**

6   Blattstiel 4–6 mm lang, Blätter länglich bis verkehrt eiförmig-elliptisch, regelmäßig fein gesägt: **Breitblättriger Spindelstrauch** *(Euonymus latifolia)* ➡ **S. 167**

➡ Blätter bis 10 mm lang gestielt, ei-elliptisch bis länglich, gesägt, oberseits kahl und unterseits auf den Nerven behaart: **Gewöhnlicher Spindelstrauch** *(Euonymus europaea)* ➡ **S. 166**

7 **(4)** Blätter an Kurztrieben scheinbar gegenständig, an Langtrieben wechselständig, oft ± rautenförmig 3- bis 4-eckig: **Hänge-Birke** *(Betula pendula)* ➡ **S. 142**

Kurztriebe erkennt man daran, dass in sehr kurzen Abständen – oft scheinbar einem Knoten – mehrere Blätter entspringen. Durch die Ausbildung von Lang- und Kurztrieben können sich die Gehölze den verschiedenen Nährstoff- und Raumsituationen anpassen. Sehr junge Gehölze bilden oft noch keine Kurztriebe aus.

➡ Blätter alle gegenständig, am Rand scharf gezähnt, unterseits dicht filzig; Zweige dicht filzig mit graubraunen, sternförmigen Haaren: **Wolliger Schneeball** *(Viburnum lantana)* ➡ **S. 270**

Ginkgo

8 **(3)** Blattadern gabelig verzweigt, vom Blattstiel fächerförmig ausgehend, nicht durch Queradern verbunden: **Ginkgo** *(Ginkgo biloba)* ➡ **S. 173**

Beim Ginkgo ist das gesamte Spross-System auffällig in Lang- und Kurztriebe gegliedert.

➡ Merkmale anders: ➡ **9**

9 Blätter nur an üppigen Trieben gelappt (Foto rechts), sonst ungelappt u. ganzrandig (Foto links und Zweig): **Gewöhnliche Schneebeere** *(Symphoricarpos albus)* ➡ **S. 257**

➡ Blätter sämtlich gelappt: ➡ **10**

Gewöhnliche Schneebeere

10 Blätter gegenständig, 3- bis 5-lappig, am Stiel mit napfförmigen Drüsen (Lupe): **Gew. Schneeball/ Herzbeer** *(Viburnum opulus)* ➡ **S. 271**

➡ Merkmale anders: **Ahorn** *(Acer)* ➡ **11**

11 Blattspreiten 3-lappig; Seitenlappen ± waagerecht abstehend: **Französischer/Burgen-Ahorn** *(Acer monspessulanum)* ➡ **S. 128**

➡ Blattspreiten meist 5- bis 7-lappig: ➡ **12**

Gewöhnlicher Schneeball

12 5–7 Blattlappen in haarfeine Spitzen ausgezogen; Blätter 10–18 cm breit, Blattstiel oft länger als die Spreite: **Spitz-Ahorn** *(Acer platanoides)* ➡ **S. 131** Foto s. Nr. 3

➡ Merkmale anders: ➡ **13**

Burgen-Ahorn

Blätter einfach, gegenständig

Feld-Ahorn

Berg-Ahorn

Die **Kornelkirsche** hat miteinander verbundene Blattstiele (Lupe).

Roter Hartriegel

13 5 stumpf endende Blattlappen, der mittlere stets 3-zipfelig: **Feld-Ahorn** *(Acer campestre)* ➔ **S. 127**

Der Feld-Ahorn hat von den heimischen Arten – neben dem sehr viel selteneren Burgen- und Schneeballblättrigen Ahorn – die kleinsten Blätter. Sie werden bis ca. 8 cm lang, während die des Berg- und Spitz-Ahorns durchaus 20 cm groß werden können.

➔ Merkmale anders: ➔ **14**

14 Blattspreite in 5 (selten 3) stumpfe, gekerbte oder gezähnte Lappen geteilt, am Grund herzförmig: **Schneeballblättriger Ahorn** *(Acer opalus)* ➔ **S. 130**

➔ Blätter in 5 doppelt stumpf gesägte Lappen geteilt, am Grund herzförmig: **Berg-Ahorn** *(Acer pseudoplatanus)* ➔ **S. 132**

Ältere Bäume des Berg-Ahorns sind auch an ihrer Borke gut zu erkennen. Sie löst sich ähnlich wie die der Platane in größeren Platten vom Stamm.

15 (2) Blattstiele der Blattpaare am Zweig zusammenstoßend oder durch eine Querlinie ± verbunden: ➔ **16**

➔ Blattstiele der Blattpaare an der Basis nicht zusammenstoßend und nicht durch eine Querlinie verbunden: ➔ **21**

16 Seitenadern auffällig bogig zur Blattspitze verlaufend: **Hartriegel/Kornelkirsche** *(Cornus)* ➔ **17**

➔ Seitenadern nicht auffällig bogig zur Blattspitze verlaufend: **Geißblatt** *(Lonicera)* ➔ **18**

17 Blätter elliptisch, mit 4–5 Paar Seitennerven: **Kornelkirsche/Gelber Hartriegel** *(Cornus mas)* ➔ **S. 152**

➔ Blätter mit 3–4 Paar Seitennerven, nur ausnahmsweise 5, eiförmig, unterseits ± kraushaarig: **Roter Hartriegel** *(Cornus sanguinea)* ➔ **S. 153**

Beim Roten Hartriegel ziehen sich die Gefäßbündel der frischen Blätter wie Fäden (Lupe).

18 (16) Fruchtknoten und Frucht eines jeden Blütenpaares miteinander verwachsen:
➡ **19**

Durch die ganz oder teilweise miteinander verwachsenen Fruchtknoten entstehen zur Reifezeit die typischen Doppelbeeren. Sie sind an den zwei Griffelresten gut zu erkennen.

➡ Fruchtknoten und Frucht eines jeden Blütenpaares vollständig getrennt oder nur am Grund verwachsen: ➡ **20**

Blaue Heckenkirsche

19 Blütenkrone gelblich; Beeren schwarzblau bereift; gemeinsamer Blütenstiel kürzer als die Blüte: **Blaue Heckenkirsche** *(Lonicera caerulea)*
➡ **S. 181**

➡ Blütenkrone rötlich; Beeren glänzend kirschrot; gemeinsamer Blütenstiel länger als die Blüte: **Alpen-Heckenkirsche** *(Lonicera alpigena)*
➡ **S. 180**

20 (18) Blätter kahl; gemeinsamer Blütenstiel 3- bis 4-mal länger als die rötlich weißen Blüten; Frucht schwarz, bläulich bereift; Äste mit weißem Mark: **Schwarze Heckenkirsche** *(Lonicera nigra)*
➡ **S. 182**

Rote Heckenkirsche

➡ Blätter beiderseits flaumig, breit oval, gemeinsamer Blütenstiel wenig länger als die gelblich weiße Blüte; Frucht scharlachrot; Äste hohl: **Rote Heckenkirsche** *(Lonicera xylosteum)*
➡ **S. 184**

21 (15) Junge Zweige mit deutlichen Längslinien, die an beiden Seiten der Blattstielbasis beginnen und bis zum nächstunteren Blattpaar herablaufen (Lupe): **Gewöhnlicher Flieder** *(Syringa vulgaris)* ➡ **S. 258**

Gewöhnlicher Flieder

Es gibt eine Fülle von Farbvarianten und Sorten.

➡ Junge Zweige ohne oder nur mit sehr schwachen Längslinien, die nicht bis zum nächstunteren Blattpaar herablaufen; Blätter meist etwas derb: **Gewöhnlicher Liguster** *(Ligustrum vulgare)*
➡ **S. 178**

Gewöhnlicher Liguster

Blätter einfach, wechselständig, ganzrandig

Mispel

Holz-Birne

Gagelstrauch

Gewöhnlicher Bocksdorn

1 Blätter höchstens 3 cm lang: ➞ **24**
➞ Blätter länger: ➞ **2**

2 Blätter (vor allem jüngere) unterseits weißlich, bräunlich oder rostrot, nie rein grün: ➞ **17**
➞ Blätter beiderseits ± grün: ➞ **3**

3 Blattstiel und -spreite (zumindest der größeren Blätter) zusammen mind. 10 cm lang; bis zu 4,5 m (in Südeuropa bis zu 8 m) hohes, baumartiges Gehölz mit ausladendem Wuchs; Blätter oberseits dunkelgrün, unterseits weichhaarig, Blattrand mitunter besonders an der Spitze fein gezähnt: **Mispel** *(Mespilus germanica)* ➞ **S. 188**
➞ Blätter kleiner: ➞ **4**

4 Blattstiel der größeren Blätter bis 4 cm lang, z. T. auch länger; Blätter zumindest anfangs weiß ilzig behaart, später v. a. oberseits kahl, schmal elliptisch oder länglich verkehrt eiförmig: **Holz-Birne** *(Pyrus pyraster)* ➞ **S. 205**
➞ Merkmale anders: ➞ **5**

5 Blätter oberhalb der Mitte am breitesten: ➞ **13**
➞ Blätter in oder unterhalb der Mitte am breitesten: ➞ **6**

6 Blätter mit goldgelben Harzdrüsen, im oberen Drittel kerbig gesägt; Blätter beim Zerreiben mit charakteristischem, aromatischem Geruch: **Gagelstrauch** *(Myrica gale)* ➞ **S. 189**
➞ Merkmale anders: ➞ **7**

7 Zweige mit Dornen: ➞ **8**
➞ Zweige ohne Dornen: ➞ **9**

8 Zweige meist kantig; Blattdornen oft 3-teilig; Rinde äußerlich gelbbraun bis grau, innen leuchtend gelb: **Gewöhnliche Berberitze/Sauerdorn** *(Berberis vulgaris)* ➞ **S. 141**
➞ Zweige nicht kantig; Blattdornen nicht 3-teilig; V–IX: **Gewöhnlicher Bocksdorn** *(Lycium barbarum)* ➞ **S. 185**

9 **(7)** Seitenadern nur ausnahmsweise verzweigt (aber durch feine Queradern verbunden), stark hervortretend, dicht vor dem Blattrand umbiegend: → **10**

→ Seitenadern entweder verzweigt oder schwach hervortretend: → **11**

10 Seitenadern ± geradlinig dem Blattrand zulaufend, erst kurz vor Erreichen des Blattrandes nach oben umbiegend: **Rot-Buche** *(Fagus sylvatica)* → **S. 168**

→ Mitteladern (wenigsten der größeren Blätter) mit jederseits mehr als 6 Seitenadern: **Faulbaum/ Pulverbaum** *(Rhamnus frangula/Frangula alnus)* → **S. 212**

Die **Rot-Buche** hat stark ausgeprägte Seitennerven. Besonders deutlich ist dies beim Laubaustrieb im Frühjahr zu erkennen. Im Herbst fallen die Blätter durch ihre intensive Färbung auf.

11 **(9)** Blattspreite allmählich in den Blattstiel übergehend, 2- bis 3-mal so lang wie breit: **Seidelbast** *(Daphne mezereum)* → **S. 164**

→ Blätter deutlich vom Stiel abgesetzt, weniger als 2- bis 3-mal so lang wie breit, unterseits behaart: **Zwergmispel** *(Cotoneaster)* → **12**

12 **(11, 23 und 26)** Blätter bis 6 cm lang, an der Spitze abgerundet, mit aufgesetzter Stachelspitze, unterseits weiß filzig: **Filzige Zwergmispel** *(Cotoneaster tomentosus)* → **S. 159**

→ Blätter bis 4 cm lang, breit elliptisch bis rundlich mit kurzem Stachelspitzchen, oberseits kahl, unterseits hellgrün filzig: **Gewöhnliche/Felsen-Zwergmispel** *(Cotoneaster integerrimus)* → **S. 158** Foto s. Nr. 26

Faulbaum

13 **(5)** Blätter bis 4 cm lang; Blattspreite allmählich in den Blattstiel übergehend (Lupe), 2- bis 3-mal so lang wie breit; Zweige graubraun, verkahlend, mit zahlreichen kleinen Lentizellen: **Seidelbast** *(Daphne mezereum)* → **S. 164**

→ Blätter länger als 4 cm; Merkmale anders: → **14**

14 Blätter deutlich verkehrt eiförmig und ± gelappt: **Eiche** *(Quercus)* → **15**

→ Blätter elliptisch und zugespitzt: **Kreuzdorngewächse** *(Rhamnaceae)* → **16**

15 Blattstiel 1–3 cm lang; Spreite breit eiförmig und symmetrisch, am Grund keilförmig: **Trauben-Eiche** *(Quercus petraea)* → **S. 207**

Seidelbast

Trauben-Eiche

Blätter einfach, wechselständig, ganzrandig

Stiel-Eiche

Purgier-Kreuzdorn

Gewöhnlicher Sanddorn

Korb-Weide

→ Blattstiel sehr kurz; Spreite länglich und asymmetrisch, am Grund herzförmig geöhrt: **Stiel-Eiche** *(Quercus robur)* → **S. 209**

16 (14) Pflanze dornenlos; Blätter ganzrandig: **Faulbaum/Pulverbaum** *(Rhamnus frangula/Frangula alnus)* → **S. 212**

Die Rinde des Faulbaums riecht besonders beim Zerreiben faulig, daher der Name. Die Seitennerven der eiförmigen Blätter sind leicht zur Blattspitze hin gebogen. Die Blätter wachsen vermehrt an den Zweigenden.

→ Pflanze mit Dornen (Lupe): **Purgier-Kreuzdorn** *(Rhamnus cathartica)* → **S. 211**

17 (2) Blätter unterseits mit kleinen bräunlichen oder silberfarbenen Schuppen: → **18**

→ Blätter unterseits ohne Schuppen, kahl oder behaart: → **19**

18 Strauch sehr dornig; Blätter oberseits mit zerstreuten Schüppchen, unterseits silberweiß, ca. 8 cm lang und 1 cm breit: **Gewöhnlicher Sanddorn** *(Hippophae rhamnoides)* → **S. 175**

→ Blätter 1–4 cm breit, schmal lanzettförmig, ledrig, 4–8 cm lang, vorne spitz bis stumpf gerundet, am Grund keilförmig, oberseits graugrün und kahl, unterseits durch weißliche, sternförmige Haare silbergrau: **Schmalblättrige Ölweide** *(Elaeagnus angustifolia)* → **S. 165**

19 (17) Blätter lanzettförmig, mehr als 5-mal so lang wie breit, schraubig bzw. spiralig angeordnet: **Weide** *(Salix)* → **20**

→ Blätter weniger als 5-mal so lang wie breit: → **22**

20 Blattrand etwas umgerollt; Blätter bis 25 cm lang und 1,5 cm breit; oberseits dunkelgrün und später ± verkahlend, unterseits seidig silbergrau behaart; Zweige jung ± lehmfarben und behaart, später kahl: **Korb-/Hanf-Weide** *(Salix viminalis)* → **S. 246**

Diese Weide wurde früher zur Zweiggewinnung geschnitten. Diese Wuchsform haben allerdings auch gestutzte Silber-, Bruch- und Fahl-Weiden.

→ Merkmale anders: → **21**

21 Bis 12 cm lange und 2 cm breite Blätter im vorderen Drittel zur Blattspitze hin am breitesten; Blattrand nur im oberen Drittel gezähnt, im unteren Teil ganzrandig; Blätter oberseits kahl, glänzend dunkelgrün, unterseits bläulich bis blaugrün, kahl oder anfangs behaart, beim Eintrocknen oft schwarz werdend: **Purpur-Weide** *(Salix purpurea)* ➡ **S. 243**

➞ Blätter am Rand umgerollt, an der Basis ganzrandig und gegen die Spitze hin drüsig gezähnt, oberseits fast kahl und unterseits dicht weiß filzig: **Lavendel-Weide** *(Salix elaeagnos)* ➡ **S. 240**

Purpur-Weide

22 (19) Dornen fest und stechend; Blätter unterseits mit schwach hervortretenden, kaum fühlbaren Seitenadern: **Holz-Birne** *(Pyrus pyraster)* ➡ **S. 205** Foto s. Nr. 4

➞ Merkmale anders: ➡ **23**

23 Blätter meist über 2 cm breit; Basis der Blattspreite z.T. herzförmig; Blüten stets einzeln und endständig an beblätterten Zweigen: **Echte Quitte** *(Cydonia oblonga)* ➡ **S. 162**

➞ Blätter meist unter 2 cm breit, Basis der Blattspreite nicht herzförmig: **Zwergmispel** *(Cotoneaster)* ➡ **12**

Echte Quitte

24 (1) Zweige mit 3-teiligen Blattdornen, in deren Achsel Kurztriebe mit Blattbüscheln stehen: **Gewöhnliche Berberitze** *(Berberis vulgaris)* ➡ **S. 141**

➞ Zweige ohne Dornen: ➡ **25**

25 Blätter unterseits kahl, blaugrün: **Rauschbeere** *(Vaccinium uliginosum)* ➡ **S. 269**

➞ Blätter unterseits zumindest jung behaart: ➡ **26**

Gewöhnliche Berberitze

26 Blätter ± rundlich und nicht bis 2-mal so lang wie breit, unterseits oft weiß behaart: **Zwergmispel** *(Cotoneaster)* ➡ **12**

➞ Blattrand ganzrandig und z.T. umgerollt, drüsig, Blätter anfangs beiderseits seidenhaarig, später oberseits kahl, unterseits bleibend behaart; Spross unterirdisch kriechend: **Kriech-Weide** *(Salix repens)* ➡ **S. 244**

Gewöhnliche Zwergmispel

Blätter einfach, wechselständig, nicht ganzrandig

Bei Arten wie der **Hasel** (links) und der **Linde** (rechts) fällt die Entscheidung schwer, ob die Blätter hand- oder fiedernervig sind. Hier führen beide Wege zum Ziel, weil die Adern zunächst handnervig abzweigen und dann fiedernervig mit Seitennerven verzweigt sind.

Auen-Traubenkirsche

Schlehe

Späte Traubenkirsche

1. Blattrand wellig oder Blätter gelappt oder eingeschnitten: ➡ **67**
   ➡ Blattrand gekerbt, gezähnt, gesägt: ➡ **2**

2. Blätter handnervig, d.h. von der Basis der Blattspreite 3–5 ± kräftige Adern strahlenförmig abgehend: ➡ **80**

   In diese Gruppe gehören auch Blätter, bei denen die Adern nur an der Basis handnervig sind, während weiter zur Blattspitze hin von einem Mittelnerv ausgehend schwächere Seitenadern abzweigen; d.h., es ist vor allem entscheidend, ob von der Basis des Blattes 3 oder mehr Blattadern ausgehen.

   ➡ Blätter fiedernervig, d.h. von der Basis der Blattspreite nur eine kräftige Mittelader abgehend, von der schwächere Seitenadern oberhalb abzweigen: ➡ **3**

   Beispiele hierfür sind Gagel und Ulme.

3. Am oberen Ende des Blattstiels oder an der Basis mit 1–2 auffälligen Drüsenhöckern (selten auch mehr): **Pflaume, Kirsche, Traubenkirsche (Prunus)** ➡ **4**

   Die charakteristischen Drüsenhöcker (Lupe) sind Nektardrüsen außerhalb des Blütenstandes.

   ➡ Merkmale anders: ➡ **11**

4. Äste reichdornig, Blätter 2–5 cm lang, doppelt gesägt: **Schlehe/Schwarzdorn** (*Prunus spinosa*) ➡ **S. 204**
   ➡ Gehölz überwiegend ohne Dornen: ➡ **5**

5. Blätter ± länglich, mehr als doppelt so lang wie breit: ➡ **6**
   ➡ Blätter ± rundlich bis oval, weniger oder ± doppelt so lang wie breit: ➡ **7**

6. Blätter stumpfgrün, oberseits etwas runzelig, fein scharf gesägt: **Auen-/Gewöhnliche Traubenkirsche** (*Prunus padus*) ➡ **S. 201**
   ➡ Blätter oberseits glänzend: **Späte/Amerikanische Traubenkirsche** (*Prunus serotina*) ➡ **S. 202**

   Die Blätter entwickeln sich aus einer gefalteten Knospenlage (s. Nr. 8).

7	**(5)** Blätter am Grund ± herzförmig bis rechtwinklig am Blattstiel angesetzt, kurz und stumpf gezähnt: **Steinweichsel/Felsenkirsche/Weichsel-Kirsche** *(Prunus mahaleb)* → **S. 200**	
→	Blätter am Grund ± herablaufend in den Stiel übergehend; Blattrand deutlich gezähnt: → **8**	

8	Blätter ca. 5–15 cm lang und 3–7 cm breit, in Knospenlage gefaltet: → **10**
→	Blätter ca. 3–8 cm lang und 2–5 cm breit, in Knospenlage gerollt: → **9**
	Die Blätter entwickeln sich aus den Knospen entweder aus einem ± gerollten oder gefalteten Zustand. Bei gefalteten Blättern erkennt man dies nach ihrer Entfaltung noch an ihrer ± stark gefaltet wirkenden Struktur.

Steinweichsel

9	Blätter fein gekerbt, kahl, etwa 3–7 cm lang und 2–3,5 cm breit, oberseits glänzend dunkelgrün, unterseits matt und heller; rötlich grüner Blattstiel ca. 1 cm lang: **Kirsch-Pflaume** *(Prunus cerasifera)* → **S. 197**
→	Blätter 3–8 cm lang und 2–5 cm breit; beidseitig kahl, oberseits stumpfgrün; Rand gekerbt bis gesägt; in Knospenlage gerollt; Blattstiel 1,5–2,5 cm lang, mit 1–2 Drüsen: **Pflaume/Zwetschge** *(Prunus domestica)* → **S. 199**

Hier ist bei der **Kirsch-Pflaume** sehr schön zu sehen, wie sich die Blätter aus einer gerollten Knospenlage entfalten.

10	**(8)** Blätter 6–15 cm lang und 3,5–7 cm breit, oberseits kahl, unterseits jung auf den Nerven behaart; Rand unregelmäßig grob gesägt; Blattstiel 2–5 cm lang, mit 1–2 rötlichen Drüsen; Blütenstand über den zurückgeschlagenen Knospenschuppen ohne Laubblätter: **Süß-Kirsche/Vogel-Kirsche** *(Prunus avium)* → **S. 195**
→	Blätter 5–12 cm lang und 4–6 cm breit, glänzend, etwas ledrig, unterseits auf den Nerven schwach behaart, Blattrand fein und oft doppelt gesägt; Blütenstand über den aufrechten Knospenschuppen mit 1–3 Laubblättern; Blattstiel mit oder ohne Drüsen: **Sauer-Kirsche** *(Prunus cerasus)* → **S. 198**

11	**(3)** Zweig mit Dornen: → **65**
→	Zweig ohne Dornen oder nur die Zweigspitzen dornig: → **12**

Blütenstände und Blatt der **Vogel-Kirsche.**

Blätter einfach, wechselständig, nicht ganzrandig

Beim **Gagelstrauch** (oben) erreichen die Seitenadern den Blattrand nicht, während sie bei der **Berg-Ulme** (unten) bis in die Blattzähne verlaufen.

Die **Heidelbeere** ist an den kantigen grünen Zweigen (Lupe) sowohl im Sommer als auch im Winter gut zu erkennen. Die Blätter sind fein gesägt.

Die **Mispel** hat die für Rosengewächse typischen Nebenblätter am Blattstiel.

12 Seitenadern nicht unmittelbar in die Blattzähne verlaufend, entweder bogig miteinander verbunden oder sich vor dem Blattrand verlierend, z. T. undeutlich (von den Bogen gehen feinere Adern in die Blattzähne): ➞ **13**

➞ Seitenadern sämtlich (zumindest aber die oberen) unmittelbar in die Blattzähne verlaufend, niemals bogig miteinander verbunden: ➞ **33**

13 Blätter unterseits durch Harzdrüsen gelb punktiert (Lupe); Blattrand nur im oberen Teil grob gezähnt; typischer aromatischer Geruch: **Gagelstrauch** *(Myrica gale)* ➞ **S. 189**

➞ Merkmale anders: ➞ **14**

14 Blätter bis 2 cm lang, anfangs beiderseits seidenhaarig, später oberseits kahl, graugrün bis grün, unterseits bleibend behaart, jederseits mit 4–6 Seitenadern; Blattrand ganzrandig und z. T. umgerollt, drüsig; Blattstiel 2–3 mm lang; Nebenblätter (Stipeln) oft fehlend; Spross unterirdisch kriechend; Zweige dünn, braun, jung weich behaart, später kahl: **Kriech-Weide** *(Salix repens)* ➞ **S. 244**

➞ Blätter länger; Merkmale anders: ➞ **15**

15 Blätter unterseits weißlich oder bläulich weiß: ➞ **31**

➞ Blätter unterseits ± grün: ➞ **16**

16 Blattstiel meist über 2 cm lang: ➞ **23**

➞ Blattstiel kürzer: ➞ **17**

17 Zweige ± kantig, grün; stark verzweigter Zwergstrauch; beiderseits grasgrüne Blätter 2–3 cm lang, eiförmig bis elliptisch und fein gezähnt: **Heidelbeere** *(Vaccinium myrtillus)* ➞ **S. 268**

➞ Merkmale anders: ➞ **18**

18 Blattspreite zur Basis stärker verschmälert als zur Spitze, meist oberhalb der Blattmitte am breitesten; Blätter unterseits weichfilzig behaart, vorne meist sehr fein gezähnt (Lupe), im Mittel über 10 cm lang und 4–6 cm breit; Blattstiel meist nicht über 5 mm lang, junge Zweige zottig filzig: **Mispel** *(Mespilus germanica)* ➞ **S. 188** Foto s. auch Nr. 47

➞ Merkmale anders: ➞ **19**

19 Junge Zweige mit grünlichem Mark; Blattrand gezähnt oder leicht buchtig gekerbt: **Rot-Buche** *(Fagus sylvatica)* ➔ S. 168

➔ Merkmale anders: ➔ **20**

20 Blattstiel kürzer als 1 cm; Blätter 8–12 cm lang und 4–5 cm breit, unterseits filzig behaart; Blattrand meist nur im vorderen Drittel gezähnt: **Mispel** *(Mespilus germanica)* ➔ S. 188 Foto s. Nr. 18

➔ Merkmale anders: ➔ **21**

Die jungen Zweige der **Rot-Buche** haben ein grünes Mark im Innern.

21 Seitenadern in der Nähe des Blattrandes bogig verbunden, die oberen oft deutlich in die Blattzähne verlaufend, Blattspitze oft abgerundet, Blätter unterseits anfangs filzig behaart, später meist kahl: **Echte Felsenbirne** *(Amelanchier ovalis)* ➔ S. 140 Foto s. auch Nr. 26 und 53

➔ Blätter schief gegenständig bis gegenständig; Seitenadern dicht vor dem Blattrand umbiegend und ± parallel zum Blattrand verlaufend, meist unverzweigt: **Kreuzdorn** *(Rhamnus)* ➔ **22**

22 (21 und 34) Blätter meist bis 3 cm lang, kahl oder fast kahl; Blattstiel etwa so lang wie die Nebenblätter; bis 150 cm hoher, sparrig verzweigter Strauch: **Felsen-Kreuzdorn** *(Rhamnus saxatilis)* ➔ S. 213

Echte Felsenbirne

➔ Blätter über 3 cm lang; Blattstiel 2- bis 4-mal so lang wie die früh abfallenden Nebenblätter; Blüten 4-zählig; bis 3 m hoher Strauch: **Purgier-Kreuzdorn** *(Rhamnus cathartica)* ➔ S. 211

23 (16) Blätter im Mittel über 6 cm breit, 3-eckig oder schief 4-eckig, Blattstiel 3–12 cm lang: **Pappel** *(Populus)* ➔ **24**

➔ Merkmale anders: ➔ **26**

Purgier-Kreuzdorn

24 (23, 32 und 70) Blätter unterseits weißlich und filzig behaart, buchtig gelappt; Stamm hell weißgrau berindet: **Silber-Pappel** *(Populus alba)* ➔ S. 192

➔ Merkmale anders: ➔ **25**

25 Blätter grob gebuchtet, fast kreisrund, lang gestielt und hängend; Rinde gelbgrau: **Zitter-Pappel/Espe** *(Populus tremula)* ➔ S. 194

Zitter-Pappel

Blätter einfach, wechselständig, nicht ganzrandig

Im Bereich der Mittelrippe auf der Blattunterseite hält sich der filzige Belag der **Echten Felsenbirne** meist am längsten.

Grau-Erle

Schwarz-Erle

Im Gegensatz zu den Kultursorten hat die **Holz-Birne** kräftige Dornen.

→ Blätter nicht gebuchtet; junge Zweige hellgelb, rundlich; Rinde schwarzgrau, früh rissig: **Schwarz-Pappel** *(Populus nigra)* → **S. 193**

26 (23) Blattspitze abgerundet, Blätter unterseits anfangs filzig behaart (abwischbar), später meist kahl: **Echte Felsenbirne** *(Amelanchier ovalis)* → **S. 140** Foto s. auch Nr. 21 und 53

→ Blattspitze ± zugespitzt: → **27**

27 Blätter ± gelappt und gesägt: **Erle** *(Alnus)* → **28**

Bei allen Erlen hängen meist das ganze Jahr über Fruchtzapfen (Lupe) am Baum, daran ist die Gattung gut zu erkennen. Für die Artbestimmung ist neben den Blattmerkmalen auch ein Blick auf die Borke hilfreich.

→ Merkmale anders: → **30**

28 (27, 40, 55 und 60) Strauch; oben spitze Knospen sitzend; männliche Kätzchen erst nach den herb duftenden Blättern erscheinend; Blätter spitz, scharf doppelt gesägt, beiderseits grün und unterseits auf den Nerven kurzhaarig: **Grün-Erle** *(Alnus viridis)* → **S. 139** Foto s. Nr. 55

→ Merkmale anders: → **29**

29 Blätter zugespitzt, doppelt gesägt, unterseits etwas behaart, mit 8–12 Paaren von Seitennerven; Rinde grau und glatt: **Grau-/Weiß-Erle** *(Alnus incana)* → **S. 138**

Bei der Unterscheidung von Schwarz- und Grau-Erle genügt meist schon ein Blick auf die Rinde, die bei der Grau-Erle viel glatter ist.

→ Blätter an der Spitze stumpf oder ausgerandet, unterseits in den Nervenwinkeln bärtig, anfangs wie die Knospen klebrig, mit 5–8 Paaren von Seitennerven; Rinde längsfurchig: **Schwarz-Erle** *(Alnus glutinosa)* → **S. 137**

30 (27) Blätter sehr glatt, mit zahlreichen feinen Seitenadern, diese aber nur schwach fühlbar: **Holz-Birne** *(Pyrus pyraster)* → **S. 205**

Bestimmungsschlüssel: Blattmerkmale

→ Blätter mit kräftigen Seitenadern, diese deutlich fühlbar; Blattspreite in der unteren Hälfte meist mit 2 stärkeren Seitenadern: **Holz-Apfel/ Europäischer Wildapfel** *(Malus sylvestris)* ➡ **S. 189**

31 (15) Blätter unterseits anfangs filzig behaart (abwischbar), später meist kahl: **Echte Felsenbirne** *(Amelanchier ovalis)* ➡ **S. 140** Foto s. auch Nr. 21 und 26

→ Merkmale anders: ➡ **32**

Holz-Apfel

32 Blattstiel über 2 cm lang: **Pappel** *(Populus)* ➡ **24**

→ Blattstiel höchstens 2 cm lang; Blätter meist mit Nebenblättern: **Weide** *(Salix)* ➡ **83**

Die Nebenblätter befinden sich dort, wo der Blattstiel am Zweig angewachsen ist. Bei einigen Arten können sie im Laufe des Wachstums abfallen; dann ist es am besten, an den jüngsten Zweigen nach ihnen Ausschau zu halten. Außerdem kann man sie auch an den zurückbleibenden Blattnarben erkennen.

Pappeln und Weiden unterscheiden sich auch in der Blattform. Die Blätter der Weiden sind meist kurz gestielt und überwiegend lanzett- oder linealförmig bis elliptisch, während die meist lang gestielten Blätter der Pappeln rhombisch, 3-eckig oder herz- bis eiförmig sind und teilweise gelappte Blattformen haben.

Die **Silber-Weide** hat für die Gattung eher kleine Nebenblätter (Lupe).

33 (12) Seitenadern unmittelbar vor Erreichen des Blattrandes zur Blattspitze umbiegend, nur scheinbar in die Blattzähne verlaufend: ➡ **34**

→ Wenigstens die oberen Seitenadern in die Blattzähne verlaufend: ➡ **35**

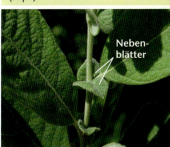

Die **Ohr-Weide** verdankt ihren Namen den großen, ± ohrförmigen Nebenblättern.

34 Junge Zweige mit grünlichem Mark; Blattrand schwach gezähnt, leicht buchtig gekerbt oder schwach wellig bis ganzrandig, Blätter jederseits mit 5–9 Seitenadern: **Rot-Buche** *(Fagus sylvatica)* ➡ **S. 168** Foto s. Nr. 19

→ Junge Zweige ohne grünes Mark; Blattrand gezähnt, Blätter jederseits mit oft mehr als 5–8 Seitenadern: **Kreuzdorn** *(Rhamnus)* ➡ **22** Foto s. auch Nr. 22

Purgier-Kreuzdorn

Blätter einfach, wechselständig, nicht ganzrandig

Bei ganz genauem Hinsehen stellt man fest, dass die Blattadern der **Rot-Buche** vor Erreichen des Randes umbiegen (Lupe).

Die **Flatter-Ulme** hat einen stark asymmetrischen Blattansatz.

Feld-Ulme

Die **Birken** sind meist schon von Weitem an der weiß-schwarzen Borke zu erkennen, dies ist die **Hänge-Birke**.

35 **(33)** Mittelader jederseits mit meist mehr als 10 kräftigen Seitenadern, die sämtlich in die Blattzähne verlaufen: → **36**

→ Mittelader jederseits mit höchstens 10 Seitenadern: → **43**

36 In jeden Blattzahn eine kräftige Seitenader verlaufend: → **61**

→ Nicht in jeden Blattzahn eine kräftige Seitenader verlaufend, Blattrand ± fein gesägt: → **37**

37 Basis der Blattspreite ± asymmetrisch: **Ulme** *(Ulmus)* → **38**

→ Basis der Blattspreite nicht auffallend asymmetrisch: → **40**

38 **(37 und 50)** Blätter elliptisch, stark asymmetrisch, Seitennerven wenig verzweigt: **Flatter-Ulme** *(Ulmus laevis)* → **S. 265**

→ Blätter breit eiförmig: → **39**

39 Junge Zweige kahl oder spärlich behaart; Blätter 4–19 cm lang und 2,5–5 cm breit, oberseits glänzend grün, kahl, unterseits bis auf Mittelader und Achselbärte kahl, doppelt gesägt; mit 10–13 Paaren von Seitennerven; meist behaarter Blattstiel 6–13 mm lang; Äste zuweilen breit geflügelt: **Feld-Ulme/Rotrüster** *(Ulmus minor)* → **S. 266**

→ Junge Zweige behaart; 8–16 cm lange Blätter oberseits rau, unterseits weichhaarig, mit 12–18 Paaren von Seitennerven; Stammborke lange glatt bleibend: **Berg-Ulme/Weißrüster** *(Ulmus glabra)* → **S. 264**

40 **(37)** Blätter unterseits graugrün, Blattrand etwas gelappt und ± gesägt: **Erle** *(Alnus)* → **28**

→ Merkmale anders: → **41**

41 Seitenadern beim Eintritt in die Blattzähne zur Spitze gebogen, Blätter zuweilen scheinbar gegenständig, nicht gefaltet: **Birke** *(Betula)* → **42**

Die Blätter entwickeln sich aus den Knospen aus einem ± gerollten oder gefalteten Zustand. Bei gefalteten Blättern erkennt man dies nach ihrer Entfaltung noch an ihrer ± stark gefaltet wirkenden Struktur.

→ Seitenadern beim Eintritt in die Blattzähne nicht oder nur selten etwas gebogen (zuweilen zur Basis), Blätter gefaltet; Blätter jederseits mit 10–24 Seitenadern, diese sehr oft unverzweigt, Blätter unterseits nur auf den Adern behaart: **Hainbuche** *(Carpinus betulus)* → S. 146

42 (41 und 59) Junge Zweige hängend, glänzend rötlich braun, fast kahl, mit vielen warzigen Harzdrüsen; 3-eckig-rhombische Blätter an der Basis breit keilförmig, ohne abgerundete Seitenecken: **Hänge-/Sand-/Warzen-Birke** *(Betula pendula)* → S. 142

Die **Hainbuche** kann man auch sehr gut an ihrem wie gewrungen wirkenden Stamm erkennen.

→ Junge Zweige nie hängend, weichhaarig (Lupe); ei- bis rautenförmige Blätter an der Basis herzförmig, mit abgerundeten Seitenecken: **Moor-/Haar-/Besen-/Behaarte Birke** *(Betula pubescens)* → S. 144

43 (35) Blattstiel 3–8 mm lang: → 44

→ Blattstiel länger, bei großen Blättern mindestens 1 cm lang: → 50

44 Blätter 6–10 cm breit, ± rundlich: **Hasel** *(Corylus)* → 45

Moor-Birke

→ Blätter schmaler: → 47

45 (44, 60, 79, 80) Bis 20 m hoher Baum mit stumpf kegelförmiger Krone; junge Zweige anfangs drüsenhaarig, später raue, korkige Borke; Blätter breit eiförmig, 6–15 cm lang, 5–12 cm breit, unterseits auf den Nerven behaart, doppel gesägt, etwas gelappt; Blattstiel 1,5–3 cm lang; Nebenblätter lanzettförmig, spitz: **Baum-Hasel/Türkische Hasel** *(Corylus colurna)* → S. 156

→ Strauch; Borke glatt: → 46

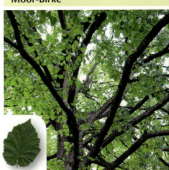

Baum-Hasel

46 Bis 5 m hoher, mehrstämmiger, reich verzweigter Strauch; junge Zweige rötlich, filzig bis drüsig und später verkahlend; Blätter rundlich eiförmig bis verkehrt eiförmig, 5–10 cm lang, plötzlich zugespitzt, unregelmäßig gesägt, oberseits kahl, unterseits auf den Adern behaart: **Lambertsnuss** *(Corylus maxima)* → S. 157

→ 2–6 m hoher Strauch; Blätter beiderseits weichhaarig; Nebenblätter länglich, stumpf: **Haselnuss/Gewöhnliche Hasel** *(Corylus avellana)* → S. 154

Gewöhnliche Hasel

Blätter einfach, wechselständig, nicht ganzrandig

Mispel

Zwerg-Mehlbeere

Eingriffeliger Weißdorn

Echte Felsenbirne

47 (44) Blätter unterseits weichfilzig behaart, sehr fein gezähnt, größere Blätter über 10 cm lang: **Mispel** *(Mespilus germanica)* → **S. 188**

→ Merkmale anders: → **48**

48 Blattrand zumindest in der oberen Blatthälfte fein gesägt, Blattspitze abgerundet oder kaum zugespitzt, Blätter etwa 3–6 cm lang: **Zwerg-Mehlbeere** *(Sorbus chamaemespilus)* → **S. 251**

→ Blattrand grob gesägt; Blätter mit Nebenblättern (Stipeln), die allerdings oft früh abfallen, im oberen Teil von Langtrieben aber meist zumindest in Resten noch vorhanden sind: **Weißdorn** *(Crataegus)* → **49**

49 (48, 51, 66 und 76) Blätter mit 1–3 ± spitzen, tief eingeschnittenen Lappen; Hauptnerven der unteren Lappen meist bogig von der Mittelrippe weggekrümmt: **Eingriffeliger Weißdorn** *(Crataegus monogyna)* → **S. 160**

→ Blätter mit 1–2 abgerundeten, nur leicht eingeschnittenen Lappen; Hauptnerven der unteren Lappen bogig zur Mittelrippe hin gekrümmt: **Zweigriffeliger Weißdorn** *(Crataegus laevigata)* → **S. 160**

50 (43) Basis der Blattspreite auffallend asymmetrisch; Blattrand gezähnt: **Ulme** *(Ulmus)* → **38**

→ Basis der Blattspreite nicht auffallend asymmetrisch: → **51**

51 Basis der Blattspreite allmählich in den Blattstiel übergehend: **Weißdorn** *(Crataegus)* → **48**

→ Basis der Blattspreite abgerundet oder herzförmig, z. T. etwas keilig, aber stets deutlich vom Blattstiel abgesetzt: → **52**

52 Nur die oberen Seitenadern in die Blattzähne verlaufend: → **53**

→ Alle Seitenadern in Blattzähne verlaufend, max. an der Basis der Blattspreite jederseits eine Seitenader, die den Blattrand nicht erreicht: → **54**

53 Blätter bis 6 cm breit, unterseits anfangs filzig behaart, später kahl: **Echte Felsenbirne** *(Amelanchier ovalis)* → **S. 140** Foto s. auch Nr. 21 und 26

→ Blätter meist über 6 cm breit, gelappt und/oder gesägt: **Erle** *(Alnus)* → **28** Foto s. Nr. 28

54 (52) Blattrand etwas gelappt, Blätter unterseits hellgrün, blau- bis graugrün oder filzig behaart: ➞ **55**

➞ Blattrand ungelappt, seltener etwas tiefer eingeschnitten, dann aber Blatt unterseits grün: ➞ **59**

55 Blätter unterseits filzig behaart: **Mehlbeere/ Eberesche** *(Sorbus)* ➞ **56**

➞ Blätter unterseits nicht filzig behaart: **Erle** *(Alnus)* ➞ **28** Foto s. auch Nr. 28

Grün-Erle

56 (55 und 78) Blätter unterseits bleibend weiß oder grau filzig: ➞ **58**

➞ Blätter unterseits zumindest im Alter kahl: ➞ **57**

57 Blätter beidseitig mit 3–5 auffallenden dreieckigen, spitzen Lappen, Seitennerven bis in die Lappenspitzen verlaufend; Blattstiele 2–5 cm lang: **Elsbeere** *(Sorbus torminalis)* ➞ **S. 255**

➞ Blätter ungelappt, Rand gesägt, unterseits blaugrün: **Zwerg-Mehlbeere** *(Sorbus chamaemespilus)* ➞ **S. 251** Foto s. Nr. 48

Elsbeere

58 (56) Blätter gesägt bis doppelt gesägt, außer an den Langtrieben kaum gelappt, unterseits auffallend dicht schneeweiß filzig: **Echte Mehlbeere** *(Sorbus aria)* ➞ **S. 249**

➞ Blätter mindestens um die Hälfte länger als breit, 6–10 cm lang, jederseits mit 6–9 Seitennerven bzw. Lappen: **Schwedische Mehlbeere** *(Sorbus intermedia)* ➞ **S. 254**

Echte Mehlbeere

59 (54) Borke von Stamm und Ästen meist weißlich, papierartig abblätternd, an älteren Stämmen schwarzrissig; biegsame Zweige ± schlank und rutenförmig, Blätter meist 3- oder 4-eckig: **Birke** *(Betula)* ➞ **42**

➞ Borke meist grau oder schwarz, niemals weiß und papierartig abblätternd; junge Zweige oft ± kantig: ➞ **60**

60 Basis der Blattspreite keilig, selten ausgerandet, dann aber Blätter fein gesägt und unterhalb der Blattmitte am breitesten, Adern unterseits wenig fühlbar: **Erle** *(Alnus)* ➞ **28** Foto s. Nr. 28 und 55

➞ Basis der Blattspreite herzförmig oder gestutzt: **Hasel** *(Corylus)* ➞ **45**

Schwedische Mehlbeere

Blätter einfach, wechselständig, nicht ganzrandig

Esskastanie

Rot-Eiche

Blätter von **Flaum-** (links) und **Stiel-Eiche** (rechts).

Gewöhnliche Berberitze

61 **(36)** Knospen am Zweigende einzeln; Blätter 8–25 cm lang; Blattzähne grannenartig (Lupe): **Esskastanie/Edelkastanie** *(Castanea sativa)* ➡ **S. 148**

➝ Knoten am Ende von Langtrieben gehäuft; Blattzähne mit kurzer Granne oder Knorpelspitze: **Eiche** *(Quercus)* ➡ **62**

62 **(61 und 79)** Blattlappen zugespitzt; Blätter über 12 cm lang, fast bis zur Mitte fiederspaltig und jederseits mit 4–6 breiten, spitzen und gezähnten Lappen, oberseits tiefgrün und matt, unterseits in den Nervenwinkeln bärtig: **Rot-Eiche** *(Quercus rubra)* ➡ **S. 210**

➝ Blattlappen abgerundet: ➡ **63**

63 Junge Triebe und Blätter besonders unterseits weiß filzig, mit sternförmigen Haaren; Blätter beidseitig mit 4–7 abgerundeten Lappen: **Flaum-Eiche** *(Quercus pubescens)* ➡ **S. 208**

➝ Triebe ± kahl: ➡ **64**

64 Blattstiel 1–3 cm lang; Spreite breit eiförmig und symmetrisch, am Grund keilförmig: **Trauben-Eiche** *(Quercus petraea)* ➡ **S. 207**

➝ Blattstiel sehr kurz; Spreite länglich und asymmetrisch, am Grund herzförmig geöhrt: **Stiel-Eiche** *(Quercus robur)* ➡ **S. 209**

65 **(11)** Zweige mit meist 3-teiligen Blattdornen, in deren Achseln sich Kurztriebe mit büschelig angeordneten Blättern befinden: **Gewöhnliche Berberitze/Sauerdorn** *(Berberis vulgaris)* ➡ **S. 141**

➝ Merkmale anders: ➡ **66**

66 Blätter meist ungleichmäßig gezähnt; Nebenblätter (Stipeln) am Blattstiel angewachsen: **Weißdorn** *(Crataegus)* ➡ **49** Foto s. Nr. 49

➝ Pflanze sparrig verzweigt, meist sehr stark dornig, sich durch Wurzelsprosse stark ausbreitend: **Schlehe/Schwarzdorn** *(Prunus spinosa)* ➡ **S. 204** Foto s. Nr. 4

67 (1) Zweige mit Ranken, mit braunem Mark, Blätter gelappt: **Wilde Weinrebe** *(Vitis vinifera* ssp. *sylvestris)* → S. 272

→ Zweige ohne Ranken: → **68**

68 Blattadern gabelig verzweigt und ± parallel, nicht durch Queradern verbunden, meist 2-lappig: **Ginkgo** *(Ginkgo biloba)* → S. 173

→ Merkmale anders: → **69**

Ginkgo

69 Blätter handnervig, d.h. von der Basis der Blattspreite 3–5 ± starke Adern ausgehend, oder Blätter schildförmig: → **70**

→ Blätter fiedernervig, d.h., von der Basis der Blattspreite geht nur die Mittelader aus, von der die untersten Seitenadern etwas höher abzweigen: → **75**

Silber-Pappel

70 Blattlappen ganzrandig oder leicht wellig gebuchtet, zugespitzt; Blätter unterseits weiß oder grau filzig: **Pappel** *(Populus)* → **24**

Bei der Pappel können, wie beispielsweise bei der Silber-Pappel *(Populus alba),* die Blätter an Kurz- und Langtrieben unterschiedlich stark gelappt sein.

→ Blattlappen gezähnt, gesägt oder gekerbt: → **71**

71 Kleinsträucher; Basis der Blattspreite keilförmig bis abgerundet; Mittellappen der Blätter nicht oder nur wenig länger als die seitlichen Lappen, Blätter beiderseits glänzend grün; Zweige oft mit Stacheln: **Johannisbeere, Stachelbeere** *(Ribes)* → **72**

Blätter der **Alpen-** (links) und der **Blut-Johannisbeere** (rechts).

→ 30–45 m hoher Baum; Rinde des Stammes sich in größeren Platten ablösend: Blätter 3- bis 5-lappig; Lappen ± breit dreieckig, der mittlere etwa ebenso lang wie breit; Buchten spitz oder gerundet; Lappen ganzrandig oder wenig gezähnt: **Ahornblättrige Platane** *(Platanus* × *hispanica)* → **S. 190** Foto s. auch Nr. 75

72 Zweige mit Stacheln: **Stachelbeere** *(Ribes uva-crispa)* → **S. 219**

→ Zweige stachellos: **Johannisbeeren** → **73**

Ahornblättrige Platane

Blätter einfach, wechselständig, nicht ganzrandig

Alpen-Johannisbeere

Ahornblättrige Platane

Rot-Buche

Gewöhnliche Hasel

73 Blätter unterseits mit gelblichen Harzdrüsen, auffallend riechend: **Schwarze Johannisbeere** *(Ribes nigrum)* → **S. 217**

→ Merkmale anders: → **74**

74 Zweige hellgrau, an älteren Ästen Rinde sich in Streifen ablösend; Blätter ± büschelig an Kurztrieben; 3–5 cm lang, 3- bis 5-lappig; Blattstiele drüsig bewimpert: **Alpen-Johannisbeere** *(Ribes alpinum)* → **S. 216**

→ Zweige gelbbraun, äußerste Rindenschicht sich schon im ersten Jahr in Längsstreifen ablösend; Tragblätter und Blütenstiele zottig bewimpert; Blätter spitzlappig: **Felsen-/Berg-Johannisbeere** *(Ribes petraeum)* → **S. 218**

75 **(69)** 30–45 m hoher Baum; sich in größeren Platten ablösende Rinde; Blätter 3- bis 5-lappig; Lappen ± breit dreieckig, deutlich zugespitzt: **Ahornblättrige Platane** *(Platanus × hispanica)* → **S. 190** Foto s. auch Nr. 71

→ Merkmale anders: → **76**

76 Zweige mit Dornen: **Weißdorn** *(Crataegus)* → **49**

→ Zweige ohne Dornen: → **77**

77 Blattrand gezähnt oder leicht buchtig gekerbt; junge Zweige mit grünlichem Mark; Stamm älterer Bäume glatt: **Rot-Buche** *(Fagus sylvatica)* → **S. 168** Foto s. auch Nr. 35 und 19

→ Merkmale anders: → **78**

78 Blätter unterseits ± weißlich oder gelbbraun: **Mehlbeere/Vogelbeere/Eberesche** *(Sorbus)* → **56**

→ Merkmale anders: → **79**

79 Blattspreite gelappt: **Eiche** *(Quercus)* → **62**

→ Blattspreite gezähnt; Seitenadern sehr deutlich in die Blattzähne verlaufend: **Hasel** *(Corylus)* → **45**

80 **(2)** Blätter ± herzförmig: **Linde** *(Tilia)* → **81**

→ Seitenadern sehr deutlich in die Blattzähne verlaufend: **Hasel** *(Corylus)* → **45**

81 Blätter unterseits weiß filzig, scharf gesägt, bis 10 cm lang und breit; junge Zweige filzig behaart: **Silber-Linde** *(Tilia tomentosa)* → **S. 262**

→ Merkmale anders: → **82**

82 Blätter bis auf die bräunlichen Haare in den Blattachseln der Unterseite kahl (Lupe), bis 10 cm lang: **Winter-Linde** *(Tilia cordata)* → **S. 259**

→ Blätter unterseits kurzhaarig, weißlich achselbärtig, meist über 10 cm lang: **Sommer-Linde** *(Tilia platyphyllos)* → **S. 261**

83 (32) Zweige meist hechtblau bereift, brüchig; Blätter breit lanzettförmig, bis 10 cm lang und 2,5 cm breit, am hinteren Ende am breitesten, scharf bespitzt, am Rand fein drüsig gesägt, oberseits dunkelgrün glänzend, unterseits graugrün, matt: **Reif-Weide** *(Salix daphnoides)* → **S. 239**

→ Merkmale anders: → **84**

84 Blätter schmal lineal- bis lanzettförmig: → **87**

→ Blätter breit lanzettförmig, elliptisch, eiförmig oder rundlich: → **85**

85 Holz der 2- bis 4-jährigen Zweige nach Entfernen der Rinde ± ohne Striemen; graugrüne, bis 10 cm lange und 6 cm breite Blätter sehr variabel, oberseits im Alter verkahlend, unterseits bleibend dicht grau filzig behaart, oberseits ± runzelig, Blattstiel ± 2 cm lang; Nebenblätter klein, schief nierenförmig; Zweige anfangs grau behaart, später kahl und glänzend rotbraun: **Sal-Weide** *(Salix caprea)* → **S. 236**

→ Holz der 2- bis 4-jährigen Zweige unter der Rinde mit Striemen (hervortretenden Längsstreifen des Holzes): → **86**

Um die Striemen zu erkennen, muss die Rinde des Zweiges entfernt werden.

86 Holz der 2- bis 4-jährigen Zweige nach Entfernen der Rinde mit bis zu 5 cm langen Striemen; Blätter mattgrün, oberseits ± glatt, nur anfangs behaart, später kahl, bis 10 cm lang und 4,5 cm breit, unterseits filzig behaart; Nebenblätter meist ± groß, nierenförmig; junge Zweige grau filzig behaart: **Grau-Weide** *(Salix cinerea)* → **S. 238**

Winter-Linde

Sal-Weide

Grau-Weide

Blätter einfach, wechselständig, nicht ganzrandig

Ohr-Weide

Korb-Weide

Wenn die **Silber-Weide** nicht geschnitten wird, kann sie zu einem stattlichen Baum heranwachsen.

→ Holz der 2- bis 4-jährigen Zweige nach Entfernen der Rinde mit 1–2 cm langen Striemen; Blätter oberseits ± runzelig durch eingesenkte Nerven, bis 5 cm lang und 3 cm breit, verkehrt eiförmig, stark zugespitzt, Blattspitze krumm; Blattrand wellig, unregelmäßig grob gesägt; Blattoberseite dunkelgrün, Unterseite bläulich grün, jung filzig behaart; Blattstiel 3–8 mm lang; Stipeln groß, nierenförmig: **Ohr-Weide** *(Salix aurita)*
→ **S. 235**

87 (84) Blätter im Alter beiderseits oder zumindest unterseits behaart: → **88**

→ Blätter im Alter beiderseits kahl: → **90**

88 Blätter im unteren Drittel am breitesten; Seitennerven ± rechtwinklig zur Mittelrippe; Blattrand etwas umgerollt; bis 25 cm lange und 1,5 cm breite Blätter ganzrandig, schmal lanzettförmig, allmählich zugespitzt, Blätter jung beiderseits lang seidig behaart, oberseits dunkelgrün und später ± verkahlend, unterseits seidig silbergrau behaart; Mittelader stark hervortretend, drüsenloser Blattstiel 3–12 cm lang; Stipeln schmal lanzettförmig; Zweige grünlich gelb, jung anfangs dicht grau behaart, später kahl, innere Rinde grün: **Korb-/Hanf-Weide** *(Salix viminalis)*
→ **S. 246**

→ Merkmale anders: → **89**

89 Blätter an der Basis ganzrandig und gegen die Spitze hin drüsig gezähnt, oberseits fast kahl und unterseits dicht weiß filzig, am Rand umgerollt: **Lavendel-Weide** *(Salix elaeagnos)*
→ **S. 240**

→ Blattrand gleichmäßig dicht und fein gesägt, den Zähnen aufsitzende, kleine Drüsen (Lupe); 2 Drüsen am unteren Blattrand; 5–10 cm lange Blätter ± lanzettförmig bis 1,5 cm breit, beiderseits anfangs ± dicht anliegend silberweiß seidenhaarig, später oberseits kahl, grün, unterseits bleibend behaart (selten kahl), blaugrün; Basis der Blattspreite keilförmig, Blattstiel etwa ¹⁄₁₀ der Blattlänge, Nebenblätter abfallend; Zweige meist auch jung kahl, olivbraun; raschwüchsig; Borke längsrissig; bis 20 m hoher Baum: **Silber-Weide** *(Salix alba)* → **S. 234**
Foto s. auch Nr. 32

90 (87) Bis 12 cm lange und 2 cm breite Blätter im vorderen Drittel zur Blattspitze hin am breitesten; Blattrand nur im oberen Drittel gezähnt; Blätter oberseits kahl, glänzend dunkelgrün, unterseits bläulich bis blaugrün, kahl oder anfangs behaart, beim Eintrocknen oft schwarz werdend; Nebenblätter fehlen; junge Zweige kahl und glänzend, gelblich braun bis purpurn: **Purpur-Weide** *(Salix purpurea)* ➜ **S. 243**

➜ Blätter in der Mitte oder dem hinteren Drittel am breitesten: ➜ **91**

---

91 Rinde der älteren Zweige sich in Fetzen ablösend, neue Rinde zimtbraun, Nebenblätter groß; bis 15 cm lange und 3 cm breite Blätter lanzettförmig bis elliptisch, Blattrand fein drüsig gezähnt, Drüsen in den Buchten zwischen den Sägezähnen stehend (Lupe); Blätter beiderseits kahl, oberseits dunkelgrün, unterseits grün oder blaugrün, Blattstiel 3–12 cm lang mit meist 2 Drüsen: **Mandel-Weide** *(Salix triandra)* ➜ **S. 245**

➜ Zweige ± lehmfarben (gelbgrau), kahl, glänzend und ± starr, an der Ansatzstelle mit knackendem Laut leicht vom Hauptast abbrechend; Blattstiel unterhalb der Blattspreite mit auffälligen Drüsen; bis 15 cm lange und 4 cm breite Blätter lanzettförmig, lang zugespitzt und im untersten Drittel am breitesten; Blattrand gesägt mit knorpeligen Blattzähnen, Drüsen in den Buchten sitzend (Lupe); Blätter oberseits kahl, glänzend, dunkelgrün, unterseits anfangs leicht seidig behaart, später kahl, hellgrün bis blaugrün; Nebenblätter früh abfallend: **Bruch-Weide**/**Knack-Weide** *(Salix fragilis)* ➜ **S. 242**

Durch die blaugrünen, zungenförmigen Blätter und die Wuchsform ist die **Purpur-Weide** leicht zu erkennen.

Mandel-Weide

Das «Knacken» der Zweige der **Bruch-Weide** prüft man am besten durch Andrücken des Zweiges an den Leitast.

Bestimmen nach Blütenmerkmalen

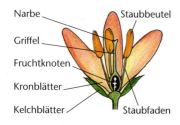

Kätzchenförmiger Blütenstand der **Weide**.

Die **Berberitze** hat gelbe Kelchblätter, die in Form und Farbe den Kronblättern gleichen.

Die **Traubenkirsche** hat freie Kronblätter (links), diejenigen der **Heckenkirsche** (rechts) sind miteinander verwachsen.

1 Typische Blüten mit der charakteristischen Organfolge von Blütenhülle, Staubblättern und Fruchtknoten: ➙ **2**

Die typische Abfolge einer Blüte von innen nach außen ist: Kelchblätter, Kronblätter, Staubblätter (männliche Blütenelemente aus Staubfäden und Staubbeuteln, die die Pollenkörner produzieren) und in der Mitte der Fruchtknoten (weibliche Blütenelemente mit dem Stempel, der sich aus Fruchtknoten mit Griffel und Narbe zusammensetzt).

Sollten nicht alle Teile vorhanden sein, geht es trotzdem hier weiter, sofern die vorhandenen Teile gut erkennbar und klar voneinander zu unterscheiden sind.

➙ Blütenorgane nicht einfach erkennbar und/oder nicht dem typischen Bauplan der Blüte entsprechend: ➙ **74**

Hierzu gehören z. B. die Blütenstände der Weiden, aber auch vieler anderer Arten, bei denen die Einzelblüten als solche kaum sichtbar sind.

2 Blütenhülle nur aus einer Sorte ± gleichartiger Organe bestehend, d. h. nicht aus unterschiedlich gestalteten Kelch- und Kronblättern. Die gleich gestalteten Blütenhüllblätter (entweder Kelch- oder Kronblätter) werden dann als Perigonblätter bezeichnet. Sie können auch ganz fehlen: ➙ **61**

Bei «zweifelhaften» Fällen wie der Berberitze mit zwei Kreisen ähnlicher Blütenblätter führen beide Wege zum Ziel.

➙ Blütenhülle aus Kelch und Krone bestehend, d. h., in Form und/oder Farbe (zuweilen auch nur zum Zeitpunkt des Abfallens) deutlich verschiedene Sorten von Blütenhüllblättern vorhanden: ➙ **3**

3 Kronblätter verwachsen (zuweilen nur ganz am Grund, aber auch dann fällt die Blütenkrone als Ganzes ab): ➙ **49**

Im Zweifelsfall ist es hilfreich, ein einzelnes Kronblatt aus der Blüte zu zupfen; gelingt dies ohne die anderen zu verletzen, sind die Kronblätter frei.

➙ Kronblätter frei: ➙ **4**

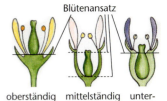

oberständig   mittelständig   unter-
                              ständig

4 Fruchtknoten unter- bis mittelständig, d. h., am Grund des becher- bis röhrenförmigen Blütenbodens stehend, dabei mit diesem Blütenbecher völlig, teilweise oder gar nicht verwachsen; die Staub- und Blütenblätter entspringen deutlich oberhalb des Fruchtknotens bzw. oberhalb des Randes des Blütenbechers: ➡ **42**

Die Stellung des Fruchtknotens ist ein sehr wichtiges Merkmal. In Zweifelsfällen hilft es, die Blüte längs zu schneiden und sich einen Blütenansatz zu denken, an dem die Blüten- und Staubblätter ansetzen. Je nachdem ob dies ober- oder unterhalb dieser Ebene ist, spricht man von einem ober- oder unterständigen Fruchtknoten. Ein mittelständiger Fruchtknoten sitzt in einem vertieften Blütenbecher, sodass er zwischen diesen beiden Merkmalen steht.

➡ Fruchtknoten oberständig, d. h. Blüten- und Staubblätter entspringen unterhalb des Fruchtknotens: ➡ **5**

Die Linde (links) hat einen **oberständigen,** die Kirsche (Mitte) einen **mittelständigen,** die Johannisbeere einen **unterständigen** Fruchtknoten. Die Kronblätter sitzen entsprechend ober- oder unterhalb des Fruchtknotens an. Die Frucht entwickelt sich zur Reifezeit aus dem Blütenboden, bei dem im Querschnitt (rechts) schon die Samenanlagen zu sehen sind.

5 Mehrere freie Fruchtknoten (selten an der Basis etwas verwachsen), jeder mit eigener Narbe und ggf. Griffel: ➡ **39**

➡ Ein Fruchtknoten mit einem oder mehreren Narben bzw. Griffeln; oder mehrere scheinbar freie Fruchtknoten, die aber durch einen gemeinsamen Griffel vereinigt sind: ➡ **6**

Beim Blick auf die Blüte lässt sich feststellen, ob eine oder mehrere Narben zu sehen sind. Ob diese dann einem Fruchtknoten mit einem Griffel, der sich in mehrere Narben aufspaltet, entspringen oder mehreren Fruchtknoten, kann man so kaum erkennen. Dies lässt sich meist erst durch einen Längsschnitt der Blüte feststellen. Dann kann man auch erkennen, ob diese wiederum miteinander verwachsen oder frei sind.

Bei der Gattung *Rubus*, zu der z. B. die Him- und Brombeeren gehören, entwickelt sich aus den **vielen freien Fruchtblättern** eine Sammelsteinfrucht. Zur Blütezeit sind bereits die **zahlreichen Griffel** mit ihren **Narben** sichtbar.

6 Blüten mit nur einer Symmetrieebene (zygomorph): ➡ **32**

Zygomorphe Blüten lassen sich nur durch eine Linie von oben nach unten in zwei gleiche Hälften spiegeln, während die radiären Blüten in alle Richtungen ± gleich ausgebreitet aussehen.

➡ Blüten mit mehr als einer Symmetrieebene (radiär): ➡ **7**

Die bunt gefärbte Blüte des **Besenginsters** (links) ist zygomorph, während diejenige des **Sumpf-Porstes** radiär und 5-zählig ist.

Das Hochblatt der **Linde** dient der Flugausbreitung der Früchte (Drehflieger).
In der Lupe ist gut zu sehen, dass die Lindenblüten mehr Staub- als Kronblätter haben.

Die **Manna-Esche** gehört zu den **Ölbaumgewächsen**. Sie hat 4 weiße Kronblätter, die als Perigonblätter bezeichnet werden, weil nicht in Kelch- und Kronblätter unterschieden werden kann (Lupe).

Ein gefiedertes Blatt setzt sich aus mehreren Blattfiedern zusammen. Hier bei der **Esche** sind es 13 bzw. 6 Fiederpaare mit einer Endfieder.

Flieder (großes Bild und Lupe rechts) sowie **Liguster** (Lupe links) mit verwachsenen Blüten.

7 Staubblätter mehr als 10; Blüten 5-zählig; Blütenstand mit einem flügelartigen, im unteren Teil seiner Achse angewachsenen Hochblatt; Blüten 3–15, gelblich bis grünlich; sommergrüne Bäume: **Linde** *(Tilia)* ➡ **8**

➡ Merkmale anders: ➡ **10**

8 Blütenstand 5- bis 10-blütig; Blätter unterseits weiß filzig; junge Zweige filzig behaart: **Silber-Linde** *(Tilia tomentosa)* ➡ **S. 262**

➡ Merkmale anders: ➡ **9**

9 Blütenstand 5- bis 7-blütig; Blätter bis auf die bräunlichen Haare in den Blattachseln der Unterseite kahl: **Winter-Linde** *(Tilia cordata)* ➡ **S. 259**

Da Linden zur Bastardisierung neigen, ist eine eindeutige Zuordnung nicht immer möglich.

➡ Blütenstand meist 3-blütig; Blätter unterseits kurzhaarig, weißlich achselbärtig: **Sommer-Linde** *(Tilia platyphyllos)* ➡ **S. 261**

10 **(7)** Staubblätter mehr als Kronblätter: ➡ **24**

➡ Staubblätter so viele wie oder weniger als Kronblätter: ➡ **11**

11 Staubblätter 2; Kelchblätter 4; Kronblätter 2, 4 oder 6: **Ölbaumgewächse (Oleaceae)** ➡ **12**

➡ Staubblätter mehr als 2: ➡ **15**

12 **(11 und 60)** Blätter gefiedert; Frucht geflügelt; laubabwerfende Bäume: **Esche** *(Fraxinus)* ➡ **14**

➡ Blätter ungeteilt oder 3-zählig; Sträucher: ➡ **13**

13 4-zipfelige Blütenkrone röhrig verwachsen (Lupe), Blattspreite am Grund herzförmig: **Gewöhnlicher Flieder** *(Syringa vulgaris)* ➡ **S. 258**

➡ Blüten trichterförmig, weiß; Blattspreite länglich bis lanzettförmig, immergrün: **Gewöhnlicher Liguster** *(Ligustrum vulgare)* ➡ **S. 178**

14 **(12)** Kronblätter vorhanden, weiß; Blüten in hängenden Rispen; Blätter 7- bis 9-zählig gefiedert: **Blumen-/Manna-Esche** *(Fraxinus ornus)* ➡ **S. 171**

→ Kronblätter fehlen; Blätter 9- bis 13-zählig gefiedert: **Gewöhnliche Esche** *(Fraxinus excelsior)* → S. 170

15 (11) Blüten gelb; Staubblätter 6; Kronblätter 6, alle oder 3 von ihnen mit Nektarien; Kelchblätter 6, 9 oder viele, kronblattähnlich; Blattdornen meist 3-teilig: **Gewöhnliche Berberitze** *(Berberis vulgaris)* → S. 141

→ Staubblätter 4 oder 5; Kron- und Kelchblätter meist ebenso viele: → 16

Versucht ein Insekt an den Nektar am Grund des Kronblattes der **Gewöhnlichen Berberitze** zu gelangen, klappen die Filamente der Staubblätter nach innen und bestäuben das Insekt. Sie können diese Bewegung mit einem Stäbchen auslösen!

16 Blätter einfach: → 19

→ Blätter zusammengesetzt: → 17

Zusammengesetzte Blätter können gefingert oder gefiedert sein. Bei gefingerten Blättern entspringen alle Einzelblättchen wie bei einer Hand einem Punkt, bei gefiederten stehen sie an einer längeren Blattachse hintereinander (vgl. Foto zu Nr. 12, Esche).

17 Blätter gefingert (Einzelblättchen aus einem Punkt abzweigend): **Rosskastanie** *(Aesculus)* → 31

→ Blätter gefiedert: → 18

Gewöhnliche Pimpernuss

18 Blüten weiß: **Gewöhnliche Pimpernuss** *(Staphylea pinnata)* → S. 256

→ Blüten in dichten Rispen, gelblich grün oder rötlich: **Hirschkolben-Sumach/Essigbaum** *(Rhus hirta)* → S. 214

19 (16) Blätter wechselständig: **Kreuzdorngewächse (Rhamnaceae)** → 23

→ Blätter gegenständig: → 20

Die **geflügelten Fruchtknoten** sind beim **Spitz-Ahorn** bereits zur Blütezeit zu sehen.

20 Blätter gelappt; Fruchtknoten mit zwei geflügelten, oberhalb des Diskus deutlich sichtbaren Fächern; Blüten polygam (d. h., neben eingeschlechtlichen gibt es auch zwittrige Blüten): **Ahorn** *(Acer)* → 25

Als Diskus wird ein ring- oder scheibenförmiger Wulst bezeichnet, der sich an der Ansatzstelle der Staubfäden befindet, meist enthält er Nektardrüsen.

→ Blätter nicht gelappt; Fruchtknoten in einen breiten Diskus eingesenkt (Lupe); Blüten 4-zählig: **Spindelstrauch** *(Euonymus)* → 21

Gewöhnlicher Spindelstrauch

Beim **Faulbaum** stehen die Staubblätter zwischen den Kelchblättern (Lupe). Da die Kronblätter fehlen und die Kelchblätter einer Blütenkrone ähneln, entsteht der Eindruck, dass die Staubblätter zwischen den Kronblättern stehen. Bei derart unübersichtlichen Blüten führen mehrere Wege zum Ziel.

Purgier-Kreuzdorn

Männliche Blütenstände des **Eschen-Ahorns**.

Burgen-Ahorn

21 Grünliche Blüten 5-zählig und rot gerandet: **Breitblättriger Spindelstrauch** *(Euonymus latifolia)* ➞ **S. 167**

➞ Blüten 4-zählig, hellgrün, Staubbeutel gelb: **Gewöhnlicher Spindelstrauch** *(Euonymus europaea)* ➞ **S. 166**

22 **(19, 47 und 67)** Pflanze dornenlos; Blätter ganzrandig; je 2–6 Blüten in den Achseln der Laubblätter: **Faulbaum/Pulverbaum** *(Rhamnus frangula/Frangula alnus)* ➞ **S. 212**

➞ Pflanze mit Dornen: ➞ **23**

23 **(19)** Blätter meist nicht über 3 cm lang, kahl oder fast kahl; Blattstiel etwa so lang wie die Nebenblätter; Blüten 4-zählig; Frucht schwarz; bis 150 cm hoher, sparrig verzweigter Strauch: **Felsen-Kreuzdorn** *(Rhamnus saxatilis)* ➞ **S. 213**

➞ Blätter über 3 cm lang; Blattstiel 2- bis 4-mal so lang wie die früh abfallenden Nebenblätter; Blüten 4-zählig; bis 3 m hoher Strauch: **Purgier-Kreuzdorn** *(Rhamnus cathartica)* ➞ **S. 211**

24 **(10)** Fruchtknoten seitlich zusammengedrückt, gekielt bis geflügelt, einem Diskus aufsitzend; Narben 2, deutlich getrennt; Staubblätter 4–10; Kron- und Kelchblätter 4–5; Blüten polygam (d. h., neben eingeschlechtlichen sind auch zwittrige Blüten vorhanden); Blätter gegenständig, meist einfach und gelappt: **Ahorn** *(Acer)* ➞ **25**

➞ Merkmale anders: ➞ **30**

25 **(20, 24 und 71)** Blätter unpaarig 3–5, selten 7-zählig gefiedert, oft weiß gescheckt; junge Triebe häufig abwischbar bläulich bereift; Blüten eingeschlechtlich, 2-häusig, in langen, hängenden Trauben: **Eschen-Ahorn** *(Acer negundo)* ➞ **S. 129**

➞ Blätter nicht gefiedert, sondern gelappt oder ungeteilt: ➞ **26**

26 Blattspreiten 3-lappig; Seitenlappen ± waagerecht abstehend; Blüten in wenigblütigen, nickenden Schirmtrauben: **Französischer/Burgen-Ahorn** *(Acer monspessulanum)* ➞ **S. 128**

➞ Blattspreiten meist 5- bis 7-lappig: ➞ **27**

| 27 | Blütenstände aufrecht: ➡ **28** |
| ➡ | Blütenstände hängend: ➡ **29** |

| 28 | 5–7 Blattlappen in haarfeine Spitzen ausgezogen; Blätter 10–18 cm breit, Blattstiel oft länger als die Spreite; Blüten in Schirmrispen, zusammen mit den Blättern erscheinend: **Spitz-Ahorn** *(Acer platanoides)* ➡ S. 131 |
| ➡ | 5 stumpf endende Blattlappen, der mittlere stets 3-zipfelig; Blüten nach dem Laub erscheinend: **Feld-Ahorn** *(Acer campestre)* ➡ S. 127 |

Spitz-Ahorn

| 29 | **(27)** Blüten in Schirmtrauben; Blattspreite in 5 (selten 3) stumpfe, gekerbte oder gezähnte Lappen geteilt, am Grund herzförmig: **Schneeballblättriger Ahorn** *(Acer opalus)* ➡ S. 130 |
| ➡ | Blüten in hängenden, 5–15 cm langen Rispen; Blätter in 5 doppelt stumpf gesägte Lappen geteilt, am Grund herzförmig: **Berg-Ahorn** *(Acer pseudoplatanus)* ➡ S. 132 |

Balkan-Rosskastanie mit gefingerten Blättern.

| 30 | **(24)** Blätter gefingert: **Rosskastanie** *(Aesculus)* ➡ 31 |
| ➡ | Blätter gefiedert; Blüten grünlich; meist 5 Kron- und 10 Staubblätter: **Götterbaum** *(Ailanthus altissima)* ➡ S. 136 |

| 31 | **(30, 17 und 32)** Gefingerte Blätter meist mit 7 Einzelblättchen; Blüten weiß mit roten oder gelben Flecken (Saftmalen): **Balkan-/Gew. Rosskastanie** *(Aesculus hippocastanum)* ➡ S. 135 |
| ➡ | Gefingerte Blätter meist mit 5 Einzelblättchen; Blüten fleischrosa bis rot: **Rote Rosskastanie** *(Aesculus × carnea)* ➡ S. 133 |

Götterbaum mit gefiederten Blättern.

| 32 | **(6)** Staubblätter 5–8; Kelchblätter röhrig verwachsen; Blütenstand 20–30 cm lang; Blüten ca. 2 cm breit; Blätter gefingert: **Rosskastanie** *(Aesculus)* ➡ 31 |
| ➡ | Staubblätter 10, Staubfäden entweder alle oder 9 von ihnen zu einer den Fruchtknoten umgebenden Röhre verwachsen: **Schmetterlingsblütler** *(Faboideae)* ➡ 33 |

| 33 | **(32 und 51)** Blätter zusammengesetzt, gefiedert oder gefingert: ➡ 35 |
| ➡ | Blätter einfach oder Strauch nur mit Dornen statt Blättern: ➡ 34 |

Bei den **Schmetterlingsblütlern** sind die Staubfäden zu einer den Griffel (und Fruchtknoten) umschließenden Röhre verwachsen. Bei dieser Blüte sind die Kronblätter entfernt worden, um dies erkennen zu können.

- Kelchblätter
- Fahne
- Flügel
- Schiffchen aus 2 verwachsenen Blütenblättern

Der **Stechginster** hat die für Schmetterlingsblütler typischen Schmetterlingsblüten mit Flügel (jeweils 2 Kronblätter), Fahne (1 Kronblatt) und Schiffchen (jeweils 2 Kronblätter).

Gewöhnlicher Goldregen

Gewöhnlicher Erbsenstrauch

Robinie

34 Alle Verzweigungen in scharfen Dornen endend; Zweige grün und behaart, anfangs gerillt gerieft; Blattspreiten nur bei jungen Pflanzen ausgebildet, sonst zu Blattdornen oder Schuppenblättern reduziert, Stipeln fehlen; Blüten goldgelb: **Stechginster** *(Ulex europaeus)* ➡ **S. 263**

➡ Oberlippe des Kelches mit 2 kurzen Zähnen; Blüten zu 1–2 blattachselständig; Blätter klein und früh abfallend; Strauch mit grünen, rutenförmigen, gerillten Zweigen: **Besenginster** *(Cytisus scoparius)* ➡ **S. 163**

35 (33) Blätter 3-zählig; viele gelbe Blüten in bis zu 30 cm langen Trauben: **Gewöhnlicher Goldregen** *(Laburnum anagyroides)* ➡ **S. 177**

➡ Blätter mit mehr als 3 Fiederblättchen: ➡ **36**

36 Blätter paarig gefiedert mit 8–10 Fiederblättchen, oft in Kurztrieben rosettig stehend; Spross-System meist auffällig in Lang- und Kurztriebe gegliedert; Blüten gelb: **Gewöhnlicher Erbsenstrauch** *(Caragana arborescens)* ➡ **S. 145**

Bei paarig gefiederten Blättern fehlt die Endfieder, bei unpaarigen dagegen schließt das Blatt mit einem einzelnen Fiederblättchen ab; dieses kann sowohl gestielt als auch ungestielt sein.

➡ Blätter unpaarig gefiedert, Endfieder vorhanden: ➡ **37**

37 Weiße Blüten in langen Trauben, oft mit gelbem Fleck am Grund der Fahne, stark duftend; Stipeln als Dornen ausgebildet; 7–19 Fiederblättchen; Bäume mit längsrissiger Borke: **Robinie** *(Robinia pseudoacacia)* ➡ **S. 220**

➡ Blüten gelb: ➡ **38**

38 Blüten in 6- bis 8-blütigen Trauben; 9–13 Fiederblättchen; stark aufgeblasene Frucht 6–8 cm lang: **Gewöhnlicher Blasenstrauch** *(Colutea arborescens)* ➡ **S. 151**

➡ Blüten in 2- bis 5-blütigen Dolden, 1,5–2 cm lang, Fahne oft rot gezeichnet; nicht aufgeblasene Frucht ca. 5 cm lang: **Strauch-Kronwicke** *(Hippocrepis emerus)* ➡ **S. 174** Foto s. S. 49 oben

39	**(5)** Blüten groß und auffällig, meist über 2 cm, zwittrig, oft einzeln; Staubblätter viele: ➟ **40**
➟	Blüten klein, zu sehr vielen in dichten, kugeligen Köpfchen stehend; Blütenstände (Kugeln) meist zu zweit; Blätter 3- bis 5-lappig: **Ahornblättrige Platane** *(Platanus × hispanica)* ➟ **S. 190**

40	Kronblätter 4: **Waldrebe** *(Clematis)* ➟ **41**
➟	Kronblätter 5: **Rosengewächse (Rosaceae)** ➟ **108**

41	Violettblaue Blüten einzeln, nickend, 4–12 cm lang gestielt: **Alpen-Waldrebe** *(Clematis alpina)* ➟ **S. 149**
➟	Blüten weiß, in end- oder seitenständigen Rispen: **Gewöhnliche Waldrebe** *(Clematis vitalba)* ➟ **S. 150**

42	**(4)** Staubblätter mehr als Kronblätter: **Rosengewächse (Rosaceae)** ➟ **108**
➟	Staubblätter so viele wie Kronblätter: ➟ **43**

43	Blütenstand viel- bis wenigblütige Trauben, nur selten einzelne Blüten; Blüten meist 5-zählig und ziemlich klein, Griffel 2; Kelchblätter meist größer als die Kronblätter; Blätter meist handförmig gelappt: **Stachelbeergewächse** ➟ **44**
➟	Merkmale anders: ➟ **47**

44	Zweige mit Stacheln; 1–4 gelbgrüne, röhrige Blüten: **Stachelbeere** *(Ribes uva-crispa)* ➟ **S. 219**
➟	Äste stachellos; Blüten in vielblütigen Trauben: **Johannisbeeren** ➟ **45**

45	Blütentrauben aufrecht: **Alpen-Johannisbeere** *(Ribes alpinum)* ➟ **S. 216**
➟	Blütentraube hängend: ➟ **46**

46	Blätter unterseits mit gelblichen Harzdrüsen, auffallend riechend; 5–10 grünlich rote Blüten je Blütenstand: **Schwarze Johannisbeere** *(Ribes nigrum)* ➟ **S. 217**
➟	Kelch am Rand bewimpert; Tragblätter und Blütenstiele zottig bewimpert: **Felsen-/Berg-Johannisbeere** *(Ribes petraeum)* ➟ **S. 218**

Strauch-Kronwicke

Die **Ahornblättrige Platane** ist einhäusig, d. h., die männlichen (rechts) und weiblichen (links) Blüten befinden sich in getrennten Blütenständen, aber an einem Baum. Die Blütenhüllen der Einzelblüten sind meist stark reduziert.

Gewöhnliche Waldrebe

Stachelbeere

Die Blüten der Kreuzdorngewächse können sowohl zwittrig als auch eingeschlechtlich sein. Die Kronblätter können fehlen. Links ist die Blüte des **Purgier-Kreuzdorns** mit Resten von Staubblättern und links der **Felsen-Kreuzdorn** mit männlicher Blüte zu sehen. Die Staubblätter stehen versetzt zu den Kelchblättern.

Kornelkirsche mit zwischen den Kronblättern stehenden Staubblättern. Die Kelchblätter fehlen. Der Blütenstand sitzt in **Hochblättern**.

Roter Hartriegel mit radiärer, 4-zähliger Blüte.

47 **(43)** Staubblätter über den Kronblättern stehend, diese oft kleiner als die Kelchblätter oder fehlend: **Kreuzdorngewächse (Rhamnaceae)** ➙ **22**

→ Staubblätter mit den Kronblättern abwechselnd; Griffel 1: **Hartriegelgewächse (Cornaceae)** ➙ **48**

Die Kronblätter können (so wie bei den Blüten rechts zu sehen) fehlen, dann stehen die Staubblätter zwischen den Kelchblättern – da die Kronblätter wiederum versetzt zu den Kelchblättern stehen, sofern diese vorhanden sind.

48 Blüten gelb; mehrere Einzelblüten von Hochblättern umgeben, in kleinen Dolden: **Kornelkirsche/Gelber Hartriegel** *(Cornus mas)* ➙ **S. 152**

→ Blüten weiß; in 4–8 cm breiten Schirmrispen ohne Hochblätter: **Roter Hartriegel** *(Cornus sanguinea)* ➙ **S. 153**

49 **(3)** Kronblätter an der Spitze verwachsen, am Grund frei, beim Aufblühen kapuzenartig abfallend; Pflanze mit Wurzeln kletternd: **Wilde Weinrebe** *(Vitis vinifera* ssp. *sylvestris)* ➙ **S. 272**

→ Kronblätter am Grund verwachsen, gewöhnlich erst beim Verblühen abfallend: ➙ **50**

50 Staubblätter so viele wie oder weniger als Kronblätter: ➙ **53**

→ Staubblätter mehr als Kronblätter: ➙ **51**

51 Blüten radiär (mehr als eine Symmetrieebene); Zwergsträucher: ➙ **52**

→ Blüten zygomorph (eine Symmetrieebene); 10 Staubfäden, entweder alle oder 9 von ihnen zu einer den Fruchtknoten umgebenden Röhre verwachsen: **Schmetterlingsblütler (Faboideae)** ➙ **33**

Lässt sich die Blüte nur in einer Richtung in spiegelbildlich identische Hälften teilen, spricht man von zygomorphen Blüten. Hingegen lassen sich radiäre Blüten in mehrere spiegelbildlich identische Hälften teilen.

52 Blätter ganzrandig und unterseits blaugrün; 1–4 Blüten: **Rauschbeere** *(Vaccinium uliginosum)* → S. 269

→ Blätter am Rand fein gesägt und zugespitzt, beiderseits grün; Blüte einzeln: **Heidelbeere** *(Vaccinium myrtillus)* → S. 268

Heidelbeere

53 (50) Fruchtknoten unterständig: → **54**

→ Fruchtknoten oberständig: → **60**

Der Ansatzpunkt der Kronblätter wird als «Blütenansatz» bezeichnet, je nachdem, ob sich der Fruchtknoten ober- oder unterhalb des Blütenansatzes befindet, wird er als ober- oder unterständig bezeichnet. Bei einem mittelständigen Fruchtknoten wird die Frucht in einem Blütenbecher gebildet – also einerseits oberhalb des Blütenbodens, andererseits aber unterhalb der Ansatzstelle der Kronblätter.

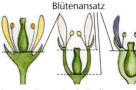

oberständig   mittelständig   unterständig

54 (53 und 67) Blüten meist röhrig oder glockig, oft zygomorph, zu mehreren bis wenigen Blüten in traubigen oder köpfchenförmigen Blütenständen: **Geißblattgewächse (Caprifoliaceae)** → **55**

→ Blüten radiär, radförmig mit meist unauffälliger Kronröhre, die äußeren sterilen Randblüten können vergrößert und dadurch etwas zygomorph sein; Blüten in vielblütigen Rispen oder Schirmrispen: **Holundergewächse (Adoxaceae)** → **144**

Hierzu gehören die Gattungen Holunder und Schneeball.

Linde (links) mit **oberständigem**, Kirsche (Mitte) mit **mittelständigem**, Johannisbeere mit **unterständigem** Fruchtknoten.

55 Blütenkrone stark 2-lappig; Blüten zu 2 oder mehreren kopfig-quirlig; Fruchtknoten zweier Blüten oft miteinander zur «Doppelbeere» verwachsen: **Heckenkirsche/Geißblatt** *(Lonicera)* → **56**

→ Blütenkrone glockig, fast radiär, innen bärtig; Blüten in unterbrochenen ährenartigen Trauben: **Gewöhnliche Schneebeere** *(Symphoricarpos albus)* → S. 257

Die radiären Blüten des **Holunders** stehen in Schirmrispen.

56 Stängel windend; Blüten in endständigen, kopfigen Quirlen; Blüten gelblich weiß, duftend: **Wald-Geißblatt** *(Lonicera periclymenum)* → S. 183

→ Stängel nicht windend; Merkmale anders: → **57**

Wald-Geißblatt mit zygomorphen Blüten.

51

Blaue Heckenkirsche

Alpen-Heckenkirsche

Rote Heckenkirsche

Gewöhnlicher Bocksdorn

57 Fruchtknoten und Frucht eines jeden Blütenpaares miteinander verwachsen: ➡ **58**

Bei der Blauen Heckenkirsche kann man sehr gut sehen, wie auf einem gemeinsamen Fruchtknoten 2 Blüten stehen. Entsprechend werden sog. «Doppelbeeren» als Frucht gebildet.

➡ Fruchtknoten und Frucht eines jeden Blütenpaares vollständig getrennt oder nur am Grund verwachsen: ➡ **59**

58 Blütenkrone gelblich; gemeinsamer Blütenstiel kürzer als die Blüte: **Blaue Heckenkirsche** *(Lonicera caerulea)* ➡ **S. 181**

➡ Blütenkrone rötlich; gemeinsamer Blütenstiel länger als die Blüte: **Alpen-Heckenkirsche** *(Lonicera alpigena)* ➡ **S. 180**

59 (57) Blätter kahl; gemeinsamer Blütenstiel 3- bis 4-mal länger als die rötlich weißen Blüten: **Schwarze Heckenkirsche** *(Lonicera nigra)* ➡ **S. 182**

➡ Blätter beiderseits flaumig, breit oval, gemeinsamer Blütenstiel wenig länger als die gelblich weiße Blüte: **Rote Heckenkirsche** *(Lonicera xylosteum)* ➡ **S. 184**

60 (53) Staubblätter 2, meist an der Krone angewachsen; Blüten radiär; 4-zählige Blütenkrone: **Ölbaumgewächse (Oleaceae)** ➡ **12**

Zu den Ölbaumgewächsen gehören z. B. die Eschen sowie Flieder und Liguster, die Fotos dazu sind auf S. 44.

➡ Staubblätter 5, an der Krone angewachsen; aufrechter oder überhängender Strauch mit purpurnen bis violetten Blüten, je 1–5 (meist 2–3) in einem Blütenstand; Blätter breit elliptisch bis lanzettlich: **Gewöhnlicher Bocksdorn** *(Lycium barbarum)* ➡ **S. 185**

61 (2) Alle oder ein Teil der Blüten in Kätzchen, d. h. in länglich linealförmigen oder rundlichen, meist hängenden und unscheinbar gefärbten, ährenähnlichen Blütenständen: ➡ **74**

➡ Merkmale anders: ➡ **62**

62 Mehrere gelbe Einzelblüten von Hochblättern umgeben in kleinen Dolden: **Kornelkirsche/ Gelber Hartriegel** *(Cornus mas)* ➡ **S. 152** Foto s. auch Nr. 48

➡ Merkmale anders: ➡ **63**

Bei der **Kornelkirsche** stehen die Einzelblüten in Hochblättern; dies ist besonders gut zu erkennen, wenn der Blütenstand von hinten betrachtet wird (Lupe).

63 Blütenhülle (Perigonblätter) vorhanden: ➡ **64**

Von Perigonblättern spricht man, wenn es keine Unterteilung in Kelch- und Kronblätter gibt – entweder weil nur eine Sorte von ihnen ausgebildet ist oder weil beide gleich aussehen. Dies ist nach rein optischen Kriterien natürlich nicht nachzuvollziehen, man kann lediglich feststellen, dass nur eine Art von Blütenhüllblättern vorhanden ist.

➡ Perigonblätter fehlen (Lupe): **Gewöhnliche Esche** *(Fraxinus excelsior)* ➡ **S. 170**

Die **Gewöhnliche Esche** hat einen rispigen Blütenstand, dessen Einzelblüten keine Blütenhülle tragen (Lupe).

64 Fruchtknoten oberständig: ➡ **68**

Hier ist es wichtig, das Griffelpolster nicht mit einem oberständigen Fruchtknoten zu verwechseln. Am besten fertigt man einen Längsschnitt durch die Blüte an, um dies besser erkennen zu können. Je nachdem, ob sich der Fruchtknoten ober- oder unterhalb des Blütenansatzes (des Ansatzpunktes der Kronblätter) befindet, wird er als ober- oder unterständig bezeichnet. Bei einem mittelständigen Fruchtknoten wird die Frucht in einem Blütenbecher gebildet – also oberhalb des Blütenbodens, aber unterhalb der Ansatzstelle der Kronblätter. (siehe Abb. zu Nr. 53)

➡ Fruchtknoten unter- oder mittelständig: ➡ **65**

Linde (links) mit **oberständigem**, Kirsche (Mitte) mit **mittelständigem** und Johannisbeere mit **unterständigem** Fruchtknoten.

65 Blätter und Zweige mit zahlreichen auffälligen, silbrigen und/oder bräunlichen, sternförmigen Schildhaaren; Perigonblätter 2 oder 4; Staubblätter doppelt so viele: **Ölweidengewächse** (Elaeagnaceae) ➡ **66**

➡ Blätter und Zweige ohne Schildhaare; Staubblätter meist so viele wie Perigonblätter: ➡ **67**

66 **(65 und 70)** Blüten zwittrig; jede mit 4 Staubblättern und Fruchtknoten; junge Zweige, Knospen und Blätter silberschuppig: **Schmalblättrige Ölweide** *(Elaeagnus angustifolia)* ➡ **S. 165**

Schmalblättrige Ölweide

Der **Gewöhnliche Sanddorn** hat sehr unscheinbare Blüten, rechts sind die männlichen und links die weiblichen zu sehen.

Einige unterständige Arten haben so wie der **Rote Hartriegel** ein Griffelpolster (Lupe), das einem oberständigen Fruchtknoten ähnelt.

Seidelbast

Flatter-Ulme

→ Blüten eingeschlechtlich, 2-häusig; männliche Blüten mit tief 2-teiliger Blütenhülle und 4 Staubblättern; weibliche Blüten kurz gestielt; Blätter lineal- bis lanzettförmig, oberseits mit zerstreuten Schüppchen, unterseits silberweiß: **Gew. Sanddorn** *(Hippophae rhamnoides)* → S. 175

67 **(65)** Kronblätter mindestens am Grund miteinander verwachsen: → 54

→ Kronblätter frei; Blütenstand Schirmrispen bis Rispen; endständig an beblätterten Zweigen; Blüten 4-zählig; Griffel 1: **Roter Hartriegel** *(Cornus sanguinea)* → S. 153

→ Blüten seitenständig in den Achseln von Laubblättern diesjähriger Zweige: **Kreuzdorngewächse** *(Rhamnaceae)* → 22

68 **(64)** Kletternde Liane; Kronblätter sich in ihrer Gesamtheit mützenartig abhebend; Pflanze mit Wurzeln kletternd: **Wilde Weinrebe** *(Vitis vinifera ssp. sylvestris)* → S. 272

→ Pflanze nicht kletternd: → 69

69 Perigonblätter 4, zu einer deutlichen Röhre verwachsen, an die die 8 Staubblätter angewachsen sind; Blüten in wenigblütigen Trauben direkt am Stamm sitzend, zuweilen scheinbar einzeln achselständig: **Seidelbast** *(Daphne mezereum)* → S. 164

→ Merkmale anders: → 70

70 Blätter und Zweige mit zahlreichen auffälligen silbrigen und/oder bräunlichen, sternförmigen Schildhaaren: **Ölweidengewächse** *(Elaeagnaceae)* → 66

→ Merkmale anders: → 71

71 Perigonblätter nicht röhrig; Staubblätter frei; Blätter gegenständig: → 25

→ Blätter wechselständig: **Ulme** *(Ulmus)* → 72

Die Ulmen (Gattung *Ulmus*) haben zwittrige Blüten, die meist vor den Blättern erscheinen. Die Blütenblätter (Perigon) sind meist glockig verwachsen.

72 Blüten lang gestielt, herabhängend; Staubblätter 6–8; Fruchtflügel am Rand zottig gewimpert: **Flatter-Ulme** *(Ulmus laevis)* → S. 265

→ Blüten fast sitzend, aufrecht, in dichten Büscheln; Frucht kahl: → **73**

73 Junge Zweige kahl oder spärlich behaart; zuweilen breit geflügelt; Frucht elliptisch bis verkehrt eiförmig, Samen oberhalb der Mitte der Frucht: **Feld-Ulme/Rotrüster** *(Ulmus minor)* → **S. 266**

→ Junge Zweige behaart; Frucht breit elliptisch, 2–2,5 cm lang, Samen in der Mitte der Frucht; Stammborke lange glatt bleibend: **Berg-Ulme/Weißrüster** *(Ulmus glabra)* → **S. 264**

Berg-Ulme

74 **(1 und 61)** Alle oder einige (die männlichen) Blütenstände kätzchenförmig, d. h. länglich lineal- bis ährenförmig, meist hängend und unscheinbar gefärbt: → **75**

→ Alle Blütenstände (auch die männlichen) nicht kätzchenförmig: → **104**

75 Blätter unpaarig gefiedert; junge Zweige mit gekammertem Mark; Blätter mit 5–9 fast ganzrandigen, kahlen Einzelfiedern (unterseits achselbärtig), von denen das endständige am größten ist; gerieben stark würzig riechend: **Walnuss** *(Juglans regia)* → **S. 176**

→ Merkmale anders: → **76**

Bei der **Walnuss** sind die männlichen Blütenstände kätzchenförmig, während die weiblichen Blüten in den Achseln der Blätter stehen (Lupe).

76 Weiblicher Blütenstand mit 2–3 Blüten unter jedem direkt an der Achse sitzenden Tragblatt, von den männlichen, herabhängenden meist deutlich verschieden: **Birkengewächse (Betulaceae)** → **77**

→ Merkmale anders: → **85**

77 Weibliche Blütenstände Blattknospen ähnelnd, die roten Griffel zwischen den Knospenschuppen herausragend; die männlichen Blütenstände lang herabhängend: **Hasel** *(Corylus)* → **83**

→ Merkmale anders: → **78**

Haselstrauch: in der Lupe die weiblichen und im Foto die männlichen Blütenstände.

78 Männliche Kätzchen während des Laubaustriebs blühend; Blätter jederseits mit 9 oder mehr Seitenadern; Rinde glatt und grau, Stamm wie gewrungen wirkend: **Gewöhnliche Hainbuche/Weißbuche** *(Carpinus betulus)* → **S. 146**

→ Merkmale anders: → **79**

Männliche (links) und weibliche Blütenstände der **Hainbuche**.

Hänge-Birke

Weiblicher Teilblütenstand der Birke mit 3 Blüten (halbschematisch)

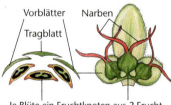

Je Blüte ein Fruchtknoten aus 2 Fruchtblättern mit 2 Narben

Männlicher Teilblütenstand der Birke mit 3 Blüten (halbschematisch)

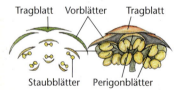

Männliche (links) und weibliche Blütenstände der **Schwarz-Erle.**

79 Staubblätter 2; Fruchtkätzchen zylindrisch bis schmal eiförmig, Deckschuppen 3-lappig, mit der Frucht abfallend; männliche Kätzchen während des Laubaustriebes blühend: **Birke** *(Betula)* ➔ **80**

➔ Staubblätter 4; Fruchtkätzchen eiförmig, zapfenartig, Deckschuppen 5-lappig, dick verholzend, mit der Frucht nicht abfallend; männliche Kätzchen meist vor dem Laubaustrieb blühend: **Erle** *(Alnus)* ➔ **81**

80 Junge Zweige hängend, glänzend rötlich braun, fast kahl, mit vielen warzigen Harzdrüsen; Mittellappen der Fruchtschuppen kürzer als die beiden stets zurückgebogenen Seitenlappen: **Hänge-/ Sand-/Warzen-Birke** *(Betula pendula)* ➔ **S. 142**

➔ Junge Zweige nie hängend, kaum warzige Harzdrüsen, weichhaarig; Mittellappen der Fruchtschuppen länger als die aufgebogenen Seitenlappen: **Moor-/Haar-/Besen-/Behaarte Birke** *(Betula pubescens)* ➔ **S. 144**

Durch Bastardbildungen ist die Unterscheidung dieser beiden Arten oft schwierig. In Gärten finden sich zudem Sorten mit besonderen Wuchsformen.

81 (79) Strauch; männliche Kätzchen erst nach den herb duftenden Blättern erscheinend; Blätter spitz, scharf doppelt gesägt: **Grün-Erle** *(Alnus viridis)* ➔ **S. 139**

➔ Merkmale anders: ➔ **82**

82 Blätter zugespitzt, doppelt gesägt; Rinde grau und glatt; weibliche Kätzchen sitzend oder kurz gestielt: **Grau-/Weiß-Erle** *(Alnus incana)* ➔ **S. 138**

Bei der Unterscheidung von Schwarz- und Grau-Erle genügt meist schon ein Blick auf die Rinde, da diese bei der Grau-Erle viel glatter ist.

➔ Blätter an der Spitze stumpf oder ausgerandet; Rinde längsfurchig; weibliche Kätzchen deutlich gestielt: **Schwarz-Erle** *(Alnus glutinosa)* ➔ **S. 137**

Bestimmungsschlüssel: Blütenmerkmale

83 **(77)** Männliche Kätzchen bis 12 cm lang; bis 20 m hoher Baum mit stumpf kegelförmiger Krone; junge Zweige anfangs drüsenhaarig, später raue, korkige Borke: **Baum-/Türkische Hasel** *(Corylus colurna)* ➝ **S. 156**

➝ Männliche Kätzchen bis 7 cm lang; strauchförmiges Gehölz; Borke glatt: ➝ **84**

Baum-Hasel

84 Bis 5 m hoher, mehrstämmiger, reich verzweigter Strauch; männliche Kätzchen 3–7 cm lang; junge Zweige rötlich, filzig bis drüsig und später verkahlend; Fruchthülle eine Röhre bildend, in der die Nuss eingeschlossen ist: **Lambertsnuss** *(Corylus maxima)* ➝ **S. 157**

➝ 2–6 m hoher Strauch; männliche Kätzchen 3–7 cm lang; Blätter beiderseits weichhaarig; Fruchthülle offen, am Rand in breite, kurze Lappen geteilt: **Haselnuss/Gewöhnliche Hasel** *(Corylus avellana)* ➝ **S. 154**

85 **(76)** Einzelblüten mit kleinen Perigonblättern auf dem unterständigen Fruchtknoten oder am Ende einer Blütenröhre; weibliche Blüten in meist wenigblütigen (zuweilen zu sitzenden Einzelblüten reduzierten) Ähren aus den Blattachseln; der unterständige Fruchtknoten an der Spitze mit kleinen Perigonblättern; außerdem am Grund von einer schuppigen Hülle (Cupula) umgeben: **Eiche** *(Quercus)* ➝ **86**

➝ Merkmale anders: ➝ **89**

Die weiblichen Blütenstände der **Gewöhnlichen Hasel** sind an den roten Narben zu erkennen, die männlichen Kätzchen sind lang herabhängend.

86 **(85 und 107)** Blattlappen zugespitzt; Blätter über 12 cm lang, fast bis zur Mitte fiederspaltig und jederseits mit 4–6 breiten, spitzen und gezähnten Lappen, oberseits tiefgrün und matt, unterseits in den Nervenwinkeln bärtig: **Rot-Eiche** *(Quercus rubra)* ➝ **S. 210**

➝ Blattlappen abgerundet: ➝ **87**

87 Junge Triebe und Blätter besonders unterseits weiß filzig, mit sternförmigen Haaren; Blätter beidseitig mit 4–7 abgerundeten Lappen: **Flaum-Eiche** *(Quercus pubescens)* ➝ **S. 208**

➝ Fruchtbecher und Triebe ± kahl: ➝ **88**

Blütenstand der **Flaum-Eiche**.

Blütenstand der **Stiel-Eiche** – in der Lupe eine männliche Blüte mit den Staubblättern.

Tragblätter

Die Kätzchen der Weiden sitzen meist ± aufrecht, während diejenigen der Pappeln herabhängen. Hier sind weibliche Blütenstände der **Grau-Weide** zu sehen. Sie werden, anders als die überwiegend windblütigen Pappeln, von Insekten bestäubt und haben Nektardrüsen.

An der Form ihrer Blätter ist die **Zitter-Pappel** leicht zu erkennen. Links sind blühende männliche Kätzchen zu sehen.

88 Blattstiel 1–3 cm lang; Spreite breit eiförmig und symmetrisch, am Grund keilförmig: **Trauben-Eiche** (Quercus petraea) ➔ **S. 207**

➔ Blattstiel sehr kurz; Spreite länglich und asymmetrisch, am Grund herzförmig geöhrt: **Stiel-Eiche** (Quercus robur) ➔ **S. 209**

89 **(85)** Blütenstand meist sitzende, ± aufrechte Ähren, eiförmig bis länglich, vielblütig, Einzelblüten nackt: **Gagelstrauch** (Myrica gale) ➔ **S. 189**

➔ Zweihäusige Blütenstände in Kätzchen, Blüten oft vor den Blättern erscheinend; Blüten mit Nektarien und ganzrandigen Tragblättern; Kronblätter fehlen; männliche Blüten mit 2 (selten 3–5) Staubblättern, weibliche eine Kapselfrucht mit Haarschopf bildend: **Weidengewächse (Salicaceae)** ➔ **90**

90 Blätter länglich oder elliptisch, meist kurz gestielt; Kätzchen steif aufrecht; Tragblätter der Blüten (Kätzchenschuppen) ganzrandig; Blüten mit 1–2 Nektardrüsen: **Weide** (Salix) ➔ **93**

Kätzchenschuppen sind die Tragblätter der Einzelblüten. In ihren Achseln stehen die Fruchtknoten bzw. Staubblätter, an der Basis die Nektardrüsen.

➔ Blätter rhombisch, 3-eckig, herz- bis eiförmig und z.T. gelappt, meist lang gestielt; Kätzchen schlaff und hängend; Kätzchenschuppen gezähnt oder zerschlitzt: **Pappel** (Populus) ➔ **91**

91 Blätter unterseits weiß oder grünlich weiß und filzig, buchtig gelappt; Stamm hell weißgrau berindet; Kätzchenschuppen nicht oder nur schwach eingeschnitten, wenig bewimpert: **Silber-Pappel** (Populus alba) ➔ **S. 192**

➔ Merkmale anders: ➔ **92**

92 Blätter fast kreisrund, grob gebuchtet, lang gestielt und hängend; Rinde gelbgrau; Kätzchenschuppen am Rand stark behaart: **Zitter-Pappel/Espe** (Populus tremula) ➔ **S. 194**

➔ Junge Zweige hellgelb, rundlich; Stamm schwarzgrau berindet, früh rissig; Blätter nicht gebuchtet; Narben 2: **Schwarz-Pappel** (Populus nigra) ➔ **S. 193**

Gattung Weide *(Salix)*

In diesem Schlüssel wird die Bestimmung überwiegend nach den Merkmalen der weiblichen Blüten durchgeführt, die Merkmale der männlichen Blüten sind ergänzend mit aufgeführt. Für die Bestimmung ist Form und Größe zur Blütezeit maßgebend, da sich die Kätzchenachse nach der Blüte streckt und die Kätzchen sehr lang und lockerfrüchtig erscheinen. Auch die einzelnen Blüten verändern ihre Größe und Gestalt bis zur Fruchtreife. Der beste Zeitpunkt für die Bestimmung ist also, wenn die Narben der weiblichen Blüten frisch entfaltet sind, da sie später bräunlich werden und in sich zusammenfallen. Bei den männlichen Blüten ist der beste Zeitpunkt, wenn die Staubblätter voll ausgebildet sind; meist sind sie dann intensiv gelb gefärbt, bei einigen Arten auch rötlich.

Die **weiblichen Blütenstände** sind grünlicher als die männlichen. An den entfalteten Narben (Lupe) kann man erkennen, dass die Blütezeit erreicht ist. Danach streckt sich das Kätzchen, und zur **Fruchtreife** ist es von der Samenwolle umgeben (rechts).

93 **(90)** Bäume oder Großsträucher (über 2 m hoch): ➔ **94**

➔ Kleinstrauch bis max. 2 m Höhe; Blütezeit vor dem Blattaustrieb; 1–1,5 cm lange Kätzchen sitzend; behaarter Fruchtknoten lang gestielt, Griffel kurz, Narben geteilt, eine längliche Nektardrüse, Staubblätter 2; Tragblätter 2-farbig, oben dunkler, kurz behaart: **Kriech-Weide** *(Salix repens)* ➔ **S. 244**

94 Blütezeit vor dem Laubaustrieb: ➔ **98**

Hier ist der erste Eindruck wichtiger als die Betrachtung der kleinen Vorblätter, die in den Blütenkätzchen austreiben. Die Laubblätter erscheinen erst nach der Blüte.

➔ Kätzchen mit den Blättern oder nach deren Entfaltung erscheinend: ➔ **95**

Vor der Blüte ist bei der **Kriech-Weide** (wie bei allen Weiden) an den sich öffnenden Kätzchen (rechts) ohne Präparation nicht zu erkennen, ob die Blütenstände männlich oder weiblich sind. Zur Blütezeit erkennt man die männlichen Kätzchen an den sich meist gelb oder rötlich entfaltenden Staubblättern (links). Die weiblichen Blütenstände sind grünlicher (Mitte und Lupe).

95 Kätzchen 3–8 cm lang, zylindrisch, gestielt, meist etwas gebogen; kahler Fruchtknoten gestielt, Griffel kurz, Narben ungeteilt, dick, seitwärts gebogen, 1 Nektardrüse; Tragblätter zur Fruchtreife erhalten bleibend, grün und leicht behaart; Staubblätter 3, Staubfäden an der Basis braun behaart, männliche Blüten mit 2 Nektardrüsen: **Mandel-Weide** *(Salix triandra)* ➔ **S. 245**

➔ Merkmale anders: ➔ **96**

Mandel-Weide

Silber-Weide

Eine Besonderheit der **Bruch-Weide** sind die sich mit einem deutlichen Knacklaut leicht vom Hauptast brechenden Zweige. Dieser Eigenschaft verdankt sie ihren Namen. Allerdings findet man dasselbe Merkmal ± ausgeprägt bei den Bastarden dieser Art wie z. B. der Fahl-Weide.

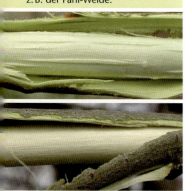

Mit **Striemen** sind auf dem Holz hervortretende Längsstreifen gemeint. Man erkennt sie am besten, wenn die Rinde vom inneren Holzteil entfernt wird. Dies ist zwar kein Blütenmerkmal, doch sehr gut für die Unterscheidung der Arten geeignet und das ganze Jahr über sichtbar. Im Frühjahr ist es am einfachsten, die Rinde vom Holz zu lösen.

96 Lang gestielte Kätzchen 3–6 cm lang; weibliche Blüten mit einer Nektardrüse, die den fast sitzenden Fruchtknoten am Grund ± umschließt; Griffel kurz und unscheinbar; männliche Blüten mit 2 Nektardrüsen und 2 an der Basis behaarten Staubblättern; längliche Tragblätter schwach behaart, gelbgrün: **Silber-Weide** *(Salix alba)*
➞ **S. 234**

Ähnlich ist die Fahl-Weide. Als Bastard der Silber- und der Bruch-Weide stehen die Merkmale zwischen den Elternarten. Sie wird auch als Kopf-Weide geschnitten und ist besonders in Norddeutschland häufig.

➞ Merkmale anders: ➞ **97**

97 Staubblätter 2, an der Basis behaart; gelbgrüne Tragblätter lang behaart, an der Spitze kahl; kahler Fruchtknoten fast sitzend, Griffel kurz, Narben geteilt, 2 Nektardrüsen; 3–7 cm lange Kätzchen gestielt: **Bruch-/Knack-Weide** *(Salix fragilis)* ➞ **S. 242**

➞ Staubblätter 6–12, unten stark behaart; 3–7 cm lange Kätzchen gestielt, nach Honig duftend; kahler Fruchtknoten fast sitzend, Griffel kurz; grüne Tragblätter unten stark kraushaarig: **Lorbeer-Weide** *(Salix pentandra)*

98 (94) Fruchtknoten ± behaart: ➞ **100**

➞ Fruchtknoten kahl: ➞ **99**

99 2,5–5 cm lange Kätzchen sitzend; kurz gestielter Fruchtknoten mit sichtbarem Griffel; 2 kahle Staubblätter; Tragblätter rotbraun mit schwarzer Spitze, lang behaart; Zweige blau bereift: **Reif-Weide** *(Salix daphnoides)* ➞ **S. 239**

➞ Kätzchen bis 3 cm lang; kurz gestielter Fruchtknoten mit sichtbarem Griffel; grüne Tragblätter randlich behaart; zwei unten behaarte Staubblätter: **Lavendel-Weide** *(Salix elaeagnos)* ➞ **S. 240**

100 (98) Holz der 2- bis 4-jährigen Zweige nach Entfernen der Rinde mit Striemen: ➞ **101**

➞ Holz der 2- bis 4-jährigen Zweige unter der Rinde ohne Striemen: ➞ **102**

101 Junge Äste und meist auch die Knospen samtig behaart; sitzende Kätzchen bis 5 cm lang; spindelförmiger Fruchtknoten lang gestielt (Lupe in Foto S. 58), Narben länglich, geteilt, Griffel kurz, 1 Nektardrüse; männliche Blüten mit 2 Staubblättern, unten behaart; 2-farbige Tragblätter lang behaart; mittelhoher Strauch; Moore, Sümpfe, nur vereinzelt in die montane Region aufsteigend; III–IV: **Grau-Weide** *(Salix cinerea)* ➡ **S. 238**

Ohr-Weide

➡ Junge Äste meist kahl; sitzende Kätzchen bis 2 cm lang; Fruchtknoten gestielt, Griffel kaum sichtbar (Lupe), Narben nicht geteilt, 1 kurze Nektardrüse; Staubblätter 2, unten behaart; 2-farbige Tragblätter lang behaart; Flachmoore, Quellsümpfe; IV–V: **Ohr-Weide** *(Salix aurita)* ➡ **S. 235**

---

102 (100) Fruchtknoten gestielt (Lupe); sitzende Kätzchen bis 4,5 cm lang; Narben und Griffel kurz, 1 breite Nektardrüse; 2-farbige Tragblätter lang behaart; 2 kahle Staubblätter; dickastiger, höherer Strauch; vor allem in Mischwäldern; III–IV: **Sal-Weide** *(Salix caprea)* ➡ **S. 236**

➡ Fruchtknoten sitzend: ➡ **103**

Sal-Weide

---

103 Schlanke Kätzchen bis 4,5 cm lang; Fruchtknoten sitzend, Griffel kaum sichtbar (Lupe oben), Narbe rundlich, 1 Nektardrüse; 2 ganz miteinander verwachsene Staubblätter (Lupe unten), Staubbeutel anfangs purpurn, dann gelb und später schwärzlich; Tragblätter dunkelbraun, behaart: **Purpur-Weide** *(Salix purpurea)* ➡ **S. 243**

Die Anzahl der miteinander verwachsenen Staubblätter erkennt man an der Anzahl der Staubbeutel: Da jedes Staubblatt gewöhnlich 2 Staubbeutel trägt, gehören zu den 4 Staubbeuteln der Purpur-Weide 2 Staubfäden.

Purpur-Weide

➡ Längliche Kätzchen bis 3 cm lang; Fruchtknoten sitzend, sehr langer Griffel deutlich sichtbar, lange Narben deutlich geteilt (Lupe), 1 lange, schmale Nektardrüse; Tragblätter rötlich bis bräunlich, behaart: **Korb-/Hanf-Weide** *(Salix viminalis)* ➡ **S. 246**

Korb-Weide

Die männlichen Blüten (Lupe oben) der **Esskastanie** befinden sich in rutenförmigen Ähren, die weiblichen (Lupe unten) an deren Grund.

Links sind weibliche und rechts männliche Blütenstände des **Gagelstrauchs** zu sehen.

Ahornblättrige Platane: männliche (links) und weibliche (rechts) Blütenstände.

Rot-Buche

104 (74) Blütenstand unscheinbar, grünlich oder bräunlich (höchstens die Staubbeutel oder Griffel auffällig gefärbt): ➞ **105**

➞ Blütenstand durch Perigon- oder Staubblätter weiß gefärbt, aufrecht, im oberen, rutenförmigen Teil männliche, am Grund Gruppen von weiblichen Blüten: **Esskastanie/Edelkastanie** (*Castanea sativa*) ➞ **S. 148**

105 Blütenstand meist sitzende, ± aufrechte Ähren, eiförmig bis länglich, vielblütig, Einzelblüten nackt; Blätter beim Zerreiben mit charakteristischem, aromatischem Geruch: **Gagelstrauch** (*Myrica gale*) ➞ **S. 189**

➞ Merkmale anders: ➞**106**

106 Weibliche Blüten zu 2–3, von einer gemeinsamen Hülle (Cupula) umgeben (Lupe), mit je 3 Narben; männliche Blüten meist mit 6 Perigonblättern und 4–15 Staubblättern, in dichten, hängenden Büscheln: **Buchengewächse (Fagaceae)** ➞ **107**

Die Cupula entwickelt sich zur Fruchtreife zu einer festen, 4-klappigen Hülle, die die beiden Früchte im Innern umschließt – es ist die Buchecker. Oft hängen noch alte vom Vorjahr am Baum.

➞ Meist 2 Blütenstände aus kugeligen Köpfchen (aus vielen Einzelblüten) an einem Stiel: **Ahornblättrige Platane** (*Platanus* x *hispanica*) ➞ **S. 190**

107 Männliche Blüten in fast kugeligen, lang gestielten Büscheln, Frucht von einem verholzten Fruchtbecher (Cupula) umgeben, dieser meist 4-klappig aufreißend; meist 2 Nüsse in einem stacheligen Fruchtbecher sitzend: **Rot-Buche** (*Fagus sylvatica*) ➞ **S. 168**

➞ Männliche Blüten in verlängerten, kätzchenartigen Blütenständen; kugelförmige Nussfrucht (Eichel) in becherförmigem Fruchtbecher (Cupula) sitzend, unten mit kreisförmiger Narbe, Fruchtwand derb ledrig, bei einigen Arten erst im zweiten Jahr reifend; männliche Blüten in hängenden Ähren: **Eiche** (*Quercus*) ➞ **86**

108 (40 und 42) Blätter einfach: ➝ **126**

➝ Blätter zusammengesetzt: ➝ **109**

Zusammengesetzte Blätter sind entweder gefiedert oder gefingert. Sie setzen sich aus mehreren Einzelblättchen zusammen. Bei gefingerten Blättern entspringen die Einzelfiedern – wie bei den Fingern einer Hand – einem Punkt, während sie bei gefiederten einer Blattachse (Rhachis) hintereinander ansitzen. Bei Arten wie der Brombeere (rechts) mit 3-zähligen Blattfiedern kann man sowohl von gefiederten als auch gefingerten Blättern sprechen. Genau genommen wird gefiedert dann verwendet, wenn die Endfieder gestielt ist.

109 Blätter mindestens teilweise 5-zählig gefingert: **Himbeere/Brombeere** *(Rubus)* ➝ **110**

➝ Blätter 3-zählig oder gefiedert: ➝ **112**

110 (109, 112 und 127) Unterseits weiß filzige Blätter 3- oder 5-zählig gefiedert; Sammelfrucht mit zahlreichen roten, flaumig behaarten, sich leicht vom kegelförmigen Blütenboden lösenden Steinfrüchten; Stängel mit kurzen, nicht hakigen Stacheln oder stachellos: **Himbeere** *(Rubus idaeus)* ➝ **S. 232**

➝ Merkmale anders: ➝ **111**

111 Sammelfrüchte und Stängel stark abwischbar bläulich bereift; Blätter 3-zählig; Nebenblätter lanzettförmig: **Kratzbeere** *(Rubus caesius)* ➝ **S. 230**

➝ Sammelfrüchte glänzend schwarzblau, zusammen mit dem kegelförmigen Blütenboden abfallend; Stängel grün mit derben Stacheln; Blätter 3- bis 7-zählig gefingert; Nebenblätter fadenförmig: **Brombeere** *(Rubus fruticosus)* ➝ **S. 231**

112 (109) Fruchtblätter nicht einzeln sichtbar, sondern im als unterständigen Fruchtknoten erscheinenden Blütenbecher verborgen, nur die Griffel oder Narben sind sichtbar: ➝ **113**

➝ Fruchtblätter von oben in der Blüte deutlich sichtbar; Pflanze meist bestachelt; Früchtchen zu einer Sammelfrucht vereinigt: **Himbeere/Brombeere** *(Rubus)* ➝ **110**

Brombeere

Himbeere

Kratzbeere

Griffel zur Säule verwachsen

einzelne Sammelnussfrüchte vom Blütenbecher umgeben

Kriech-Rose

Die **Essig-Rose** hat gezähnte Kelchblätter (Lupe oben) und unterschiedlich geformte Stacheln (Lupe unten).

Wein-Rose

Hunds-Rose

113 Pflanze strauchig, meist bestachelt; Blüten groß, meist über 2 cm breit, Griffel und Narben viele: **Rose** *(Rosa)* → **114**

Bei den Rosen sind die Fruchtblätter nicht einzeln sichtbar, sondern im Blütenbecher verborgen, daher haben sie scheinbar einen unterständigen Fruchtknoten, da nur die Griffel oder Narben sichtbar sind. Bei der Kriech-Rose sind die Griffel zu einer Säule verwachsen.

→ Pflanze meist baumförmig; stachellos; Blüten klein, meist unter 1,5 cm breit, Griffel 3–5: **Mehlbeere/Elsbeere/Eberesche** *(Sorbus)* → **121**

Aus den meist 5 unterständigen Fruchtblättern bilden sich kleine Apfelfrüchte.

114 Griffel nicht oder nur wenig aus dem Blütenbecher herausragend; Narben zu halbkugeligen Köpfchen vereinigt: → **115**

→ Griffel zu aus dem Blütenbecher deutlich hervorragender Säule verwachsen, meist die Staubblätter überragend; weiße Blüten einzeln: **Kriech-Rose** *(Rosa arvensis)* → **S. 221**

115 Kelchblätter ganzrandig: → **118**

→ Kelchblätter wenigstens teilweise gezähnt: → **116**

116 Stängel unterschiedlich bestachelt, neben kräftig gekrümmten auch borstenförmige, gerade Stacheln; Blütenbecher drüsig behaart, Blütenblätter 30–45 mm lang; Blüten einzeln stehend: **Essig-Rose** *(Rosa gallica)* → **S. 223**

→ Merkmale anders: → **117**

117 Fiedern unterseits auf der ganzen Fläche drüsig, nach Apfelwein duftend; Kelchblätter nach der Blüte aufrecht; Blüten rosa, 1 cm lang gestielt: **Wein-Rose** *(Rosa rubiginosa)* → **S. 227**

→ Fiedern unterseits meist drüsenlos, ohne Obstgeruch: **Hunds-Rose** *(Rosa canina)* → **S. 222**

118 (115) Blätter und Zweige auffallend rötlich violett oder hechtblau bereift; Blätter überwiegend 7-zählig gefiedert; kleine, rote Blüten: **Rotblättrige Rose** *(Rosa glauca)* → **S. 225**

→ Merkmale anders: → **119**

119 Blütenstiele am Grund mit zungenförmigen Tragblättern; Blätter mindestens unterseits behaart: ➔ **120**

Die Tragblätter «tragen» sozusagen die Blüte, aus deren Achsel sie entspringt. Je nach Art können sie fehlen oder vorhanden sein.

➔ Blütenstiele am Grund ohne Tragblätter; Blüten meist weiß, selten rosa; Äste dicht stachelig; Kelchblätter nach der Blüte zurückgeschlagen: **Dünen-/Bibernell-/Pimpinell-Rose** *(Rosa spinosissima)* ➔ **S. 229**

Dünen-Rose

120 Blätter stark runzelig, unterseits filzig; Zweige dicht stachelborstig; kräftig rosa Blüten: **Kartoffel-Rose** *(Rosa rugosa)* ➔ **S. 228**

➔ Weniger bestachelt; 7–11 Fiedern, oberseits glatt, scharf doppelt gesägt, unterseits zerstreut behaart; einzelne Blüten lebhaft dunkelrot: **Alpen-Rose** *(Rosa pendulina)* ➔ **S. 226**

121 (113) Blätter durchgängig bis zur Spitze gefiedert; Endfieder etwa so groß wie die seitlichen; Blüten weiß: **Eberesche** ➔ **125**

➔ Blätter einfach, oft gelappt; Blüten weiß oder rosa: **Mehlbeere** ➔ **122**

Beide Gruppen gehören in die Gattung *Sorbus*. Zu den Ebereschen gehören der Speierling und die Vogelbeere, beide haben mehrfach gefiederte Blätter.

Gelappte Blätter können tief eingeschnitten, aber niemals bis auf die Mittelader voneinander getrennt sein.

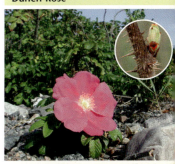
Kartoffel-Rose

Alpen-Rose

122 (121 und 138) Blätter unterseits bleibend weiß oder grau filzig: ➔ **124**

➔ Blätter unterseits zumindest im Alter kahl: ➔ **123**

123 Blüten weiß; Blätter beidseitig mit 3–5 auffallenden, dreieckigen, spitzen Lappen: **Elsbeere** *(Sorbus torminalis)* ➔ **S. 255**

➔ Blüten rosa bis rötlich; Blütenstiele weiß filzig; Blätter ungelappt: **Zwerg-Mehlbeere** *(Sorbus chamaemespilus)* ➔ **S. 251**

Elsbeere

Schwedische Mehlbeere

Echte Mehlbeere

Speierling

Vogelbeere

124 (122) Blüten ca. 12 mm breit; Blätter leicht fiederig gelappt, unterseits filzig behaart: **Schwedische Mehlbeere** *(Sorbus intermedia)* ➞ **S. 254**

➞ Blüten 12–17 mm breit; Blätter gesägt bis doppelt gesägt, außer an den Langtrieben kaum gelappt, unterseits auffallend dicht schneeweiß filzig; Blütenstand oft weiß filzig: **Echte Mehlbeere** *(Sorbus aria)* ➞ **S. 249**

125 (122) Blütenstand mit 6–12 Blüten, jede ca. 15 mm breit: **Speierling** *(Sorbus domestica)* ➞ **S. 252**

Diese beiden Arten lassen sich auch anhand der Blätter leicht unterscheiden: Der Speierling hat 15–17, je 3–8 cm lange, feiner gesägte Fiederblättchen als die Vogelbeere mit 9–17 Fiederblättchen, die meist nur je 2–6 cm lang und bis auf das unterste Drittel gröber gesägt sind.

➞ Blütenstand mit 20 oder mehr Blüten, jede davon ca. 1 cm breit: **Eberesche/Vogelbeere** *(Sorbus aucuparia)* ➞ **S. 250**

126 (108) Apfelfrucht aus 1–5 Fruchtblättern gebildet, die mit dem fleischigen Blütenbecher zu einem komplexen, unterständigen Fruchtknoten verwachsen: **Kernobstgewächse (Maloideae)** ➞ **135**

➞ Merkmale anders: ➞ **127**

127 Fruchtblätter viele, auf dem kegelförmigen Blütenboden sitzend: **Himbeere/Brombeere** *(Rubus)* ➞ **110**

Zur Gattung *Rubus* gehören z. B. die Him- und Brombeeren. Zur Blütezeit sind bereits die zahlreichen Griffel mit ihren Narben sichtbar. Aus ihren vielen freien Fruchtblättern entwickelt sich eine Sammelsteinfrucht. Man kann dies am besten durch einen Längsschnitt der Blüte erkennen (Fotos s. Nr. 110 und 111).

➞ 1 Fruchtblatt, eine Steinfrucht bildend; Blätter meist mit auffälligen Drüsenhöckern (extraflorale Nektarien/Nektardrüsen); Nebenblätter abfallend oder bleibend; Blütenstand Trauben, Schirmtrauben oder Dolden; 15 bis viele Staubblätter: **Gattung** *Prunus* ➞ **128**

128 Blüten in verlängerten, mindestens 12-blütigen Trauben: ➙ **129**

➙ Blüten einzeln oder wenige in kurzen Trauben oder Dolden: ➙ **130**

---

129 Blütenbecher innen dicht behaart (Lupe), nach der Blüte abfallend; Blüten über 1 cm breit, duftend; Kronblätter ± doppelt so lang wie die Staubblätter; Trauben oft überhängend: **Auen-/ Gew. Traubenkirsche** *(Prunus padus)* ➙ **S. 201**

➙ Blütenbecher innen kahl; Blüten 7–10 mm breit; Kronblätter rundlich und so lang wie oder nur wenig länger als die Staubblätter: **Späte/Amerikanische Traubenkirsche** *(Prunus serotina)* ➙ **S. 202**

Auen-Traubenkirsche

---

130 (128) Blüten in 3- bis mehrblütigen Blütenständen (aufrechten Doldentrauben oder in Dolden): ➙ **133**

➙ Blüten einzeln oder zu zweit: ➙ **131**

---

131 Äste reichdornig, Blätter 2–5 cm lang, doppelt gesägt; weiße Kronblätter bis 8 mm lang: **Schlehe/Schwarzdorn** *(Prunus spinosa)* ➙ **S. 204**

Die Gehölzsäume der Schlehe sind im Frühjahr meist schon aus der Ferne zu erkennen, da sie vor dem Laubaustrieb blüht.

➙ Merkmale anders: ➙ **132**

Schlehe

---

132 Blütenstiele behaart; Blüten meist zu 2 (selten 3), zusammen mit den Blättern erscheinend: **Pflaume/Zwetschge** *(Prunus domestica)* ➙ **S. 199**

Die Zwetschge hat keinen so auffälligen Blühaspekt wie die Kirsch-Pflaume, da sie nicht vor dem Laubaustrieb blüht.

➙ Blütenstiele kahl; Blüten meist einzeln, weiße oder blassrote Kronblätter 9–12 mm lang: **Kirsch-Pflaume** *(Prunus cerasifera)* ➙ **S. 197**

Die Kirsch-Pflaume blüht vor dem Laubaustrieb und meist noch 1–2 Wochen vor der Schlehe.

Kirsch-Pflaume

---

133 (130) Blüten in deutlich gestielten, 5- bis 12-blütigen Doldentrauben, weiß; Blätter kurz, stumpf gezähnt: **Steinweichsel/Felsenkirsche/ Weichsel-Kirsche** *(Prunus mahaleb)* ➙ **S. 200**

➙ Merkmale anders: ➙ **134**

Steinweichsel

Vogel-Kirsche

Echte Felsenbirne

Filzige Zwergmispel

Gewöhnliche Zwergmispel

134 Blütenstand über den zurückgeschlagenen Knospenschuppen ohne Laubblätter: **Süß-Kirsche/Vogel-Kirsche** *(Prunus avium)* ➡ **S. 195**

➡ Blütenstand über den aufrechten Knospenschuppen mit 1–3 Laubblättern: **Sauer-Kirsche** *(Prunus cerasus)* ➡ **S. 198**

135 (126) 1–3 cm breite Blüten in gestreckten Trauben; Kronblätter mindestens 2x so lang wie breit; Griffel meist 5; Trauben länger als breit: **Echte Felsenbirne** *(Amelanchier ovalis)* ➡ **S. 140**

➡ Merkmale anders: ➡ **136**

136 Blätter sommergrün: ➡ **138**

➡ Blätter immergrün; Zwergsträucher bis kleine Bäume; rundliche bis lanzettförmige Blätter ganzrandig; weiße bis rosa Blüten zu vielen bis wenigen in Schirmrispen oder -trauben, selten einzeln, am Ende beblätterter, seitlicher Kurztriebe: **Zwergmispel** *(Cotoneaster)* ➡ **137**

137 Kelch und Blütenstiel weiß filzig; Blätter bis 6 cm lang, an der Spitze abgerundet, mit aufgesetzter Stachelspitze, unterseits weiß filzig: **Filzige Zwergmispel** *(Cotoneaster tomentosus)* ➡ **S. 159**

➡ Kelch und Blütenstiel nur am Rand schwach behaart; Blätter bis 4 cm lang, breit elliptisch bis rundlich mit kurzem Stachelspitzchen, oberseits kahl, unterseits hellgrün filzig: **Gewöhnliche/Felsen-Zwergmispel** *(Cotoneaster integerrimus)* ➡ **S. 158**

138 (136) Blüten in vielblütigen Schirmrispen, weiß oder rosaweißlich; 15–20 Staubblätter; Fruchtfächer mit 2 fruchtbaren Samenanlagen; Frucht ein beerenförmiger Kernapfel; Pflanze dornenlos: **Mehlbeeren** *(Sorbus)* ➡ **122**

Als Schirmrispen bezeichnet man einen Blütenstand, bei dem die einzelnen Blüten zwar wie bei einer Rispe verschiedenen Verzweigungspunkten entspringen, aber in einer Ebene enden.

➡ Merkmale anders: ➡ **139**

139 Blüten gewöhnlich zu mehreren (selten einzeln) an stark gestauchten Kurztrieben): ➡ **141**

Kurztriebe erkennt man daran, dass in sehr kurzen Abständen – oft scheinbar einem Knoten – mehrere Blätter entspringen. Durch die Ausbildung von Lang- und Kurztrieben können sich die Gehölze den verschiedenen Nährstoff- und Raumsituationen anpassen. Sehr junge Gehölze bilden oft noch keine Kurztriebe aus.

➡ Blüten stets einzeln am Ende beblätterter, nicht gestauchter Triebe: ➡ **140**

Mispel

140 Blüten weiß, Kelchblätter länger als die Kronblätter, nicht zurückgeschlagen; Frucht mit 5 Steinkernen; wild wachsende Form oft mit Dornen; Blätter meist länglich mit ± fein gesägtem Rand, unterseits fein filzig: **Mispel** *(Mespilus germanica)* ➡ **S. 188**

➡ Blüten weiß bis rosa; Kelchblätter zurückgeschlagen; Fruchtknoten mit zahlreichen Samenanlagen je Fach; Blätter ganzrandig, unterseits behaart; Nebenblätter groß: **Echte Quitte** *(Cydonia oblonga)* ➡ **S. 162**

Echte Quitte

141 (139) Griffel bis zum Grund frei; Blüten weiß, oft etwas unangenehm fischartig riechend; Staubbeutel oft violett: ➡ **142**

➡ 2–5 Griffel am Grund verwachsen; Blüten weiß bis rötlich mit rundlichen Kronblättern, 15–50 meist gelbe Staubbeutel: **Holz-Apfel/Europäischer Wildapfel** *(Malus sylvestris)* ➡ **S. 187**

Der Holz-Apfel ist der Holz-Birne recht ähnlich und beide können verdornt sein. Die Blätter der Holz-Birne sind jedoch sehr viel glatter und die feinen Seitenadern sind beim Entlangstreichen am Blatt nur schwach fühlbar, während die Blätter des Holz-Apfels kräftigere Seitenadern haben, die deutlich fühlbar sind.

Wilder Apfel

142 2–5 freie Griffel, am Grund von einem Ringwulst umgeben: **Holz-Birne** *(Pyrus pyraster)* ➡ **S. 205**

Holz-Birne

Eingriffeliger Weißdorn

Schwarzer Holunder

Gewöhnlicher Schneeball

Wolliger Schneeball

→ 1–5 Fruchtblätter (daher 1–5 Griffel) bilden einen meist ± roten, kleinen Steinapfel mit mehligem Fleisch; meist mit Kurztriebdornen: **Weißdorn** *(Crataegus)* → **143**

143 1 Griffel und Steinkern; Kelchblätter oberseits kahl: **Eingriffeliger Weißdorn** *(Crataegus monogyna)* → **S. 160**

→ 2 Griffel und Steinkerne; Kelchblätter oberseits seidenhaarig: **Zweigriffeliger Weißdorn** *(Crataegus laevigata)* → **S. 160**

Diese recht ähnlichen Arten unterscheiden sich neben der Anzahl ihrer Griffel auch in der Form ihrer Blätter – die des Eingriffeligen Weißdorns sind tiefer gelappt als die des Zweigriffeligen.

144 (54) Blüten klein, in reichblütigen Schirmrispen oder Rispen; Blätter unpaarig gefiedert: **Holunder** *(Sambucus)* → **145**

→ Blüten in Schirmrispen, Blütenkrone bei sterilen Randblüten oft ± zygomorph; Blätter einfach, zuweilen gelappt: **Schneeball** *(Viburnum)* → **146**

145 Blüten in 10–15 cm breiten Schirmrispen: **Schwarzer Holunder/Holderbusch/Holler** *(Sambucus nigra)* → **S. 247**

→ Blüten in ei- oder kegelförmigen Rispen: **Roter/Berg-/Trauben-Holunder** *(Sambucus racemosa)* → **S. 248**

Schirmrispen schließen im Gegensatz zu Rispen ± in einer Ebene ab.

146 (144) Sterile, randständige Blüten der Schirmrispe vergrößert (strahlend): **Gewöhnlicher Schneeball/Herzbeer** *(Viburnum opulus)* → **S. 271**

Sterile Blüten erkennt man daran, dass ihnen die Staubblätter und der Fruchtknoten fehlen. Sie erhöhen die Attraktivität des Blütenstandes und locken Bestäuber an.

→ Blüten alle gleich: **Wolliger Schneeball** *(Viburnum lantana)* → **S. 270**

Eingriffeliger Weißdorn
(Crataegus monogyna)

Bestimmen nach Fruchtmerkmalen

Frucht des **Ginkgo**.

Zapfen der **Grün-Erle**.

Die Früchte des **Burgen-Ahorns** gehören zu den **Schließfrüchten**, da der Samen hier fest von der verholzenden Fruchtwand umhüllt ist. Es ist eine Spaltfrucht, die zwei einsamige, einseitig geflügelte Nüsschen bildet.

Die Früchte (Zerfallkapseln) der **Balkan-Rosskastanie**.

1   Samen kugelförmig bis rundlich, ca. 2,5 cm Durchmesser, zu 1–2 einem 3–5 cm lang gestielten Wulst aufsitzend; äußere Samenschale orangegelb, saftig fleischig, mit ranzigem Geruch, innere Samenschale verholzt, einen Steinkern vortäuschend: **Ginkgo** *(Ginkgo biloba)*
➡ **S. 173**

➡ Frucht anders: ➡ **2**

2   Samen bzw. Frucht in eiförmigen oder elliptischen Zapfen; Zapfenschuppen verholzt und zur Reife spreizend oder klaffend, 10–25 mm lang, zu mehreren beieinander in gestielten Ständen; Zapfenschuppen am Ende schwach 5-lappig; je Schuppe mit 2 abgeflachten, eiförmigen bis rundlichen, bis 1 mm breit geflügelten Früchten, die an der Spitze 2 fädige, bleibende Griffel tragen: **Erle** *(Alnus)* ➡ **51**

Als Zapfen werden alle ährenförmigen Fruchtstände bezeichnet, deren Achse und Blattorgane nach dem Verblühen verholzen, z. B. die Zapfen der Grün-Erle. Die geflügelten Nussfrüchte (Lupe) fallen zur Reifezeit aus den verholzten Schuppen heraus.

➡ Merkmale anders: ➡ **3**

3   Frucht zur Reife geschlossen bleibend, mitunter in Teilfrüchte zerfallend, dabei die Samen jedoch niemals frei werdend, sondern stets allseitig von der Fruchtwand umhüllt: **Schließfrüchte** ➡ **13**

Zu den Schließfrüchten gehören Stein- und Kernobst sowie Nüsse und Beeren, aber auch weitere Fruchtformen, z. B. die geflügelten Spaltfrüchte des Ahorns.

➡ Frucht zur Reife geöffnet und die Samen entlassend: **Streufrüchte** ➡ **4**

4   Stachelige Fruchthülle mindestens 2 cm groß, beim Abfallen aufplatzend; mit 1–3 rundlichen, oft einseitig abgeflachten Samen: **Rosskastanie** *(Aesculus)* ➡ **5**

➡ Merkmale anders: ➡ **6**

5   Blätter mit meist 7 Fiederblättchen; Blüten weiß oder gelblich weiß mit roten Flecken: **Balkan-/ Gewöhnliche Rosskastanie** *(Aesculus hippocastanum)* ➡ **S. 135**

→ Blätter mit meist 5 Fiederblättchen; Blüten fleischrosa bis rot: **Rote Rosskastanie** *(Aesculus x carnea)* → S. 133

---

6 **(4) Kapselfrüchte:** → S. 81 ff.

Kapselfrüchte entstehen aus mehreren verwachsenen Fruchtblättern; sie sind gefächert oder ungefächert. Am häufigsten sind Spaltkapseln, sie spalten sich der Länge nach, sodass die einzelnen Kapselabschnitte auseinanderspreizen. Poren- und Deckelkapseln sind selten.

→ **Hülse:** Frucht sich bauch- und rückenseitig öffnend, um die Samen im Innern zu entlassen, die an einer längs der Bauchnaht verlaufenden Linie angeheftet sind. Fruchthälften zur Reifezeit häufig ± verdreht: **Schmetterlingsblütler (Faboideae)** → 7

Diese Familie wird wegen ihrer Fruchtform auch Hülsenfrüchtler genannt.

---

7 Blätter zusammengesetzt, gefiedert oder gefingert: → **9**

→ Blätter einfach oder Strauch nur mit Dornen: → **8**

---

8 Frucht 1,5 cm lang, rauhaarig; alle Verzweigungen in scharfen Dornen endend; Zweige grün und behaart, anfangs gerillt gerieft: **Stechginster** *(Ulex europaeus)* → S. 263

→ Frucht länger als 2 cm; Strauch mit grünen, rutenförmigen, gerillten Zweigen: **Besenginster** *(Cytisus scoparius)* → S. 163

---

9 **(7)** Frucht seidenhaarig; Blätter 3-zählig; viele gelbe Blüten in bis zu 30 cm langen Trauben; Fiederblättchen ganzrandig: **Gewöhnlicher Goldregen** *(Laburnum anagyroides)* → S. 177

→ Merkmale anders: → **10**

---

10 Blätter paarig gefiedert mit 8–10 Fiederblättchen, oft in Kurztrieben rosettig stehend; Spross-System meist auffällig in Lang- und Kurztriebe gegliedert; Blüten gelb; bis 5 cm lange, schmale, ± rötliche Hülsenfrüchte: **Gewöhnlicher Erbsenstrauch** *(Caragana arborescens)* → S. 145

Die Kapselfrucht der **Gewöhnlichen Pimpernuss** enthält kleine nussartige Samen (Lupe).

Die Früchte der Weiden (links) und die des **Gewöhnlichen Flieders** (rechts) sind ebenso Kapselfrüchte.

Stechginster

Hülsenfrüchte von **Besenginster** (links) und **Goldregen** (rechts).

Robinie

Gewöhnlicher Blasenstrauch

Spitz-Ahorn

Die beiden Teilfrüchte des **Feld-Ahorns** stehen fast waagerecht zueinander. Der Winkel zwischen den Teilfrüchten ist ein Bestimmungsmerkmal für die einzelnen Ahornarten.

→ Blätter unpaarig gefiedert, Endfieder vorhanden:
→ **11**

Bei paarig gefiederten Blättern fehlt die Endfieder, bei unpaarigen schließt das Blatt mit einem einzelnen Fiederblättchen ab.

11 Seitlich stark abgeflachte, rotbraune Hülsenfrüchte 5–10 cm lang und 1 cm breit; Hülle pergamentartig-lederig; mit 4–12 Samen; weiße Blüten in langen Trauben, stark duftend; Nebenblätter (Stipeln) als Dornen ausgebildet; 7–19 Fiederblättchen; Bäume mit längsrissiger Borke: **Robinie** (*Robinia pseudoacacia*) → **S. 220**

→ Merkmale anders: → **12**

12 Stark aufgeblasene Frucht 6–8 cm lang; gelbe Blüten in 6- bis 8-blütigen Trauben: **Gewöhnlicher Blasenstrauch** (*Colutea arborescens*) → **S. 151**

→ Frucht ca. 5 cm lang, nicht aufgeblasen; gelbe Blüten in 2- bis 5-blütigen Dolden: **Strauch-Kronwicke** (*Hippocrepis emerus*) → **S. 174**

13 **(3)** Fruchtknoten mit 2 geflügelten Fächern, die zur Reife in einzelne Teilfrüchte zerfallen: **Ahorn** (*Acer*) → **14**

→ Merkmale anders: → **19**

14 Fruchtfächer stumpfwinklig bis fast waagerecht zueinander stehend: → **15**

→ Fruchtfächer ± spitzwinklig zueinander stehend: → **16**

15 5–7 Blattlappen in haarfeine Spitzen ausgezogen; Blätter 10–18 cm breit, Blattstiel oft länger als die Spreite; Fruchtflügel stumpfwinklig bis fast waagerecht zueinander stehend: **Spitz-Ahorn** (*Acer platanoides*) → **S. 131**

→ Fruchtflügel waagerecht abstehend; 5 stumpf endende Blattlappen, der mittlere stets 3-zipfelig; 1–5 m (selten 20 m) hoher, oft strauchförmiger Baum: **Feld-Ahorn** (*Acer campestre*) → **S. 127**

16 **(14)** Früchte in langen, hängenden Trauben; Blätter unpaarig 3- bis 5-zählig (selten 7-zählig) gefiedert, oft weiß gescheckt: **Eschen-Ahorn** (*Acer negundo*) → **S. 129**

→ Merkmale anders: → **17**

17 Blattspreiten 3-lappig, Seitenlappen ± waagerecht abstehend: **Französischer/Burgen-Ahorn** (*Acer monspessulanum*) ➡ **S. 128** Foto s. Nr. 3

➡ Blattspreiten 5- bis 7-lappig: ➡ **18**

18 Rosa-grünliche bis rotbraune Flügel 1,5–2,5 cm lang, Nussfrüchte von ca. 1 cm Durchmesser tragend; Blattspreite in 5 (selten 3) stumpfe, gekerbte oder gezähnte Lappen geteilt, am Grund herzförmig: **Schneeballblättriger Ahorn** (*Acer opalus*) ➡ **S. 130**

Eschen-Ahorn (Foto und Blatt unten) und **Burgen-Ahorn** (Blatt oben).

➡ Flügel der Nussfrüchte bräunlich; Blätter in 5 doppelt stumpf gesägte Lappen geteilt, am Grund herzförmig: **Berg-Ahorn** (*Acer pseudoplatanus*) ➡ **S. 132**

19 (13) **Apfelfrucht**: Fruchtknoten der unverwachsenen Fruchtblätter in eine fleischige Blütenachse eingesenkt und mit ihr verwachsen, sodass eine komplexe, unterständige Frucht (vgl. S. 83) entsteht, aus der eine fleischige Apfelfrucht hervorgeht. Samen entweder in einem lederig-pergamentartigen Kerngehäuse oder von einem Steinkern umhüllt: **Kernobstgewächse innerhalb der Familie der Rosengewächse (Rosaceae: Maloideae)** ➡ **20**

Berg-Ahorn

Neben dem Apfelbaum (*Malus*) gehören hierzu auch Arten mit Steinäpfeln wie z. B. Mispel und Zwergmispel.

➡ Frucht anders: ➡ **34**

20 Samen in lederig-pergamentartigem Kerngehäuse (Apfelfrüchte): ➡ **23**

➡ Samen von einem Steinkern umhüllt (**Steinäpfel**): ➡ **21**

Die **Filzige Zwergmispel** hat einen **Steinapfel** als Fruchtform. Die Samen sind bei ihr von einem Steinkern umhüllt, der in der fleischigen Blütenachse sitzt und vom Kelch gekrönt ist.

21 Blüten weiß, Kelchblätter länger als die Blütenkronblätter, nicht zurückgeschlagen; Frucht mit 5 Steinkernen; wild wachsende Form oft mit Dornen; Blätter meist länglich mit ± fein gesägtem Rand, unterseits fein filzig: **Mispel** (*Mespilus germanica*) ➡ **S. 188**

➡ 1 oder 2 Fruchtblätter (daher 1 oder 2 Griffel) bilden einen meist ± dunkelroten, kleinen Steinapfel mit mehligem Fleisch; Strauch meist mit Kurztriebdornen: **Weißdorn** (*Crataegus*) ➡ **22**

Mispel

Zweigriffeliger Weißdorn

Echte Quitte

Echte Felsenbirne

Die **Gewöhnliche Zwergmispel** hat anders als Speierling und Vogelbeere (s. Nr. 30) keine gefiederten, sondern einfache (ungeteilte) Blätter.

22 1 Griffel und 1 Steinkern: **Eingriffeliger Weißdorn** *(Crataegus monogyna)* ➞ **S. 160**

➞ 2 Griffel und 2 Steinkerne: **Zweigriffeliger Weißdorn** *(Crataegus laevigata)* ➞ **S. 160**

23 **(20)** Frucht rötlich bis gelbrot oder bräunlich bis schwärzlich: ➞ **26**

➞ Frucht überwiegend gelb oder grünlich (zuweilen mit einer roten Backe): ➞ **24**

24 Frucht 4–12 cm groß; Fruchtknoten mit zahlreichen Samenanlagen je Fach: **Echte Quitte** *(Cydonia oblonga)* ➞ **S. 162**

➞ Frucht kleiner: ➞ **25**

25 Frucht bis 2,5 cm dick, herb und sauer: **Holz-Apfel/Europäischer Wildapfel** *(Malus sylvestris)* ➞ **S. 187**

➞ Frucht rundlich bis birnenförmig, Fruchtfleisch mit Steinzellen; Frucht kleiner als 5 cm, hart, kaum süß; Äste mit Dornen: **Holz-Birne** *(Pyrus pyraster)* ➞ **S. 205**

26 **(23)** Beerenförmige Früchte ca. 1 cm dick, reif dunkelrot bis schwarzblau, mit 10 sichelförmigen, glänzenden Samen in zehn Fruchtfächern: **Echte Felsenbirne** *(Amelanchier ovalis)* ➞ **S. 140**

➞ Merkmale anders: ➞ **27**

27 Blätter immergrün; bis 2 m hohe Zwergsträucher: **Zwergmispel** *(Cotoneaster)* ➞ **28**

➞ Blätter sommergrün; höherwüchsige Sträucher oder Bäume: **Mehlbeere, Vogelbeere** *(Sorbus)* ➞ **29**

28 Fruchtstiel weiß filzig; Frucht blutrot, behaart: **Filzige Zwergmispel** *(Cotoneaster tomentosus)* **S. 159** Foto s. Nr. 19

➞ Fruchtstiel höchstens schwach behaart: **Gewöhnliche/Felsen-Zwergmispel** *(Cotoneaster integerrimus)* ➞ **S. 158**

29 (27) Blätter gefiedert: ➝ **30**

➝ Blätter einfach, nicht gefiedert: **Mehlbeere** ➝ **31**

---

30 Blätter mit 15–17, je 3–8 cm langen, gesägten Fiederblättchen; Frucht 2–3 cm lang, gelbgrün bis bräunlich, rotbackig; Borke älterer Äste schuppig rau: **Speierling** *(Sorbus domestica)* ➝ **S. 252**

Speierling

➝ Blätter mit 9–17, je 2–6 cm langen Fiederblättchen, bis auf das unterste Drittel scharf gesägt, Frucht bis 1 cm dick, orange bis scharlachrot: **Eberesche**/**Vogelbeere** *(Sorbus aucuparia)* ➝ **S. 250**

---

31 (29) Blätter leicht bis stärker fiederig gelappt, mit gesägtem Blattrand: ➝ **33**

Vogelbeere

➝ Blätter nicht bis nur sehr schwach gelappt, gesägter bis doppelt gesägter Rand: ➝ **32**

---

32 Blätter leicht fiederig gelappt; elliptische Frucht 12–15 mm lang und orangerot, gelbfleischig: **Schwedische Mehlbeere** *(Sorbus intermedia)* ➝ **S. 254**

➝ Rundliche Frucht bräunlich und hell punktiert (Lupe): **Elsbeere** *(Sorbus torminalis)* ➝ **S. 255**

Elsbeere

---

33 (31) Blätter ungelappt, Rand gesägt, unterseits blaugrün; rot bis braunrote Frucht rundlich bis eiförmig: **Zwerg-Mehlbeere** *(Sorbus chamaemespilus)* ➝ **S. 251**

➝ Blätter gesägt bis doppelt gesägt, außer an den Langtrieben kaum gelappt, unterseits auffallend dicht schneeweiß filzig; längliche Frucht orange- bis scharlachrot, 10–15 mm lang: **Echte Mehlbeere** *(Sorbus aria)* ➝ **S. 249**

Echte Mehlbeere

---

34 (19) Nüsschen geflügelt, rundum pergamentartig dünn geflügelt, 3,5–5 cm lang, oberes Flügelende gedreht, Samen im Zentrum liegend, Flügel in Höhe des Samens einseitig eingekerbt; in 10–20 cm großen, endständigen Rispen; Nüsschen lange am Baum bleibend: **Götterbaum** *(Ailanthus altissima)* ➝ **S. 136**

➝ Frucht anders: ➝ **35**

Götterbaum

Sammelfrüchte können z. B. bei dieser **Dünen-Rose** (aber auch allen anderen Rosen) aussehen wie eine einzelne Frucht, jedoch mehrere Nussfrüchtchen enthalten, die jeweils einen oder mehrere Samen einschließen. Im Zweifelsfall beide Wege probieren.

Die Sammelsteinfrüchte der **Brom-** (links) und **Himbeere** (rechts) werden aus mehreren freien Fruchtblättern gebildet, die aneinander haften und reif in der Gesamtheit abfallen.

Ahornblättrige Platane

Gewöhnliche Waldrebe

35 Aus einem Fruchtblatt hervorgehende Frucht eine «Einheit» bildend: ➙ **49**

➙ Mehrere freie Fruchtblätter einen gemeinsamen Fruchtstand bildend: **Sammelfrüchte** ➙ **36**

36 **Sammelsteinfrüchte**: Auf der verdickten Blütenachse reifen zahlreiche Steinfrüchte heran (je Fruchtblatt eine), die aneinander haften und eine gemeinsame Frucht bilden, die reif als Gesamtes abfällt: **Himbeere, Brombeere** *(Rubus)* ➙ **37**

➙ **Nussfrüchtchen**: Fruchtwand gleichmäßig verfestigt und ± stark verholzt oder fruchtig; an einer ± kugeligen, ovalen oder krugförmig eingesenkten Fruchtachse sitzend: ➙ **39**

37 Sammelfrucht mit zahlreichen roten, sich leicht vom kegelförmigen Blütenboden lösenden Steinfrüchten: **Himbeere** *(Rubus idaeus)* ➙ **S. 232**

➙ Merkmale anders: ➙ **38**

38 Sammelfrüchte und Stängel stark abwischbar bläulich bereift (Lupe in Foto S. 63): **Kratzbeere** *(Rubus caesius)* ➙ **S. 230**

➙ Sammelfrüchte glänzend schwarzblau: **Brombeere** *(Rubus fruticosus)* ➙ **S. 231**

39 **(36)** Hagebuttenfrucht, d.h. Nüsschen in einem fleischigen, ovalen bis rundlichen, meist roten Fruchtbecher geborgen: **Rose** *(Rosa)* ➙ **42**

➙ Merkmale anders: ➙ **40**

40 Nüsschen mit federigem, grannenartigem Fortsatz: **Waldrebe** *(Clematis)* ➙ **41**

➙ Nüsschen ohne grannenartigen Fortsatz in kugeligen Köpfchen; meist 2 Fruchtkugeln an einem Fruchtstand; den Winter über am Baum hängend; Rinde sich in größeren Platten ablösend: **Ahornblättrige Platane** *(Platanus* x *hispanica)* ➙ **S. 190**

41 Violettblaue Blüten einzeln, nickend, 4–12 cm lang gestielt; Blätter meist doppelt 3-zählig: **Alpen-Waldrebe** *(Clematis alpina)* ➙ **S. 149**

➙ Blüten weiß, in end- oder seitenständigen Rispen: **Gewöhnliche Waldrebe** *(Clematis vitalba)* ➙ **S. 150**

42 (39) Äste dicht stachelig (Lupe); Frucht (Hagebutte) schwärzlich, oft mit drüsigen Haaren besetzt: **Dünen-/Bibernell-/Pimpinell-Rose** *(Rosa spinosissima)* ➡ **S. 229** Foto s. auch gegenüber

➡ Frucht ± rot: ➡ **43**

Dünen-Rose

43 Äste niederliegend oder kletternd; Hagebutte kugelig bis länglich; Stacheln der Zweige stark gekrümmt: **Kriech-Rose** *(Rosa arvensis)* ➡ **S. 221**

➡ Aufrechte Sträucher: ➡ **44**

44 Frucht ± rundlich, weniger als doppelt so lang wie breit: ➡ **45**

➡ Frucht ± oval, ± doppelt so lang wie breit: ➡ **47**

Rotblättrige-Rose

45 Blätter und Zweige auffallend rötlich violett oder hechtblau bereift: **Rotblättrige Rose** *(Rosa glauca)* ➡ **S. 225**

➡ Blätter und Zweige nicht auffallend bereift: ➡ **46**

46 Stängel unterschiedlich bestachelt, neben kräftig gekrümmten auch borstenförmige, gerade Stacheln; Frucht drüsig behaart: **Essig-Rose** *(Rosa gallica)* ➡ **S. 223**

Essig-Rose

➡ Zweige dicht stachelborstig; Blätter mit starken Adern und runzelig; relativ große Früchte dickfleischig: **Kartoffel-Rose** *(Rosa rugosa)* ➡ **S. 228**

47 (44) Fiedern unterseits auf der ganzen Fläche drüsig, nach Apfelwein duftend; Kelchblätter nach der Blüte aufrecht: **Wein-Rose** *(Rosa rubiginosa)* ➡ **S. 227**

Kartoffel-Rose

➡ Merkmale anders: ➡ **48**

48 Fiedern unterseits meist drüsenlos; Fruchtform sehr variabel, meist länglich elliptisch oder eiförmig und drüsenlos; Fruchtreife im Vergleich zu anderen Rosen sehr spät im Oktober und November: **Hunds-Rose** *(Rosa canina)* ➡ **S. 222**

➡ Hagebutte flaschenförmig, von den zusammenneigenden Kelchblättern gekrönt: **Alpen-Rose** *(Rosa pendulina)* ➡ **S. 226**

Hunds-Rose

Beerenfrüchte des **Gewöhnlichen Bocksdorns.**

Auch die geflügelten Früchte der **Berg-Ulme** (links) und die in den Fruchtbechern steckenden der **Esskastanie** gehören zu den Nussfrüchten.

Grün-Erle

In den Zapfen der **Schwarz-Erle** reifen Nüsse mit seitlichen, schmalen, luftgefüllten Schwimmpolstern.

49 (35) Beeren: Fruchtwand zur Reife gleichmäßig fleischig werdend, einen oder mehrere Samen einschließend: ➡ **S. 83 ff.**

Während bei einer Beere die Fruchtwand völlig aus Fruchtfleisch besteht, in das die Samen eingebettet sind, ist bei einer Steinfrucht der innerste Teil (das Endokarp) hart und umgibt den Samen. Der fleischige Teil beider Fruchtarten dient den Tieren als Nahrung und die Samen passieren den Darm meist unbeschadet.

Da die Unterscheidung zwischen Beere und Steinfrucht oft schwierig ist, führen bei vielen Arten beide Wege zum Ziel.

➡ Fruchtwand ganz oder zu einem Teil ± stark verholzt: ➡ **50**

50 Nussfrüchte: Fruchtwand einheitlich ± stark verholzt (Nuss); Frucht jedoch mannigfaltig geformt und Fruchtwand zuweilen nur derb ledrig: ➡ **S. 86 ff.**

➡ **Steinfrüchte:** Innerer Teil der Fruchtwand ± stark verholzt, äußerer Teil saftig-fleischig oder fleischig-ledrig. Steinfrucht mit ein oder mehreren Steinkernen: ➡ **S. 91 ff.**

51 (2) Strauch; Blätter spitz, scharf doppelt gesägt, beiderseits grün und unterseits auf den Nerven kurzhaarig; Frucht breit geflügelt: **Grün-Erle** *(Alnus viridis)* ➡ **S. 139**

➡ Merkmale anders: ➡ **52**

52 Zapfen sitzend oder kurz gestielt; Blätter zugespitzt, doppelt gesägt, unterseits etwas behaart, mit 8–12 Paaren von Seitennerven; Rinde grau und glatt: **Grau-/Weiß-Erle** *(Alnus incana)* ➡ **S. 138**

Bei der Unterscheidung von Schwarz- und Grau-Erle genügt meist schon ein Blick auf die Rinde, die bei der Grau-Erle viel glatter ist.

➡ Zapfen deutlich gestielt; Blätter an der Spitze stumpf oder ausgerandet, unterseits in den Nervenwinkeln bärtig, anfangs wie die Knospen klebrig, mit 5–8 Paaren von Seitennerven; Rinde längsfurchig: **Schwarz-Erle** *(Alnus glutinosa)* ➡ **S. 137**

1 Kapseln

1 Kapsel mit geflügelten Samen; Frucht 1- bis 3-fächerig: **Gewöhnlicher Flieder** *(Syringa vulgaris)* → S. 258

→ Samen ungeflügelt: → **2**

Hier ist es wichtig, wirklich die Samen anzuschauen und nicht die Fruchtkapsel, in der sich die einzelnen Samen befinden. Die Samen können auch mit einem Haarschopf versehen und so auch vom Wind verbreitet werden, aber nicht geflügelt sein.

Gewöhnlicher Flieder

2 Frucht 4- bis 5-fächerig mit weißen oder schwarzen Samen, die in einen orangefarbenen Samenmantel (Arillus) eingeschlossen sind; Samen nach der Fruchtöffnung einzeln exponiert aus der Frucht heraushängend; Blätter meist gegenständig und kahl: **Spindelstrauch** *(Euonymus)* → **3**

→ Merkmale anders: → **4**

Breitblättriger Spindelstrauch

3 Frucht karminrot, Samen weiß, Arillus orangefarben; Blätter länglich bis verkehrt eiförmig oder elliptisch: **Breitblättriger Spindelstrauch** *(Euonymus latifolia)* → S. 167

→ Frucht 4-kantig abgerundet, rosen- bis karminrot, Samen weiß bis rötlich, Arillus orangefarben; Blätter eiförmig-elliptisch bis länglich: **Gewöhnlicher Spindelstrauch** *(Euonymus europaea)* → S. 166

4 **(2)** Samen mit Haarschopf oder Haarkranz: → **5**

In diese Gruppe gehören Pappeln und Weiden. Ihre Samen sind meist sehr klein, was die Verbreitung durch den Wind erleichtert. Sie werden in Kapseln (Lupe) gebildet, die sich zur Fruchtreife öffnen und die Samen entlassen.

Zur Fruchtzeit der **Korb-Weide** sind die gesamten Fruchtstände über und über mit der Samenwolle überzogen.

→ Samen ohne Haarschopf oder Haarkranz; Kapseln blasig, ± dünnwandig und pergamentartig, netzartig gemustert und über 2 cm groß, in 5–12 cm langen, lang gestreckten, hängenden, endständigen Rispen; Kapsel 2- bis 3-fächerig, je Fach 1–2 glatte, birnen- oder eiförmige Samen: **Gewöhnliche Pimpernuss** *(Staphylea pinnata)* → S. 256

Gewöhnliche Pimpernuss

Silber-Pappel

Zitter-Pappel

Schwarz-Pappel

5 Kapsel ± lang gestielt, 3–12 mm lang, am Grund mit becher- oder krugförmig eingetrockneter Nektarscheibe (Discus); Samenschale mit Netzmuster: **Pappel** *(Populus)* ➝ **6**

Pappeln und Weiden verbreiten ihre Samen über den Wind. Die Unterscheidung zwischen beiden Gattungen ist anhand der Blätter meist einfacher als über die Früchte. Die meist kurz gestielten Blätter der Weiden sind überwiegend lanzett-, linealförmig oder elliptisch, während die meist lang gestielten Blätter der Pappeln rhombisch, 3-eckig oder herz- bis eiförmig sind und z. T. gelappte Formen haben.

Um das Netzmuster auf den Samen zu erkennen, ist eine gute Lupe oder besser noch ein Stereomikroskop hilfreich.

➝ Kapsel meist nur kurz gestielt oder sitzend; am Grund mit Nektarscheibe; Samen ohne oder nur mit schwachem Netzmuster: **Weide** *(Salix)*

Die Artbestimmung der Weiden alleine über die Fruchtmerkmale ist mit diesem Schlüssel nicht möglich. Je nachdem, ob die Blätter schon ausgebildet sind, empfiehlt sich, entweder nach den Blattmerkmalen (S. 12 ff.) oder nach den Blütenmerkmalen (S. 42 ff.) zu bestimmen. Wird nach den Blütenmerkmalen bestimmt, wird empfohlen, möglichst wenig ausgereifte Früchte anzuschauen, da sich Form und Größe nach der Blütezeit ändern, wenn sich die Kätzchenachse streckt. Auch die einzelnen Blüten verändern ihre Größe und Gestalt bis zur Fruchtreife.

6 Blätter unterseits weiß oder grünlich weiß und filzig, buchtig gelappt; Stamm hell weißgrau berindet: **Silber-Pappel** *(Populus alba)* ➝ **S. 192**

➝ Merkmale anders: ➝ **7**

7 Blätter fast kreisrund, grob gebuchtet, lang gestielt und hängend; Rinde gelbgrau: **Zitter-Pappel/Espe** *(Populus tremula)* ➝ **S. 194**

➝ Junge Zweige hellgelb, rundlich; Stamm schwarzgrau berindet, früh rissig; Blätter nicht gebuchtet: **Schwarz-Pappel** *(Populus nigra)* ➝ **S. 193**

2 Beeren

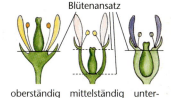

1 Frucht aus einem unterständigen Fruchtknoten hervorgehend: → **2**

Je nachdem, ob sich der Fruchtknoten ober- oder unterhalb des Blütenansatzes (dem Ansatzpunkt der Kronblätter) befindet, wird er als ober- oder unterständig bezeichnet. Bei einem mittelständigen Fruchtknoten wird die Frucht in einem Blütenbecher gebildet – also oberhalb des Blütenbodens, aber unterhalb der Ansatzstelle der Kronblätter.

Bei einer Frucht mit unterständigem Fruchtknoten befinden sich die Reste der Kelch- und Blütenblätter auf der Frucht; sie sieht daher oft wie von ihren «gekrönt» aus. Dagegen sind am Stielansatz keine Reste der Blütenkrone zu sehen.

→ Frucht aus einem oberständigen Fruchtknoten hervorgehend: → **16**

oberständig   mittelständig   unterständig

Gewöhnlicher Bocksdorn (links) mit **oberständigem**, Kirsche (Mitte) mit **mittelständigem** und Küsten-Stachelbeere (rechts) mit **unterständigem** Fruchtknoten.

2 Frucht 3–10 mm lang gestielt, hängend, spreizend oder abwärts gekrümmt, blauschwarz, mit zahlreichen Samen: **Heidelbeere, Rauschbeere** *(Vaccinium)* → **3**

→ Merkmale anders: → **4**

Früchte von **Rauschbeere** (links) und **Heidelbeere** (rechts).

3 Blätter ganzrandig und unterseits blaugrün; schwarzblaue Beere bereift und mit farblosem Saft: **Rauschbeere** *(Vaccinium uliginosum)* → **S. 269**

→ Blätter am Rand fein gesägt und zugespitzt, beiderseits grün; blauschwarze Beere mit rotem Saft: **Heidelbeere** *(Vaccinium myrtillus)* → **S. 268**

4 Frucht in reichblütigen Schirmrispen, schwarz oder rot; beerenähnliche Steinfrucht mit 3–5 Steinkernen: **Holunder** *(Sambucus)* → **5**

→ Merkmale anders; Frucht nicht in Schirmrispen: → **6**

5 Schwarze Früchte in 10–15 cm breiten Schirmrispen; mit 3 Steinkernen: **Schwarzer Holunder/Holderbusch/Holler** *(Sambucus nigra)* → **S. 247**

Rote Früchte in ei- oder kegelförmigen Rispen: **Roter/Berg-/Trauben-Holunder** *(Sambucus racemosa)* → **S. 248**

Fruchtstände von **Schwarzem** (oben) und **Rotem Holunder** (unten).

Gewöhnliche Schneebeere

Alpen-Johannisbeere

Schwarze (links) und **Felsen-Johannisbeere** (rechts).

Alpen-Heckenkirsche

6 Weiße Frucht sitzend bis fast sitzend, in end- oder seitenständigen Ähren, oft fast köpfchenartig; beerenartige Steinfrucht mit 2 Steinkernen: **Gewöhnliche Schneebeere** *(Symphoricarpos albus)* ➜ **S. 257**

➜ Merkmale anders: ➜ **7**

7 Rote Früchte in der Achsel von Laubblättern oder verwachsenen, tellerförmigen Hochblättern: **Heckenkirsche, Geißblatt** *(Lonicera)* ➜ **11**

➜ Frucht einzeln oder in vielblütigen Trauben, meist deutlich gestielt: **Johannisbeere, Stachelbeere** *(Ribes)* ➜ **8**

8 Zweige mit Stacheln; Beeren groß, glatt oder borstig behaart, vom Kelch gekrönt: **Stachelbeere** *(Ribes uva-crispa)* ➜ **S. 219**

➜ Äste stachellos; Früchte klein: **Johannisbeeren** ➜ **9**

9 Früchte nicht hängend; Beeren scharlachrot, fade schmeckend: **Alpen-Johannisbeere** *(Ribes alpinum)* ➜ **S. 216**

➜ Traube mit Früchten hängend: ➜ **10**

10 Schwarze Beeren drüsig punktiert; mit typisch aromatischem Geruch: **Schwarze Johannisbeere** *(Ribes nigrum)* ➜ **S. 217**

➜ Rote Frucht säuerlich schmeckend, ohne diesen Geruch: **Felsen-/Berg-Johannisbeere** *(Ribes petraeum)* ➜ **S. 218**

11 (7) Stängel windend; rote Früchte in endständigen, kopfigen Quirlen: **Wald-Geißblatt** *(Lonicera periclymenum)* ➜ **S. 183**

➜ Merkmale anders: ➜ **12**

12 Fruchtknoten und Frucht eines jeden Blütenpaares miteinander verwachsen: ➜ **13**

➜ Fruchtknoten und Frucht eines jeden Blütenpaares vollständig getrennt oder nur am Grund verwachsen: ➜ **14**

13 Beeren schwarzblau bereift: **Blaue Heckenkirsche** *(Lonicera caerulea)* ➜ **S. 181**

→ Beeren glänzend kirschrot: **Alpen-Heckenkirsche** *(Lonicera alpigena)* → **S. 180**

14 **(12)** Frucht schwarz, bläulich bereift: **Schwarze Heckenkirsche** *(Lonicera nigra)* → **S. 182**

→ Frucht scharlachrot: **Rote Heckenkirsche** *(Lonicera xylosteum)* → **S. 184**

Rote Heckenkirsche

15 **(1)** Frucht vielsamig; kleiner als 2 cm, zu 1–3 an gestauchten, rosettig beblätterten Kurztrieben; rundliche Samen mit feinem Wabenmuster; überreife Frucht kaum schrumpfend: **Gewöhnlicher Bocksdorn** *(Lycium barbarum)* → **S. 185**

→ Merkmale anders: → **16**

16 Früchte einzeln, rot; Kelch oder Blütenhülle bleiben nach dem Verblühen nicht an der Frucht; mit meist 3-teiligen Blattdornen: **Gew. Berberitze/Sauerdorn** *(Berberis vulgaris)* → **S. 141**

→ Merkmale anders: → **17**

17 Frucht in Rispen oder rispenartigen Fruchtständen: → **18**

Gewöhnliche Berberitze

→ Schwarze Früchte (unreif rot) nicht in Rispen, sondern in Trauben, blattachselständigen Büscheln oder einzeln, mit 2–4 Steinkernen: **Kreuzdorngewächse (Rhamnaceae)** → **19**

18 Rispen am Zweigende mit kurz gestielten, schwarzen Beeren, mit 3–8 großen Steinkernen: **Gew. Liguster** *(Ligustrum vulgare)* → **S. 178**

→ Rispen den Zweigen seitlich ansitzend; gelbgrüne bis schwärzliche Früchte oft bereift; Pflanze mit Wurzeln kletternd: **Wilde Weinrebe** *(Vitis vinifera ssp. sylvestris)* → **S. 272**

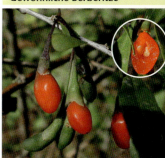

Gewöhnlicher Bocksdorn

19 **(17)** Pflanze dornenlos; Blätter ganzrandig; Früchte zu 2–6 in achselständigen Scheinquirlen: **Faulbaum/Pulverbaum** *(Rhamnus frangula/ Frangula alnus)* → **S. 212**

→ Pflanze mit Dornen: → **20**

20 Blätter nicht über 3 cm lang: **Felsen-Kreuzdorn** *(Rhamnus saxatilis)* → **S. 213**

→ Blätter über 3 cm lang: **Purgier-Kreuzdorn** *(Rhamnus cathartica)* → **S. 211**

Purgier-Kreuzdorn

geflügeltes Hochblatt
Nussfrucht
Fruchtstand

Die **Flatter-Ulme** (links) hat geflügelte Nussfrüchte. Die Früchte der **Hainbuche** (rechts) sind selbst ungeflügelt (Lupe), befinden sich aber in einem Fruchtstand mit geflügelten Hochblättern und werden so vom Wind verbreitet.

Die **Esskastanie** hat von einem Fruchtbecher (Cupula) umschlossene Früchte.

Rot-Buche

Die Nüsse der **Gewöhnlichen Hasel** sind von einer oben offenen **Hochblatthülle** umgeben.

3 Nüsse

1 Verbreitung der Früchte durch den Wind: Entweder die Frucht selbst ist geflügelt oder die Flugorgane werden durch Teile des Fruchtstandes gebildet; dann sind die Früchte selbst ungeflügelt, aber fest mit dem Flugorgan verbunden, wie beispielsweise bei der Hainbuche und Linde:
➝ **12**

➝ Merkmale anders: ➝ **2**

2 Frucht ± vollständig von einem verholzten oder stachelig bewehrten Fruchtbecher (Cupula) umhüllt: ➝ **3**

➝ Frucht frei oder nur am Grund von einem Fruchtbecher umgeben; wenn ganz in einer Hülle geborgen, dann ist diese nicht verholzt oder stachelig bewehrt: ➝ **4**

3 1–3 cm große Früchte meist zu 2–3 in einem stachelig bewehrten Fruchtbecher; einseitig abgeflacht, am Grund mit großer, rundlicher Narbe, oben mit bleibenden Griffelästen: **Esskastanie** *(Castanea sativa)* ➝ **S. 148**

➝ Meist 2 Nüsse in einem stark verholzten Fruchtbecher sitzend, zur Reife 4-klappig spreizend oder die Klappen ± stark zurückgebogen: **Rot-Buche** *(Fagus sylvatica)* ➝ **S. 168**

4 **(2)** Frucht in einem ± langen, oben ± weit geöffneten Fruchtbecher (Hochblattbecher) sitzend: ➝ **5**

➝ Merkmale anders: ➝ **11**

5 Frucht in becherförmigem Hochblatt (Cupula) sitzend, Hochblattbecher mit dachziegelartig deckenden Schuppen; Nuss kugelförmig, Fruchtwand derb ledrig verholzt, unten mit kreisförmiger Narbe, bei einigen Arten erst im zweiten Jahr reifend: **Eiche** *(Quercus)* ➝ **6**

➝ Frucht einzeln oder zu 2–3 in ± lang gestielten, köpfchenartigen bis kugeligen Ständen am Zweigende; Nuss stark verholzt, mit dicker Wand, von einer vielgestaltigen, oben offenen Hochblatthülle umgeben, die auch länger sein kann als die Nuss: **Hasel** *(Corylus)* ➝ **9**

Bestimmungsschlüssel: Fruchtmerkmale

6 Fruchtbecher mit kleinen, kahlen Schuppen; Frucht rundlich eiförmig, bis 2,5 cm groß; Blattlappen zugespitzt: **Rot-Eiche** *(Quercus rubra)* ➡ **S. 210**

➡ Blattlappen abgerundet: ➡ **7**

7 Fruchtbecher filzig; junge Triebe und Blätter besonders unterseits weiß filzig, mit sternförmigen Haaren: **Flaum-Eiche** *(Quercus pubescens)* ➡ **S. 208**

➡ Fruchtbecher und Triebe ± kahl: ➡ **8**

8 Fruchtstand kurz gestielt; Blattstiel 1–3 cm lang, am Grund keilförmig: **Trauben-Eiche** *(Quercus petraea)* ➡ **S. 207**

➡ Fruchtstand lang gestielt; Blattstiel sehr kurz, am Grund herzförmig geöhrt: **Stiel-Eiche** *(Quercus robur)* ➡ **S. 209**

9 **(5)** Bis 20 m hoher Baum mit stumpf kegelförmiger Krone; junge Zweige anfangs drüsenhaarig, später raue, korkige Borke; Blätter breit eiförmig, 6–15 cm lang und 5–12 cm breit, unterseits auf den Nerven behaart, doppelt gesägt, etwas gelappt; Blattstiel 1,5–3 cm lang; Nebenblätter lanzettförmig, spitz: **Baum-/ Türkische Hasel** *(Corylus colurna)* ➡ **S. 156**

➡ Strauch; Borke glatt: ➡ **10**

10 Bis 5 m hoher, mehrstämmiger, reich verzweigter Strauch; junge Zweige rötlich, filzig bis drüsig und später verkahlend; Blätter rundlich eiförmig bis verkehrt eiförmig, 5–10 cm lang, plötzlich zugespitzt, unregelmäßig gesägt, oberseits kahl, unterseits auf den Adern behaart: **Lambertsnuss** *(Corylus maxima)* ➡ **S. 157**

➡ 2–6 m hoher Strauch; Blätter beiderseits weichhaarig; Nebenblätter länglich, stumpf; Fruchthülle offen, am Rand in breite, kurze Lappen geteilt: **Haselnuss/Gewöhnliche Hasel** *(Corylus avellana)* ➡ **S. 154** Foto s. Nr. 5

11 **(4)** Frucht 3–8 cm lang und bis 3 cm dick, silbrig, oft rötlich bis purpurn überlaufen, pergamentartig dünnwandig, blasig vergrößert, mit mehreren Samen: **Gewöhnlicher Blasenstrauch** *(Colutea arborescens)* ➡ **S. 151**

Rot-Eiche

Stiel-Eiche

Baum-Hasel

Die Früchte des **Gewöhnlichen Blasenstrauches** öffnen sich zur Reifezeit, sodass die Samen frei werden (Lupe). Sie sind stark nussartig, sodass sie hier mit aufgeführt werden, obwohl sie zu den Hülsenfrüchten gehören.

Früchte des **Gagelstrauches**.

Die Früchte der **Feld-Ulme** reifen bereits von Mai bis Juni; sie sind dann auffällig an den Zweigen zu sehen.

Flatter-Ulme

Berg-Ulme

→ 2–3 mm lange Frucht sitzend in seitenständigen, 1–1,5 cm langen, zylindrischen Ähren, nicht dünnwandig und blasig vergrößert, am Grund mit 2 bleibenden Vorblättern verwachsen, spitz 3-eckig, mit gelblichen Drüsen bekleidet: **Gagelstrauch** *(Myrica gale)* → **S. 189**

12 (1) Geflügelte Nussfrucht: → **13**

Hier gilt es zu unterscheiden, ob die Frucht selber geflügelt ist (wie beispielsweise bei der Ulme im Bild links) oder ob die Flugorgane von Teilen des Blütenstandes gebildet werden, wie bei Linde und Hainbuche.

→ Ungeflügelte Nuss an einem geflügelten Hochblatt fest anhaftend und mit diesem gemeinsam vom Wind verbreitet: → **22**

13 Frucht ringsum geflügelt, daher ± scheibenförmig; hängend an seitlichen Kurztrieben, den Achseln von Knospenschuppen entspringend; Flügel pergamentartig, kahl oder bewimpert: **Ulme** *(Ulmus)* → **14**

Neben den typischen Früchten kann man die Gattung Ulme auch sehr gut am asymmetrischen Blattgrund erkennen.

→ Frucht anders geflügelt: → **16**

14 Fruchtflügel am Rand zottig gewimpert: **Flatter-Ulme** *(Ulmus laevis)* → **S. 265**

→ Frucht kahl: → **15**

15 Frucht elliptisch bis verkehrt eiförmig, Samen oberhalb der Mitte der Frucht: **Feld-Ulme/Rotrüster** *(Ulmus minor)* → **S. 266**

→ Frucht breit elliptisch, 2–2,5 cm lang, Samen in der Mitte der Frucht: **Berg-Ulme/Weißrüster** *(Ulmus glabra)* → **S. 264**

16 (13) Frucht mit 2 seitlichen, mitunter nur schmalen Flügeln: → **18**

→ Frucht nur an einem Ende oder an einer Seite geflügelt, dünn gestielt, hängend in end- oder seitenständigen Rispen; Nuss länglich und stark abgeflacht: **Esche** *(Fraxinus)* → **17**

17 Blätter 7- bis 9-zählig gefiedert; bis 8 m hoher Baum: **Blumen-/Manna-Esche** *(Fraxinus ornus)* ➡ **S. 171**

➡ Blätter 9- bis 13-zählig gefiedert; bis 40 m hoher Baum: **Gewöhnliche Esche** *(Fraxinus excelsior)* ➡ **S. 170**

18 (16) Frucht sitzend in verholzten, vielschuppigen, ± ovalen, zapfenartigen Ständen; Zapfen zu mehreren beieinander, beim Austrocknen klaffend: **Erle** *(Alnus)* ➡ **19**

Die Früchte sind die einzelnen Nüsschen im zapfenförmigen Fruchtstand.

Früchte der **Manna-Esche**.

➡ Kätzchenartige Fruchtstände zur Reifezeit zerfallend; in jeder Fruchtschuppe sitzen 3 geflügelte Nussfrüchtchen; der Mittellappen der Fruchtschuppe ist meist vergrößert; reif lösen sich die Schuppen von der Fruchtspindel und fallen mit den Früchten ab: **Birke** *(Betula)* ➡ **21**

Die sehr kleinen, breit geflügelten Samen der Birke fliegen schon bei Windstille über 1,5 km weit. Zudem werden sie von Körnerfressern verbreitet.

Schwarz-Erle

19 Strauch; Frucht breit geflügelt: **Grün-Erle** *(Alnus viridis)* ➡ **S. 139** Foto s. S. 72

➡ Merkmale anders: ➡ **20**

20 Blätter zugespitzt, doppelt gesägt, unterseits etwas behaart, mit 8–12 Paaren von Seitennerven; Rinde grau und glatt: **Grau-/Weiß-Erle** *(Alnus incana)* ➡ **S. 138**

Bei der Unterscheidung von Schwarz- und Grau-Erle genügt meist schon ein Blick auf die Rinde, die bei der Grau-Erle viel glatter ist.

➡ Blätter an der Spitze stumpf oder ausgerandet, unterseits in den Nervenwinkeln bärtig, anfangs wie die Knospen klebrig, mit 5–8 Paaren von Seitennerven; Rinde längsfurchig: **Schwarz-Erle** *(Alnus glutinosa)* ➡ **S. 137**

Grau-Erle

21 (18) Mittellappen der Fruchtschuppen kürzer als die beiden stets zurückgebogenen Seitenlappen: **Hänge-Birke** *(Betula pendula)* ➡ **S. 142**

➡ Mittellappen der Fruchtschuppen länger als die aufgebogenen Seitenlappen: **Moor-Birke** *(Betula pubescens)* ➡ **S. 144**

Hänge-Birke

Sommer-Linde

Hainbuche

Winter-Linde

22 (12) Fruchtstand mit ± kugelförmigen, stark verholzten, an langen Stielen hängenden Nussfrüchten, die mit einem pergamentartigen Flügel, auch Hochblatt genannt, verbunden sind und gemeinsam vom Wind verbreitet werden: **Linde** (*Tilia*) ➜ **23**

➜ Bis 17 cm lange Fruchtstände aus mehreren 3-lappigen, 3–5 cm langen Blattorganen aufgebaut, in deren Achsel jeweils eine kleine, einsamige, längsrippige Nussfrucht sitzt; das Blattorgan dient als Flügel bei der Windausbreitung: **Hainbuche** (*Carpinus betulus*) ➜ **S. 146**
Foto s. auch Nr. 1 S. 86

Der Hochblattkomplex setzt sich aus vielen geflügelten Blattorganen zusammen, jedes einzelne Blattorgan wird wiederum aus den miteinander verwachsenen Tragblättern und Vorblättern der Blüte gebildet. Zur Blütezeit ist dieses geflügelte Hochblatt grün und dient der Versorgung der sich entwickelnden Frucht mit Nährstoffen. Später wird es trocken und pergamentartig und dient als Flugorgan.

23 Fruchtstand mit 5–10 deutlich zugespitzten und gerippten Früchten; Blätter unterseits weiß filzig; junge Zweige filzig behaart: **Silber-Linde** (*Tilia tomentosa*) ➜ **S. 262**

➜ Merkmale anders: ➜ **24**

24 Fruchtstand mit 5–7 schwach kantigen Früchten; Blätter bis auf die bräunlichen Haare in den Blattachseln der Unterseite kahl: **Winter-Linde** (*Tilia cordata*) ➜ **S. 259**

Da die Linden zur Bastardisierung neigen, ist eine eindeutige Zuordnung nicht immer möglich.

➜ Fruchtstand meist mit 3 deutlich 5-kantigen Früchten; Frucht dickwandig verholzt; Blätter unterseits kurzhaarig, weißlich achselbärtig: **Sommer-Linde** (*Tilia platyphyllos*) ➜ **S. 261**

4 Steinfrüchte

1 Frucht mit Schildhaaren (Lupe): ➡ 2
➡ Frucht ohne Schildhaare: ➡ 3

2 Orangerote Früchte in Trauben mit wenigen Steinfrüchten, meist dicht beieinander; Fruchtfleisch wässrig-fleischig; «Kern» (Samen) etwas asymmetrisch: **Gewöhnlicher Sanddorn** *(Hippophae rhamnoides)* ➡ **S. 175**

➡ Hellgelbe Früchte blattachselständig zu 1–3 (selten bis 6) an jungen Zweigen; Knospen und Blätter silberschuppig: **Schmalblättrige Ölweide** *(Elaeagnus angustifolia)* ➡ **S. 165**

3 (1) «Frucht» ranzig (nach Buttersäure) riechend; Samen zu 1–2 einem 3–5 cm lang gestielten Wulst aufsitzend; Samen kugelförmig bis rundlich, ca. 2,5 cm Durchmesser; äußere Samenschale orangegelb, saftig fleischig, innere Samenschale verholzt: **Ginkgo** *(Ginkgo biloba)* ➡ **S. 173**

➡ Merkmale anders: ➡ 4

4 Frucht sitzend in seitenständigen, bis 1,5 cm langen, zylindrischen Ähren; spitz 3-eckig, mit gelblichen Drüsen bekleidet: **Gagelstrauch** *(Myrica gale)* ➡ **S. 189** Foto s. S. 88 oben

➡ Merkmale anders: ➡ 5

5 Frucht zu 1–2 (selten bis 4) zusammenstehend; lederige Fruchtwand grün mit hellen Punkten; harter Steinkern mit gefurchter Oberfläche, 1-samig, Inhalt der Nuss stark gefurcht und gelappt: **Walnuss** *(Juglans regia)* ➡ **S. 176**

➡ Frucht anders: ➡ 6

6 Steinfrucht aus einem unterständigen Fruchtknoten hervorgehend: ➡ 7
➡ Frucht aus einem oberständigen Fruchtknoten hervorgehend: ➡ 13

Unterständige Früchte sehen durch Reste der Blütenhülle (Kron- oder Kelchblätter) oft wie «gekrönt» aus. Dagegen sind am Stielansatz keine Hüllreste zu sehen.

Gewöhnlicher Sanddorn

Früchte des Ginkgo.

Walnuss

Blütenansatz

oberständig   mittelständig   unterständig

Gewöhnlicher Bocksdorn (links) mit **oberständigem**, Kirsche (Mitte) mit **mittelständigem** und Küsten-Stachelbeere mit **unterständigem** Fruchtknoten.

Die Früchte des **Gewöhnlichen Schneeballs** bleiben manchmal noch bis zur Blüte im Frühjahr am Strauch hängen.

Kornelkirsche (links) und **Roter Hartriegel** (rechts).

Wolliger Schneeball

Fruchtstände von **Schwarzem** (links) und **Rotem Holunder** (rechts).

7 Frucht 1-kernig: ➡ **8**

➡ Frucht 2- bis mehrkernig: ➡ **11**

8 Steinfrucht mit einem 1-samigen, stark verholzten Steinkern, Frucht fast sitzend oder bis 1 cm lang gestielt in 5–15 cm breiten, aufrechten oder überhängenden Schirmrispen: **Schneeball** *(Viburnum)* ➡ **10**

Als Schirmrispe wird ein Fruchtstand (eine Rispe) aus mehreren Einzelblüten bzw. Früchten bezeichnet, dessen Seitenzweige so verlängert sind, dass alle Früchte ± auf einer Ebene abschließen.

➡ Steinfrucht mit einem meist 2-samigen Steinkern: **Hartriegel, Kornelkirsche** *(Cornus)* ➡ **9**

9 Frucht rot, säuerlich schmeckend: **Kornelkirsche/ Gelber Hartriegel** *(Cornus mas)* ➡ **S. 152**

➡ Frucht schwarz, weiß punktiert (Lupe), 1–2 Samen enthaltend: **Roter Hartriegel** *(Cornus sanguinea)* ➡ **S. 153**

10 (8) Beeren rot; Blätter gelappt: **Gewöhnlicher Schneeball/Herzbeer** *(Viburnum opulus)* ➡ **S. 271**

➡ Beeren erst rot und dann glänzend schwarz; Blätter ungeteilt: **Wolliger Schneeball** *(Viburnum lantana)* ➡ **S. 270**

11 (7) Frucht weiß, schwammig; sitzend oder fast sitzend in end- oder seitenständigen Ähren; mit 2 Steinkernen: **Gewöhnliche Schneebeere** *(Symphoricarpos albus)* ➡ **S. 257**

➡ Frucht schwarz oder rot, in reichblütigen Schirmrispen, beerenähnlich, mit 3–5 Steinkernen: **Holunder** *(Sambucus)* ➡ **12**

12 Schwarze Früchte in 10–15 cm breiten Schirmrispen; mit 3 Steinkernen: **Schwarzer Holunder/ Holderbusch/Holler** *(Sambucus nigra)* ➡ **S. 247**

➡ Rote Früchte in ei- oder kegelförmigen Rispen: **Roter/Berg-/Trauben-Holunder** *(Sambucus racemosa)* ➡ **S. 248**

13 (6) Frucht mit 1 Steinkern: ➡ **14**

➡ Frucht mit 2 oder mehr Steinkernen: ➡ **16**

14 Frucht in ± roten, dichten, zapfenförmigen Rispen: **Hirschkolben-Sumach/Essigbaum** *(Rhus hirta)* → S. 214

→ Merkmale anders: → **15**

15 Scharlachrote Früchte fast sitzend in wenigblütigen Trauben, zuweilen scheinbar einzeln achselständig: **Seidelbast** *(Daphne mezereum)* → S. 164

→ Früchte deutlich gestielt, in Trauben, Schirmtrauben oder Dolden, meist an seitlichen Kurztrieben stehend (selten zu einer Einzelblüte an einem Trieb); Fruchtfleisch der meisten Arten essbar, Same aber oft durch Blausäure abspaltende Verbindungen giftig; viele Obst- und Ziergehölze: **Pflaume, Kirsche, Mandel, Traubenkirsche, Lorbeerkirsche** *(Prunus)* → **17**

Die Kerne der Obstsorten sind oft giftig. Die Samen von Apfel, Mandel, Pfirsich, Aprikose, Pflaume und Kirsche enthalten Blausäureglycoside, die in höherer Dosis tödlich wirken können. Es soll sogar durch in zu großer Menge gekaute und gegessene Apfelkerne einen Todesfall gegeben haben.

16 (13) Schwarze Früchte in Rispen; meist 2–4 Steinkerne: **Gewöhnlicher Liguster** *(Ligustrum vulgare)* → S. 178

→ Schwarze Früchte (unreif rot) mit 2–4 Steinkernen: **Kreuzdorngewächse** *(Rhamnaceae)* → **24**

17 Früchte in verlängerten, mindestens 12-früchtigen Trauben; Frucht glänzend schwarz: → **18**

→ Früchte einzeln oder wenige in kurzen Trauben oder Dolden: → **19**

18 Steinkern grubig gefurcht (Lupe oben); Blätter matt: **Auen-/Gewöhnliche Traubenkirsche** *(Prunus padus)* → S. 201

→ Steinkern glatt (Lupe unten); Blätter glatt und stark glänzend: **Späte/Amerikanische Traubenkirsche** *(Prunus serotina)* → S. 202

Essigbaum

Seidelbast

Gewöhnlicher Liguster

Späte Traubenkirsche

4 Steinfrüchte

Kirsch-Pflaume

Schlehe

Vogel-Kirsche

Die Früchte des **Faulbaums** sind zuerst grün, dann rot, im reifen Zustand blauschwarz. Charakteristisch für diesen Strauch ist, dass die Früchte nicht gleichzeitig reifen und sich verschieden reife Früchte an einem Strauch finden.

19 (17) Früchte in 3- bis mehrfrüchtigen Ständen (Doldentrauben oder Dolden): ➡ **22**

➡ Früchte einzeln oder zu zweit: ➡ **20**

20 Schwarz-bläuliche, bereifte Frucht: ➡ **21**

➡ Frucht gelb oder rot: **Kirsch-Pflaume** *(Prunus cerasifera)* ➡ **S. 197**

21 Frucht je nach Sorte sehr verschieden geformt, über 2 cm groß; Steinkern sich leicht vom Fleisch lösend: **Pflaume/Zwetschge** *(Prunus domestica)* ➡ **S. 199**

➡ Frucht 1–1,5 cm groß, rund; Steinkern sich nicht vom Fleisch lösend: **Schlehe/Schwarzdorn** *(Prunus spinosa)* ➡ **S. 204**

22 (19) Frucht erbsengroß, dunkelrot und später schwarz, bitter schmeckend: **Steinweichsel/Felsenkirsche/Weichsel-Kirsche** *(Prunus mahaleb)* ➡ **S. 200**

➡ Merkmale anders: ➡ **23**

23 Obstbaum mit ± süßlichen Früchten: **Süß-Kirsche/Vogel-Kirsche** *(Prunus avium)* ➡ **S. 195**

➡ Obstbaum mit ± säuerlichen Früchten: **Sauer-Kirsche** *(Prunus cerasus)* ➡ **S. 198**

24 (16) Pflanze dornenlos; je 2–6 Früchte in den Blattachseln stehend, erst grün, dann rot und reif blauschwarz: **Faulbaum/Pulverbaum** *(Rhamnus frangula/Frangula alnus)* ➡ **S. 212**

➡ Pflanze mit Dornen: ➡ **25**

25 Blätter meist nicht über 3 cm lang, ± kahl; Blattstiel etwa so lang wie die Nebenblätter; bis 150 cm hoher, sparrig verzweigter Strauch: **Felsen-Kreuzdorn** *(Rhamnus saxatilis)* ➡ **S. 213**

➡ Blätter über 3 cm lang; Blattstiel 2- bis 4-mal so lang wie die früh abfallenden Nebenblätter; bis 3 m hoher Strauch: **Purgier-Kreuzdorn** *(Rhamnus cathartica)* ➡ **S. 211** Foto s. Nr. 20 S. 85

Acker-Rose
(Rosa agrestis)

Bestimmen im Winterzustand

Efeu ist eine immergrüne Liane, die mithilfe von Haftwurzeln (Lupe) an der Oberfläche von Bäumen und Hauswänden wachsen kann.

Einige Seitentriebe der **Wilden Weinrebe** sind zu Ranken umgebildet.

Das **Wald-Geißblatt** ist eine der ersten Pflanzen, die Winterknospen austreibt. Bei dieser heimischen Liane windet sich der Spross ohne Ranken um andere Gehölze und um sich selbst.

Gewöhnliche Waldrebe

1 Lianen: → **2**

Lianen sind holzige Pflanzen, die windend an Bäumen oder anderen Strukturen ranken bzw. emporwachsen. Sie können nicht von selbst aufrecht stehen.

Während sich eine windende Liane ihre eigene Hauptachse um die Unterlage, z. B. den Baum windet, bildet eine rankende Liane Anhangsorgane, die sog. Ranken.

Als Haftranken werden Anhaftungsorgane mit rauer Oberfläche bezeichnet, mit deren Hilfe Lianen z. B. an Hauswänden emporklettern. Dies gelingt nur Lianen, wie z. B. der Wilden Weinrebe und dem immergrünen Efeu, mit derartigen Haftranken.

→ Bäume und Sträucher: → **5**

2 Triebe und Winterknospen wechselständig; Sprosse längsstreifig, ohne Lentizellen; mehrjährige Zweige mit braunem Mark: **Wilde Weinrebe** *(Vitis vinifera* ssp. *sylvestris)* → **S. 272**

Im Winter sind die verschiedenen Weinarten schwer zu unterscheiden. Die ebenfalls rankenden Jungfernreben *(Parthenocissus)* haben deutliche Haftscheiben an den Ranken und weißes Mark.

→ Triebe und Winterknospen gegenständig: → **3**

3 Pflanze ohne Ranken windend; ohne alte Fruchtstände: **Wald-Geißblatt** *(Lonicera periclymenum)* → **S. 183**

→ Spross meist mit alten Fruchtständen: **Waldrebe** *(Clematis)* → **4**

4 Früchte einzeln oder wenige meist lang gestielt, d. h., die Fruchtstände sind einzeln am Ende von Kurztrieben: **Alpen-Waldrebe** *(Clematis alpina)* → **S. 149**

Diese beiden Arten sind im Winter an den alten Fruchtständen unterscheidbar, sie bleiben meist lange erhalten.

→ Früchte zahlreich in achselständigen Rispen: **Gewöhnliche Waldrebe** *(Clematis vitalba)* → **S. 150**

5 (1) Zweig mit Stacheln oder Dornen: → **6**

Der Unterschied zwischen Dornen und Stacheln ist, dass Stacheln nur von der Außenhaut (Epidermis) gebildet werden, während Dornen verholzte Seitentriebe sind. Daher lassen sich z. B. die Stacheln der Rosen leicht vom Zweig lösen und es bleibt eine glatte Ablösstelle zurück.

→ Zweige unbewehrt: → **31**

Stachel der **Glanz-Rose**.

6 Alle Verzweigungen in scharfen Dornen endend; Zweige grün und behaart, anfangs gerillt gerieft: **Stechginster** (Ulex europaeus) → **S. 263**

→ Merkmale anders: → **7**

Die Knospen des **Stechginsters** werden an den Triebspitzen gebildet (rechts).

7 Triebe und Knospen gegenständig; kleine Blattnarben mit seitlichen Stipelulen (Blattnarben der Nebenblätter); Zweige gerade, rotbraun, Lentizellen klein und zerstreut; Knospen länglich eiförmig, mit mehreren rotbraunen Knospenschuppen: **Kreuzdorn** (Rhamnus) → **8**

→ Triebe und Winterknospen wechselständig: → **9**

8 Knospen 2–4 mm lang; bis 150 cm hoher, sparrig verzweigter Strauch; felsige Hänge und Gebüsche, nur auf Kalk: **Felsen-Kreuzdorn** (Rhamnus saxatilis) → **S. 213**

→ Knospen 5–9 mm lang; bis 3 m hoher Strauch; sonnige, steinige Hänge und Auwälder: **Purgier-Kreuzdorn** (Rhamnus cathartica) → **S. 211**

9 Neben bewehrten stets auch unbewehrte Zweige vorhanden bzw. nur wenige Zweige mit Dornen oder Stacheln: → **27**

→ Zumindest die jungen Zweige deutlich bewehrt: → **10**

Stipelule

10 Zweige in Dornen endend oder Bewehrung an die Knoten (Nodien) bzw. Blattnarben (Ulen) gebunden: → **21**

→ Bewehrung entlang der gesamten Zweige: → **11**

11 Bewehrung innerhalb eines Stängelabschnittes (Internodiums) ± gleich lang: → **16**

Die Seitenknospen des **Purgier-Kreuzdorns** sind nur etwas kleiner als die Endknospen. An der Zweigspitze kann ein verkümmerter Zweigrest (Spitzenrudiment) stehen, es kann aber auch ein Dorn sein. **Stipelulen** sind die Blattnarben der Nebenblätter.

Kartoffel-Rose mit unterschiedlichen Stacheln.

Dünen-Rose

Essig-Rose

Himbeere: Links unten im Bild sind zwei kurze Stacheln zu sehen. Unterhalb der eigentlichen Knospe befindet sich noch eine direkt darunter sitzende, kleinere Beiknospe.

→ Bewehrung innerhalb eines Stängelabschnittes unterschiedlich lang und neben gekrümmten auch borstenförmige, gerade Stacheln: **Rose** *(Rosa)* → 12

Es gibt Rosenarten mit unterschiedlich großen und geformten Stacheln und solche mit ± gleich langen und gleich gestalteten Stacheln (ab Nr. 19).

12 Stängel ± dicht mit borstigen Stacheln besetzt: → 13

→ Stängel weniger dicht bestachelt, an den älteren Zweigen nur die größeren, ca. 6 mm langen Stacheln bleibend, diese mit rundlicher Ansatzstelle; Hagebutte flaschenförmig: **Alpen-Rose** *(Rosa pendulina)* → S. 226

13 Hagebutte schwärzlich; Zweige mit ± geraden Stacheln: **Dünen-/Bibernell-Rose** *(Rosa spinosissima)* → S. 229

→ Hagebutte rot: → 14

14 Zweige dicht stachelborstig mit meist geraden, ungleich langen Stacheln besetzt; Früchte bis 3 cm groß und fleischig: **Kartoffel-Rose** *(Rosa rugosa)* → S. 228

→ Merkmale anders: → 15

15 5–7 mm lange Stacheln leicht gekrümmt bis fast gerade, einen starken Farbkontrast zum Zweig bildend, daneben borstige Stacheln; kugelige bis birnenförmige Früchte bis 1,5 cm groß: **Essig-Rose** *(Rosa gallica)* → S. 223

→ Größere Stacheln meist hakig gebogen, 6–10 mm lang, abrupt verschmälert, daneben viele kleinere, meist gerade Stachelborsten; Zweige sonnenseits gerötet; Früchte mit bleibenden Kelchblättern: **Wein-Rose** *(Rosa rubiginosa)* → S. 227

16 (11) Bewehrung nur 1–2 mm lang; Blätterpolster deutlich erhaben; Knospen 5–8 mm lang, häufig mit Beiknospen; äußere Knospenschuppen braun, innere silbrig behaart; Nebenblätter (Stipeln) teilweise vorhanden: **Himbeere** *(Rubus idaeus)* → S. 232

Als Blätterpolster wird der Teil des ehemaligen Blattstiels und der Sprossachse bezeichnet, auf dem die Knospe sitzt.

→ Bewehrung länger als 2 mm: → **17**

17 Junge Zweige meist kantig; Blätterpolster deutlich erhaben, oft Teile des Blattstiels erhalten bleibend: **Brombeere** *(Rubus)* → **18**

→ Zweige nie stark bereift oder kantig; Stacheln im unteren Teil verbreitert und meist deutlich hakenartig gekrümmt; Blattnarben schmal, mit meist 3 Bündelmalen: **Rose** *(Rosa)* → **19**

18 Stängel nicht abwischbar bereift: **Brombeere** *(Rubus fruticosus)* → **S. 231**

Die Kratzbeere ist von Brombeeren an der Bereifung gut zu unterscheiden.

→ Stängel abwischbar bläulich bereift: **Kratzbeere** *(Rubus caesius)* → **S. 230**

Die **Brombeere** ist eine vielgestaltige Sammelart, von der mehrere Hundert Kleinarten unterschieden werden.

19 Zweige meist dunkel weinrot und auffallend bereift; Stacheln 5–6 mm lang: **Rotblättrige Rose** *(Rosa glauca)* → **S. 225**

→ Merkmale anders: → **20**

Rotblättrige Rose

20 Stacheln schwach bis stark gekrümmt mit großer Ansatzstelle, 7–10 mm lang; orangerote Früchte kugelig bis eiförmig, die Kelchblätter verlierend: **Hunds-Rose** *(Rosa canina)* → **S. 222**

→ Stacheln gekrümmt, 3–6 mm lang; Äste niederliegend oder kletternd, lange grün bleibend; Hagebutte kugelig bis länglich, mit bleibender Griffelsäule: **Kriech-Rose** *(R. arvensis)* → **S. 221**

Hunds-Rose

21 (10) Zweige in Dornen endend: → **29**

→ Bewehrung nur im Bereich der Blattnarben (Ulen) bzw. Knoten (Nodien): → **22**

22 Dornen einzeln: → **23**

→ Dornen paarweise, im Paar gleich groß, sonst aber in der Größe sehr variabel; Zweig kantig; Knospen kaum sichtbar: **Robinie** *(Robinia pseudoacacia)* → **S. 220**

23 Bewehrung nur oberhalb einer Blattnarbe (Ule): → **25**

→ Bewehrung unterhalb einer Blattnarbe (Ule) bzw. Knospe: → **24**

Bei der **Robinie** liegen die Seitenknospen versteckt unter der Blattnarbe und werden erst beim Laubaustrieb sichtbar (links). Sie hat keine Endknospen.

Bei der **Gewöhnlichen Berberitze** stehen die meist 3-teiligen Dornen unterhalb der Blattnarbe und der Knospe.

Mispel

Hier sind die Knospen des **Zweigriffeligen Weißdorns** kurz vor dem Aufplatzen zu sehen.

Bei der **Schlehe** wachsen die Knospen auch auf den dornig auslaufenden Kurztrieben. Endknospen fehlen.

24 Zweige kantig; Dornen meist 3-teilig; Knospen aus mehreren Knospenschuppen bestehend; um die eiförmigen Knospen befinden sich Blattnarben bzw. Blattreste: **Gewöhnliche Berberitze** *(Berberis vulgaris)* ➜ **S. 141**

➜ Zweig gerundet; Stacheln rund oder abgeflacht, 1- bis 3-teilig und sehr starr; Blattnarben (Ulen) mit 3 Bündelmalen; Knospen länglich eiförmig mit mehreren Knospenschuppen (Tegmenten), nicht von Blattnarben oder Blattresten umgeben: **Stachelbeere** *(Ribes uva-crispa)* ➜ **S. 219**

25 **(23)** Bewehrung durch abgestorbene, achselständige Kurztriebe, die in Form und Größe sehr variieren; Zweige grau und kantig: **Gewöhnlicher Bocksdorn** *(Lycium barbarum)* ➜ **S. 185**

➜ Merkmale anders: ➜ **26**

26 Zweige braun bis rotbraun, behaart; Blattnarben sichelförmig, mit 3 Bündelmalen; Knospen mit mehreren rotbraunen, bewimperten Knospenschuppen (Tegmenten), 2–3 mm lang; gelegentlich dornig: **Mispel** *(Mespilus germanica)* ➜ **S. 188**

➜ Zweige meist kahl und nicht rotbraun; Zweigspitzen nur mit Knospen und ohne Dornen; 8–15 mm lange Dornen gerade oder schwach gebogen; Blattnarben schmal bis halbkreisförmig, mit 1–3 Bündelmalen; kegel- bis eiförmige Knospen meist braun, 1–4 mm lang und ein- oder beidseitig der Dornen stehend: **Zweigriffeliger Weißdorn** *(Crataegus laevigata)* ➜ **S. 160**

27 **(9)** Dornen vor allem an Wurzelsprossen (s. u.) und an jungen Sträuchern, auch im blühenden Bereich einige Zweige in Dornen endend; Dornen nur 2–3 mm dick: **Schlehe/Schwarzdorn** *(Prunus spinosa)* ➜ **S. 204**

Aus den Wurzeln auswachsende Sprosse werden als Wurzelsprosse bezeichnet; sie dienen der vegetativen Vermehrung. Dadurch bildet sich ein nahezu undurchdringliches Gebüsch.

➜ Gehölze ohne Wurzelsprosse; Dornen nur an jungen Gehölzen bzw. vor allem im untern Teil der Krone, im blühenden Bereich meist dornenlos: ➜ **28**

28 Dornen sehr fest und stechend; Zweige ± kahl; Knospen eiförmig, Knospenschuppen ± zugespitzt: **Holz-Birne** *(Pyrus pyraster)* ➜ **S. 205** Foto s. Nr. 142 S. 122

➜ Dornen nur wenig stechend; Zweige ± behaart; Knospenschuppen behaart: **Holz-Apfel** *(Malus sylvestris)* ➜ **S. 187** Foto s. Nr. 142 S. 122

Die zugespitzten Knospenschuppen der **Holz-Birne** sind an den aufplatzenden Winterknospen am besten zu erkennen.

29 **(21)** Zweig und Knospen mit Schuppenhaaren (s. Sanddorn Nr. 30): ➜ **30**

➜ Keine Schuppenhaare; Seitenknospen schief gegenständig; an Langtrieben oft als Dorn ausgebildet: **Purgier-Kreuzdorn** *(Rhamnus cathartica)* ➜ **S. 211** Foto s. Nr. 8

30 Endknospen meist vorhanden; Knospen und Zweige silbrig, ohne Beiknospen: **Schmalblättrige Ölweide** *(Elaeagnus angustifolia)* ➜ **S. 165**

➜ Endknospen meist fehlend; Triebende meist verdornend; Zweige silbrig bis bronzebraun, schuppenartig belegt (Schüppchen, s. Lupe); Knospen bronzebraun glänzend, mit Beiknospen: **Gewöhnlicher Sanddorn** *(Hippophae rhamnoides)* ➜ **S. 175**

Die Blütenknospen der männlichen Pflanzen sind größer als die der weiblichen. Durch die dickeren äußeren Knospenblätter wirken die Knospen wulstig.

Holz-Apfel

Männliche (links) und weibliche (rechts) Blütenknospen des **Gewöhnlichen Sanddorns**.

31 **(5)** Alle Zweige mit Kurztrieben; Kurztriebe nur mit einer Knospe; junge Langtriebe glatt, sehr fein längsstreifig; Blattnarben 2–3 mm breit, mit 2 deutlichen Bündelmalen (Lupe), äußere Knospenschuppen zugespitzt und ± gekielt (unten scharf zulaufend): **Ginkgo** *(Ginkgo biloba)* ➜ **S. 173**

➜ Merkmale anders: ➜ **32**

32 Gestalt der Blatt- und Blütenstandsknospen unterschiedlich: ➜ **33**

Hier ist es wichtig, am gesamten Gehölz zu schauen, da nicht jeder Ast Blütenknospen trägt. Auch junge Gehölze bilden noch keine Blütenknospen aus.

Beim **Ginkgo** befinden sich zahlreiche Kurztriebe an den mehrjährigen Langtrieben; sie werden im Laufe des Wachstums deutlich länger.

→ Knospen ± gleich gestaltet: → **45**

Wenn die Seitenknospen nur unwesentlich anders gestaltet sind als die Endknospen, geht es auch hier weiter. Ebenso mit unterschiedlich großen, aber nicht deutlich anders gestalteten Blatt- und Blütenstandsknospen.

33 Blütenknospen walzenförmig (zylindrisch) bis zugespitzt (konisch): → **34**

→ Blütenknospen ± rundlich: → **43**

34 Blütenknospen am Sprossende stehend: → **35**

→ Blütenknospen seitenständig: → **42**

35 Seitenknospen spiralig: → **36**

Spiralig angeordnete Knospen sitzen rings um die Achse verteilt am Zweig, während 2-zeilige Knospen in einer Ebene abwechselnd an zwei Seiten gegenüberstehen.

→ Seitenknospen 2-zeilig; Knospenschuppen auf der Fläche oder am Rand behaart: **Hasel (Corylus)** → **40**

Schwarz-Erle: Blattknospen (unten rechts) und Blütenknospen sind unterschiedlich; ebenfalls die männlichen (unten links) und weiblichen (Mitte). In der Lupe ist eine 3-spurige Blattnarbe zu sehen.

36 Fruchtzapfen vom Vorjahr vorhanden; Knospen baumförmiger Arten gestielt, Strauch vgl. Nr. 37: **Erle (Alnus)** → **37**

→ Keine Fruchtzapfen vorhanden; Knospen ungestielt; Stamm meist ± weiß: **Birke (Betula)** → **39**

37 (36, 117, 127 und 145) In lawinengefährdeten Gebirgsregionen wachsender Strauch; Knospen sitzend: **Grün-Erle (Alnus viridis)** → **S. 139**

→ Merkmale anders: → **38**

Hänge-Birke: Blüten- (links) und ungestielte Blattknospe (Mitte).

38 Rinde grau und glatt; Knospen nicht klebrig; weibliche Kätzchen sitzend oder kurz gestielt: **Grau-/Weiß-Erle (Alnus incana)** → **S. 138**

Bei der Unterscheidung von Schwarz- und Grau-Erle genügt meist schon ein Blick auf die Rinde, die bei der Grau-Erle viel glatter ist.

→ Rinde längsfurchig; weibliche Kätzchen deutlich gestielt: **Schwarz-Erle (Alnus glutinosa)** → **S. 137**

Grau-Erle

39 **(36)** Junge Zweige hängend, länzend rötlich braun, fast kahl, mit vielen warzigen Harzdrüsen: **Hänge-/Sand-/Warzen-Birke** *(Betula pendula)* ➔ **S. 142** Foto s. Nr. 36

➔ Junge Zweige nie hängend, kaum warzige Harzdrüsen, weichhaarig (Lupe): **Moor-Birke** *(Betula pubescens)* ➔ **S. 144**

Durch Bastardbildungen ist die Unterscheidung dieser beiden Arten oft schwierig. In Gärten finden sich zudem Sorten mit besonderen Wuchsformen.

Moor-Birke

40 **(35 und 87)** Bis 20 m hoher Baum mit korkiger Rinde; Fruchthülle viel länger als die Frucht, tief zerschlitzt: **Baum-/Türkische Hasel** *(Corylus colurna)* ➔ **S. 156**

➔ Mehrstämmiger Strauch: ➔ **41**

41 Fruchthülle offen, kaum länger als die Nuss, am Rand in breite, kurze Lappen geteilt: **Haselnuss/ Gewöhnliche Hasel** *(Corylus avellana)* ➔ **S. 154**

➔ Fruchthülle doppelt so lang wie die Nuss; Knospenschuppen rot gefärbt: **Lambertsnuss** *(Corylus maxima 'Purpurea')* ➔ **S. 157**

Gewöhnliche Hasel

42 **(34)** Zweige mit Harzdrüsen; Kätzchen zahlreich, Knospenschuppen braun und kahl, zugespitzt: **Gagelstrauch** *(Myrica gale)* ➔ **S. 189**

➔ Zweige ohne Harzdrüsen; Knospen mit Knospenschuppen, von denen die äußeren fast kahl sind: **Walnuss** *(Juglans regia)* ➔ **S. 176**

Männliche (links) und weibliche (rechts) Blütenknospen des **Gagelstrauchs**, in der Lupe die gelben Harzdrüsen.

43 **(33)** Knospenstand gerundet, unterhalb 2 Paar schuppenförmige Hochblätter sichtbar: **Kornelkirsche/Gelber Hartriegel** *(Cornus mas)* ➔ **S. 152** Foto s. auch Nr. 103

➔ Blütenknospen von einer gemeinsamen Hülle schalenförmiger Hochblätter umgeben; Knospenstand meist grau filzig behaart: **Schneeball** *(Viburnum)* ➔ **44**

Walnuss

44 Knospenschuppen vorhanden und kahl; Beeren rot: **Gewöhnlicher Schneeball/Herzbeer** *(Viburnum opulus)* ➔ **S. 271** Foto s. Nr. 53

Die roten Beeren enthalten einen herzförmigen Samen.

Kornelkirsche mit gegenständigen Seitenknospen und 2 schuppenförmigen Hochblättern unterhalb des Knotenstandes.

Beim **Wolligen Schneeball** umschließen Hochblätter den Knospenstand.

subterminale Seitenknospen

Die **subterminalen Seitenknospen** des **Pfeifenstrauchs** und die Seitenknospen sind Anfang Februar fotografiert und vor dem Austrieb nicht zu sehen.

Der **Schwarze Holunder** (oben und rechts) ist durch das weiße Mark leicht vom **Roten Holunder** mit braunem Mark (links) zu unterscheiden.

→ Knospen nackt und filzig behaart; Zweige dicht filzig mit sternförmigen Haaren; Beeren erst rot und dann glänzend schwarz: **Wolliger Schneeball** *(Viburnum lantana)* → **S. 270**

Die schwarzen Beeren hängen oft noch den ganzen Winter über an den Zweigen.

45 **(32)** Endknospen vorhanden: → **97**

→ Endknospen fehlend; Sprossende als ± deutlicher Stumpf bzw. Narbe erkennbar oder Sprossenden ± lang abgestorben, ± deutlich über der Basis der obersten Knospen gelegen; oberste Seitenknospen mitunter fast endständig, aber stets in der Achsel bzw. oberhalb einer Blattnarbe (Ule) gelegen: → **46**

Bei wechselständigen Arten gleichen die scheinbaren (sog. subterminalen) Seitenknospen oft Endknospen, gerade wenn die Blattnarben darunter und die Sprossenden nur undeutlich zu sehen sind, wie z. B. bei Ulme, Hasel und Weide. Im Zweifelsfall beide Wege ausprobieren.

46 Seitenknospen gegenständig oder zu dritt angeordnet: → **47**

→ Knospen nicht gegenständig: → **61**

47 Zweigende mit 2 subterminalen Seitenknospen: → **51**

Als subterminale Seitenknospen werden die Knospen bezeichnet, die gleich unterhalb des Sprossendes stehen, der mittlere Sprossteil kann abgestorben sein.

→ Zweigende ohne subterminale Seitenknospen; Zweige grün oder ± weit abgestorben: → **48**

48 Knospen 10–15 mm groß, gegenüberliegende durch eine Linie miteinander verbunden; Knospen fast gleich groß, sich zeitig öffnend; Rinde mit markanten Lentizellen; Zweige mit Mark; Blattnarben halbkreisförmig bis rundlich, 3 Bündelmale: **Holunder** *(Sambucus)* → **49**

→ Merkmale anders: → **50**

49 **(48 und 100)** Mark der Zweige weiß: **Schwarzer Holunder** *(Sambucus nigra)* → **S. 247**

→ Mark der Zweige gelbbraun: **Roter Holunder** *(Sambucus racemosa)* → **S. 248**

50 Frucht weiß, beerenartig und 10–15 mm dick; Blattnarben (Ulen) klein, unter 4 mm groß; Bündelmale wenig auffällig: **Gewöhnliche Schneebeere** *(Symphoricarpos albus)* ➞ **S. 257**

Schneebeeren sind häufig gepflanzte Ziersträucher. Sie haben sehr kleine Knospen. Neben der eigentlichen Knospe befindet sich häufig eine sog. Bereicherungsknospe, die ebenfalls aus der Achsel der Knospenschuppe entspringt (Lupe).

➞ Frucht schwarz; Endknospen oft nicht entwickelt; Seitenknospen breit rundlich, Knospenschuppen grünlich bis weinrot-violett: **Gewöhnlicher Liguster** *(Ligustrum vulgare)* ➞ **S. 178**

Die **Gewöhnliche Schneebeere** hat weiße Beeren und kahle Zweige.

51 **(47)** Knospen mit mind. 3 sichtbaren Paaren von Knospenschuppen (Tegmentpaaren): ➞ **59**

➞ Knospen nur mit 1–4 (selten 6; vgl. auch Ahornarten Nr. 57) sichtbaren Knospenschuppen: ➞ **52**

Liguster

52 2-seitig gekielte Knospen von den äußeren, verwachsenen Knospenschuppen umhüllt; Früchte oft noch lange am Strauch bleibend: **Gewöhnliche Pimpernuss** *(Staphylea pinnata)* ➞ **S. 256**

Gelegentlich ist von den beiden Knospen am Zweigende nur noch eine vorhanden und täuscht dann eine einzelne Endknospe vor.

➞ Merkmale anders: ➞ **53**

Gewöhnliche Pimpernuss

53 Zweige braun; Knospen mit nur 1 Knospenschuppe, beidseitig gekielt; Blattnarben breit v- bis halbmondförmig, mit 3 Bündelmalen: **Gewöhnlicher Schneeball/Herzbeer** *(Viburnum opulus)* ➞ **S. 271**

➞ Merkmale anders; Zweig grün, olivgrün oder rötlich: **Ahorn** *(Acer)* ➞ **54**

54 **(53 und 101)** Junge Triebe häufig abwischbar bläulich bereift; Knospen mit einem sich klappig öffnenden Paar von Außenschuppen: **Eschen-Ahorn** *(Acer negundo)* ➞ **S. 129**

➞ Merkmale anders: ➞ **55**

Gewöhnlicher Schneeball

Schneeballblättriger (links) und **Burgen-Ahorn**.

Berg-Ahorn

Beim Laubaustrieb (links) ist zu erkennen, dass die Laubblätter des **Feld-Ahorns** von 4–6 Knospenschuppen eingeschlossen sind.

Blattpolster

Seitenknospen einer weiß (links) und einer lila (rechts) blühenden Sorte des **Gewöhnlichen Flieders**.

55 Knospen mit 2–5 Paaren von Knospenschuppen: ➡ **57**

➡ Knospen mit 5 oder mehr Paaren von Knospenschuppen: ➡ **56**

56 Endknospen über 10 mm groß, Ränder der Knospenschuppen verkahlend: **Schneeballblättriger Ahorn** *(Acer opalus)* ➡ **S. 130**

➡ Endknospen höchstens 10 mm groß, Ränder der Knospenschuppen am Rand behaart: **Französischer/Burgen-Ahorn** *(Acer monspessulanum)* ➡ **S. 128**

57 Knospenschuppen ohne Milchsaft; Fruchtflügel einen ± rechten Winkel bildend: **Berg-Ahorn** *(Acer pseudoplatanus)* ➡ **S. 132**

➡ Knospenschuppen mit Milchsaft; Merkmale anders: ➡ **58**

58 Weinrote Endknospen über 7 mm groß; Fruchtflügel stumpfwinklig bis fast waagerecht zueinander stehend: **Spitz-Ahorn** *(Acer platanoides)* ➡ **S. 131**

➡ Braune Endknospen kleiner; Zweige häufig mit Korkleisten; Fruchtflügel waagerecht abstehend: **Feld-Ahorn** *(Acer campestre)* ➡ **S. 127**

59 (51) Zweige mit erhabenen Blattpolstern; Korkwarzen (Lentizellen) nicht auffallend; Ulen breit v-förmig: **Gewöhnlicher Flieder** *(Syringa vulgaris)* ➡ **S. 258**

Die Blattpolster sind der Teil des Zweiges, auf dem die Knospe sitzt. Anhand der Knospenfarbe kann man bereits die Blütenfarbe erkennen; bei den violett blühenden Sorten sind die Knospen violettrot überlaufen, während weiß blühende rein grüne Knospen ausbilden. Sie haben weder in den Blüten noch in den Knospen Anthocyane (violettrote Farbpigmente).

Ähnlich sind die Zweige des Ligusters (s. Nr. 50). An den Früchten vom Vorjahr können beide Arten leicht voneinander unterschieden werden.

➡ Zweige gerundet, grau bis braun, ohne erhabene Blattbasen, mit deutlichen kleinen Lentizellen; Blattnarben groß, halbkreisförmig, mit 3 Bündelmalen oder 3 Bündelmalgruppen: **Rosskastanie** *(Aesculus)* ➡ **60**

60 Rot- bis dunkelbraune Knospen sehr stark klebrig: **Balkan-/Gewöhnliche Rosskastanie** *(Aesculus hippocastanum)* ➡ **S. 135**

Falls unter dem Baum noch altes Laub zu finden ist, kann dies die Bestimmung erleichtern, da die Rote Rosskastanie meist nur Blätter mit 5 Fiedern hat, während es bei der Balkan-Rosskastanie meist 7 Blattfiedern sind.

➡ Grünolive bis dunkelbraune Knospen nur leicht klebrig: **Rote Rosskastanie** *(Aesculus × carnea)* ➡ **S. 133**

Die **Balkan-Rosskastanie** ist durch die stark klebrigen Knospenschuppen leicht zu erkennen.

61 **(46)** Seitenknospen schraubig bzw. spiralig angeordnet: ➡ **62**

➡ Knospen 2-zeilig angeordnet: ➡ **88**

62 Knospen mit 2 oder mehreren Knospenschuppen (Tegmenten): ➡ **73**

➡ Nur eine Knospenschuppe: ➡ **63**

63 Zweige ± hin und her gebogen; Knospen bis 1 cm lang; Borke sich ungleichmäßig in großen Platten lösend und am Stamm ein charakteristisches geschecktes Muster bildend; Früchte oft noch im Winter erhalten: meist 2 Fruchtkugeln je Fruchtstand: **Ahornblättrige Platane** *(Platanus × hispanica)* ➡ **S. 190**

➡ Zweige gerade; Knospen an der Zweigspitze oft deutlich kleiner als darunter; Knospen bisweilen abgeflacht oder 2-seitig gekielt; Blattnarben (Ulen) mit 3 Bündelmalen: **Weide** *(Salix)* ➡ **64**

Die Seitenknospen der Weiden sind schraubig angeordnet, d. h., sie sitzen rings um die Achse verteilt am Zweig. Es gibt ca. 400 Arten und zahlreiche Hybriden. Sie bilden keine Endknospen aus, und die Seitenknospen sind von einer einzigen Knospenschuppe bedeckt.

64 Rinde der älteren Zweige sich in Fetzen ablösend, neue Rinde zimtbraun, junge Zweige kahl oder nur anfangs behaart, rotbraun: **Mandel-Weide** *(Salix triandra)* ➡ **S. 245**

➡ Merkmale anders: ➡ **65**

Rote Rosskastanie

Ahornblättrige Platane

Mandel-Weide

Silber-Weide

Purpur-Weide (links) und **Bruch-Weide** (rechts).

Korb-Weide

65 Zweige ± kahl: ➜ **66**

➜ Zweige ± behaart, zumindest die jüngeren: ➜ **70**

66 Zweige meist hechtblau bereift, brüchig; bis 10 m hoher, raschwüchsiger Baum: **Reif-Weide** *(Salix daphnoides)* ➜ **S. 239**

➜ Merkmale anders: ➜ **67**

67 Bis 30 m hoher Baum; Zweige meist auch jung kahl, olivbraun, dünn und biegsam; Borke längsrissig: **Silber-Weide** *(Salix alba)* ➜ **S. 234**

➜ Strauchförmige Weide; Merkmale anders: ➜ **68**

68 Junge Zweige mit abwischbarem Haarfilz; Knospen dicht beieinander stehend mit nur kurzen Internodien (Zweigabschnitte zwischen den Knoten): **Lavendel-Weide** *(Salix elaeagnos)* ➜ **S. 240**

Internodien sind die Zweigabschnitte zwischen den Knoten, d. h. der Abschnitt eines Zweiges zwischen den Knospen.

➜ Merkmale anders: ➜ **69**

69 Junge Zweige kahl und glänzend, gelblich braun bis purpurn; bis 6 m hoher Strauch mit ± starrem Wuchs: **Purpur-Weide** *(Salix purpurea)* ➜ **S. 243**

➜ Zweige ± lehmfarben (gelbgrau), kahl, glänzend und ± starr, an der Ansatzstelle mit knackendem Laut leicht vom Hauptast abbrechend (Name!): **Bruch-/Knack-Weide** *(Salix fragilis)* ➜ **S. 242**

Das «Knacken» der Zweige prüft man am besten durch Andrücken des Zweiges an den Leitast.

70 Zweige grünlich gelb, jung anfangs dicht grau behaart, später kahl, innere Rinde grün; schlankrutiger, hoher Strauch oder bis 10 m hoher Baum: **Korb-/Hanf-Weide** *(Salix viminalis)* ➜ **S. 246**

➜ Merkmale anders: ➜ **71**

108 Bestimmungsschlüssel: Winter

71 Holz der 2- bis 4-jährigen Zweige nach Entfernen der Rinde ± ohne Striemen; Zweige anfangs grau behaart, später kahl und glänzend rotbraun; dickästiger, hoher Strauch: **Sal-Weide** *(Salix caprea)* ➜ **S. 236**

➜ Holz der 2- bis 4-jährigen Zweige unter der Rinde mit Striemen (hervortretenden Längsstreifen des Holzes): ➜ **72**

Um die Striemen zu erkennen, muss an einem Zweig die Rinde entfernt werden.

72 Holz der 2- bis 4-jährigen Zweige nach Entfernen der Rinde mit bis zu 5 cm langen Striemen; junge Zweige und Knospen grau filzig behaart; ± kugeliger, mittelhoher Strauch: **Grau-Weide** *(Salix cinerea)* ➜ **S. 238**

➜ Holz der 2- bis 4-jährigen Zweige nach Entfernen der Rinde mit 1–2 cm langen Striemen; junge Zweige dünn, anfangs filzig behaart, später kahl, etwas glänzend, rotbraun; ± kugeliger Strauch: **Ohr-Weide** *(Salix aurita)* ➜ **S. 235**

Mit **Striemen** sind auf dem Holz hervortretende Längsstreifen gemeint. Man erkennt sie am besten, wenn die Rinde vom inneren Holzteil entfernt wird. Dies ist zwar kein Blütenmerkmal, doch sehr gut für die Unterscheidung der Arten geeignet und das ganze Jahr über sichtbar. Im Frühjahr ist es am einfachsten, die Rinde vom Holz zu lösen.

73 **(62)** Zweige mit kleinen, gelben Harzdrüsen; Kätzchen zahlreich, Schuppen braun und kahl, zugespitzt: **Gagelstrauch** *(Myrica gale)* ➜ **S. 189** Foto s. Nr. 42

➜ Merkmale anders: ➜ **74**

74 Ein- und zweijährige Zweigabschnitte grün; Zweige gerade: **Besenginster** *(Cytisus scoparius)* ➜ **S. 163**

➜ Merkmale anders: ➜ **75**

Die Blütenknospen des **Gagelstrauches** brechen vor dem Blattaustrieb auf. Hier ist ein Zweig mit männlichen Blütenständen zu sehen.

75 Junge Zweige über 8 mm dick: ➜ **76**

➜ Zweige nicht über 8 mm dick: ➜ **77**

76 Zweige olivbraun bis braun, an Schösslingen 1–2 mm dick, an der Spitze ± unregelmäßig abgeflacht, mit zahlreichen Lentizellen; Blattnarben unterhalb der Knospen mit vielen Bündelmalen; Knospen wenig erhaben, breiter als hoch, behaart, mit 2 sichtbaren, braunen Knospenschuppen: **Götterbaum** *(Ailanthus altissima)* ➜ **S. 136**

➜ Zweige rot samtig behaart: **Essigbaum/Hirschkolben-Sumach** *(Rhus hirta)* ➜ **S. 214**

Der **Essigbaum** ist an den behaarten Zweigen und den lange erhalten bleibenden, rötlichen Fruchtständen leicht zu erkennen.

Rauschbeere

Die **Esskastanie** hat auffällige weiße Lentizellen.

Die jungen Zweige der **Steinweichsel** sind flaumig behaart (Lupe), links: Kurztrieb.

77 **(75)** Zweige schwach kantig; Knospen in den Blattnarben geborgen; Stipeln verdornend, unterschiedlich groß; Blattnarben mit 3 Bündelmalen: **Robinie** *(Robinia pseudoacacia)* ➡ **S. 220** Foto S. 99 Nr. 22

➡ Merkmale anders: ➡ **78**

78 Zweige behaart: ➡ **86**

➡ Zweige kahl: ➡ **79**

79 Zweige ± rund und höchstens sehr fein und nicht bleibend behaart; Knospen von 4 äußeren, gekielten Knospenschuppen eingeschlossen; bis 1 m hoher Strauch: **Rauschbeere/Trunkelbeere** *(Vaccinium uliginosum)* ➡ **S. 269**

➡ Merkmale anders: ➡ **80**

80 Zweige ± kantig, olivgrün bis braun, mit helleren Lentizellen (Lupe); Blattbasen erhaben, Blattnarben gerundet 3-eckig, Knospen ei- bis kegelförmig, 5–6 mm groß, sichtbare Knospenschuppen 2–4; Blattnarben nur an aufrechten Zweigen schraubig, an waagerecht stehenden Zweigen 2-zeilig: **Esskastanie/Edelkastanie** *(Castanea sativa)* ➡ **S. 148**

➡ Zweige grün bis rotbraun; Blattnarben klein und ± halbkreisförmig; Knospen eiförmig bis spitz kegelförmig, 2–4 mm lang, mit zahlreichen, dicht schließenden Knospenschuppen: **Gattung** *Prunus* ➡ **81**

In die Gattung *Prunus* gehören viele Obstgehölze wie Kirsche, Mandel, Pflaume und Aprikose, aber auch die Traubenkirsche und die Japanische Blütenkirsche. Es sind kleine Sträucher bis große Bäume.

81 **(80 und 125)** Wuchsform ± strauchförmig; eiförmige Knospen ca. 3 mm groß und ± abstehend; oberste Rindenschicht (Epidermis) sich als weißes Häutchen lösend, darunter rotbraune Rinde: **Steinweichsel/Felsenkirsche/Weichsel-Kirsche** *(Prunus mahaleb)* ➡ **S. 200**

Die Zweige der Traubenkirschen (s. Nr. 82) riechen auffällig nach Bittermandeln, diejenigen der Untergattung *Cerasus* («Kirschen») nicht.

➡ Merkmale anders: ➡ **82**

82 Junge Zweige mit auffallend hellen Korkwarzen; spindelförmige Knospen lang zugespitzt, bis 1 cm lang; Zweige und Knospen beim Zerreiben mit unangenehmem Geruch: **Auen-/Gewöhnliche Traubenkirsche** *(Prunus padus)* ➔ **S. 201**

➔ Junge Zweige glänzend, mit auffallend hellen Korkwarzen; eiförmige Knospen bis 5 mm groß; Zweige und Knospen beim Zerreiben mit unangenehmem Geruch: **Späte/Amerikanische Traubenkirsche** *(Prunus serotina)* ➔ **S. 202**

Auen-Traubenkirsche (links) und **Späte Traubenkirsche** (rechts).

83 Borke ± glänzend mit waagerechten, bandförmigen Korkwarzen: ➔ **84**

➔ Borke flachrissig, ohne waagerechte Korkwarzenbänder; Knospen kegelförmig, zugespitzt, Knospenschuppen am Rand hell bewimpert: **Pflaume/Zwetschge** *(Prunus domestica)* ➔ **S. 199**

Pflaume (links) und **Sauer-Kirsche** (rechts).

84 Knospen eiförmig, 1–3 mm lang, meist mit 2 seitlichen Beiknospen: **Kirsch-Pflaume** *(Prunus cerasifera)* ➔ **S. 197**

➔ Knospen größer; Merkmale anders: ➔ **85**

85 Knospen eiförmig, zugespitzt, 3–7 mm lang, an Kurztrieben oft zu vielen nebeneinander: **Süß-Kirsche/Vogel-Kirsche** *(Prunus avium)* ➔ **S. 195**

➔ Knospen eiförmig, kurz zugespitzt, 4–6 mm lang, an Kurztrieben knäulig gehäuft: **Sauer-Kirsche** *(Prunus cerasus)* ➔ **S. 198**

86 (78) Filzig behaarte Zweige rot- bis violettbraun, an den Knoten verdickt; mit seitlich ausgerichtetem Spitzenrudiment, Subterminalknospen daher scheinbar endständig; Blattnarben klein, gerundet; 3–5 mm lange Knospen eiförmig, mit mehreren rotbraunen, behaarten und bewimperten Knospenschuppen: **Echte Quitte** *(Cydonia oblonga)* ➔ **S. 162**

➔ Zweige weniger behaart: ➔ **78**

Süß-Kirsche

Echte Quitte

Zweigspitze mit scheinbar endständiger Subterminalknospe der **Gewöhnlichen Hasel** (links) und der **Baum-Hasel** (rechts).

Die **Heidelbeere** ist an den intensiv grünen, kantigen Zweigen auch im Winter leicht zu erkennen.

Die bei uns am häufigsten vertretenen Linden sind die **Sommer-** (links) und die **Winter-Linde** (rechts). Sie unterscheiden sich vor allem durch die Behaarung der Zweige der Sommer-Linde, welche bei der Winter-Linde fehlt. Es gibt jedoch zahlreiche, schwer zu bestimmende Bastarde.

87 Zweige anfangs grün bis rotbraun, später grau, durch herablaufende Blattbasen kantig, schütter anliegend behaart: **Gewöhnlicher Blasenstrauch** *(Colutea arborescens)* ➡ **S. 151**

➡ Zweige vor allem im Spitzenbereich drüsig behaart; Spitzenrudiment von der Subterminalknospe bedeckt, mit mehreren Knospenschuppen; Knospen nur an senkrechten Zweigen schraubig stehend, sonst 2-zeilig: **Hasel** *(Corylus)* ➡ **40**

88 (61) Sprossachse grün und ± kantig: ➡ **89**

➡ Sprosse nicht grün und kantig: ➡ **90**

89 Knospen häufig mit Beiknospen; Zweige durch erhabene Blattpolster knotig erscheinend: **Strauch-Kronwicke** *(Hippocrepis emerus)* ➡ **S. 174**

➡ Knospen gelbgrün oder leicht gerötet, abgeflacht und ± gekielt, den Zweigen anliegend; nur eine Knospenschuppe sichtbar; Spitzenrudiment des Sprosses ± so lang wie die subterminale Knospe (Foto links): **Heidelbeere** *(Vaccinium myrtillus)* ➡ **S. 268**

90 Knospen mit 2–3 knorpelig fleischigen Knospenschuppen; untere Knospenschuppe kleiner als übrige und bauchig; Zweige hin und her gebogen: **Linde** *(Tilia)* ➡ **91**

➡ Merkmale anders: ➡ **93**

91 Junge Zweige und Knospen filzig behaart: **Silber-Linde** *(Tilia tomentosa)* ➡ **S. 262**

➡ Knospen kahl oder behaart, dann aber nicht filzig: ➡ **92**

92 Zweige und Knospen kahl; Frucht schwach kantig: **Winter-Linde** *(Tilia cordata)* ➡ **S. 259**

Da die Linden zur Bastardisierung neigen, ist eine eindeutige Zuordnung nicht immer möglich.

➡ Zweige und Knospen ± behaart; Frucht dickwandig verholzt, deutlich 5-kantig; VI: **Sommer-Linde** *(Tilia platyphyllos)* ➡ **S. 261**

93 **(90)** Zweige ± kantig, hin und her gebogen, olivgrün bis braun, mit helleren Lentizellen; Blattbasen erhaben, Blattnarben gerundet 3-eckig, Knospen ei- bis kegelförmig, 5–6 mm groß, sichtbare Knospenschuppen 2–4; Blattnarben nur an aufrechten Zweigen schraubig, an waagerecht stehenden Zweigen 2-zeilig: **Esskastanie** *(Castanea sativa)* ➡ **S. 148**

➡ Merkmale anders: ➡ **94**

Esskastanie

94 Knospenschuppen in 4 Reihen übereinander; Zweige stets ohne Kätzchen: **Gewöhnliche Hainbuche** *(Carpinus betulus)* ➡ **S. 146**

Der verdrehte Stammwuchs ist eines der besten Erkennungsmerkmale im Winter. Die Knospenschuppen stehen ganz regelmäßig angeordnet. Dabei sind die Knospen von den Nebenblattschuppen der 2-zeilig angelegten Blätter bedeckt.

➡ Knospenschuppen 2-reihig (2-zeilig) angeordnet; Knospen vom Zweig abstehend (spreizend): **Ulme** *(Ulmus)* ➡ **95**

Ähnlich dem asymmetrischen Blattgrund sitzen auch die Seitenknospen der Ulmen schief über der Blattnarbe.

Die in 4 Reihen angeordneten Knospenschuppen der **Gewöhnlichen Hainbuche** sind zur Zeit des Laubaustriebs deutlich sichtbar.

95 Zweige behaart: ➡ **96**

➡ Junge Zweige kahl, häufig mit Korkleisten; Knospen fein hell bewimpert: **Feld-Ulme/Rotrüster** *(Ulmus minor)* ➡ **S. 266**

96 Knospen lang zugespitzt, Knospenschuppen rotbraun mit dunklerem Rand, am Rand ± fein bewimpert: **Flatter-Ulme** *(Ulmus laevis)* ➡ **S. 265**

➡ Knospenschuppen rotbraun bewimpert; junge Zweige rotbraun behaart, ohne Korkleisten: **Berg-Ulme/Weißrüster** *(Ulmus glabra)* ➡ **S. 264**

Feld-Ulme (links) und **Flatter-Ulme** (rechts).

97 **(45)** Seitenknospen gegenständig: ➡ **98**
➡ Seitenknospen wechselständig: ➡ **113**

Berg-Ulme

Wolliger Schneeball

Roter Hartriegel

Die Knospen des **Schwarzen Holunders** sind auch im Winter meist etwas geöffnet. Charakteristisch sind auch die auffälligen Lentizellen (Lupe) und der Geruch.

Berg-Ahorn (links) **und Feld-Ahorn** (rechts).

98 Knospen mit Knospenschuppen (Tegmenten): → **100**

→ Knospen nackt, ohne Knospenschuppen, meist stark behaart: → **99**

Nackte Knospen sind meist stark behaart, um vor den Witterungseinflüssen geschützt zu sein. Aus ihnen entwickeln sich normale Laubblätter.

99 Zweige und Knospen durch sternförmige Haare filzig; Blattnarben mit 3 Bündelmalen: **Wolliger Schneeball** *(Viburnum lantana)* → **S. 270**
Foto s. auch Nr. 53

→ Knospen kahl; dünne Zweige oft rötlich überlaufen; Seitenknospen anliegend und zugespitzt; Blattnarben mit 3 Bündelmalen; Blattpolster (der Teil des Zweiges, auf dem die Knospe sitzt) deutlich verdickt; Zweigabschnitte oberhalb der Knoten dünner, sich nach oben allmählich wieder verdickend: **Roter Hartriegel** *(Cornus sanguinea)* → **S. 153**

100 (98) Zweige mit Lentizellen, dadurch raue bis warzige Zweige mit weiß- bis cremefarbenem Mark; Endknospen zuweilen fehlend; Knospenschuppen nicht dicht schließend, sich schon im Winter etwas öffnend: **Holunder** *(Sambucus)* → **49**

Lentizellen werden auch als «Korkwarzen» bezeichnet; sie verleihen den Zweigen ein charakteristisches «Muster».

→ Merkmale anders: → **101**

101 Knospen mit deutlich akrotoner (s. unten) Förderung; Endknospen und ihre benachbarten Knospen deutlich größer als am Grund der Jahrestriebe; Endknospen jedoch oft fehlend, dafür an der Zweigspitze 2 Subterminalknospen; Knospenschuppen dicht deckend: **Ahorn** *(Acer)* → **54**

Bei der akrotonen Förderung der Sprosse entwickeln sich die Endknospen an der Zweigspitze stärker als die weiter unten liegenden. Diese Wuchsart ist typisch für Bäume. Demgegenüber spricht man bei der Wuchsform der Sträucher von einer basitonen Förderung. Hier wird das Wachstum der höher gelegenen Verzweigung gehemmt.

→ Merkmale anders: → **102**

102 Knospen mit 2 Knospenschuppen: → **103**

→ Mehr als 2 Knospenschuppen: → **104**

103 Knospen ± lang gestielt; Zweige oft rötlich; Seitenknospen anliegend, zugespitzt; 3 Bündelmale; Blattpolster deutlich verdickt; Zweigabschnitte oberhalb der Knoten dünner, sich nach oben allmählich wieder verdickend: **Roter Hartriegel** *(Cornus sanguinea)* → **S. 153** Foto s. linke Seite

→ Knospen ungestielt, lang und schmal (Blütenstandsknospen anders gestaltet); Blattnarben mit 3 Bündelmalen; Blattbasen deutlich verdickt: **Kornelkirsche/Gelber Hartriegel** *(Cornus mas)* → **S. 152** Foto s. auch Nr. 43

Blütenstandsknospe der **Kornelkirsche** (links) und Seitenknospen (rechts).

104 (102) Knospenschuppen 4 (2 Paare von Knospenschuppen); Endknospen graubraun bis schwarz, Zweige olivgrün, kahl oder verkahlend, im oberen Teil ± abgeflacht; Blattnarben groß und ± halbkreisförmig mit in Sichel- oder U-Form angeordneten Bündelmalen: **Esche** *(Fraxinus)* → **105**

Bei beiden Arten hängen meist den ganzen Winter über Früchte vom Vorjahr am Baum.

→ Knospenschuppen mehr als 4: → **106**

Gewöhnliche Esche

105 Knospen grau filzig; bis 8 m hoher Baum: **Blumen-/Manna-Esche** *(Fraxinus ornus)* → **S. 171**

→ Knospen schwarz; bis 40 m hoher Baum: **Gewöhnliche Esche** *(Fraxinus excelsior)* → **S. 170**

Manna-Esche

106 Blattnarben nur mit einem Bündelmal: → **111**

→ Blattnarben mit 3–9 Bündelmalen: → **107**

107 Knospen klebrig; Blattnarben groß, halbkreisförmig, mit 3 Bündelmalen oder 3 Bündelmalgruppen; Zweige über 5 mm dick: **Rosskastanie** *(Aesculus)* → **60**

→ Knospen nicht klebrig; Zweige unter 5 mm dick; Seitenknospen stark spreizend: **Geißblatt** *(Lonicera)* → **108**

Balkan-Rosskastanie

Schwarze (links) und **Blaue Heckenkirsche** (rechts).

Alpen- (links) und **Rote Heckenkirsche** (rechts).

Oft ist der **Gewöhnliche Liguster** bereits an den alten Fruchtständen zu erkennen.

Gewöhnlicher Spindelstrauch

108 Knospen 4-kantig, mit vielen Knospenschuppen, bis 7 mm groß: **Schwarze Heckenkirsche** *(Lonicera nigra)* ➝ **S. 182**

➝ Merkmale anders: ➝ **109**

109 Äste nicht hohl; Knospen und Zweige bläulich bereift: **Blaue Heckenkirsche** *(Lonicera caerulea)* ➝ **S. 181**

➝ Äste hohl; Merkmale anders; Blattnarben an einem Knoten durch eine Linie miteinander verbunden: ➝ **110**

110 Junge, markgefüllte Zweige ± kantig und locker behaart, später kahl: **Alpen-Heckenkirsche** *(Lonicera alpigena)* ➝ **S. 180**

➝ Äste durch degenerierendes Mark hohl; weichhaarig und nur wenig verkahlend; oft mit Beiknospen: **Rote Heckenkirsche** *(Lonicera xylosteum)* ➝ **S. 184**

111 (106) Zweige ± grün; durch herablaufende Blattbasen ± kantig; Knospen eiförmig, 4–8 mm lang und mit 3–4 Paar dicht schließenden Knospenschuppen: **Spindelstrauch** *(Euonymus)* ➝ **112**

➝ Knospen 2–5 mm lang; Endknospen nicht größer als die Seitenknospen: **Gewöhnlicher Liguster** *(Ligustrum vulgare)* ➝ **S. 178**

112 Knospen groß (bis 1,5 cm) und spindelförmig, Endknospen oft noch länger, meist glänzend weinrot: **Breitblättriger Spindelstrauch** *(Euonymus latifolia)* ➝ **S. 167**

➝ Endknospen bis 5 mm lang und grünlich: **Gewöhnlicher Spindelstrauch** *(Euonymus europaea)* ➝ **S. 166**

113 (97) Seitenknospen schraubig angeordnet: ➝ **114**

Schraubige Knospen sind wie beim Faulbaum ungleichmäßig am Zweig verteilt. Entsprechend stehen die Verzweigungen der Äste ± in alle Richtungen. 2-zeilige Knospen stehen regelmäßig versetzt an 2 Seiten gegenüber am Zweig, entsprechend ist der Zweig ± in einer Ebene ausgebreitet.

➝ Knospen 2-zeilig angeordnet: ➝ **143**

114 Knospen nackt; Zweige grau, gerundet, punktförmige bis längliche Lentizellen heller als die Rinde; Rinde beim Anritzen mit charakteristischem, unangenehm fauligem Geruch; Endknospen 5–10 mm lang, grau- bis rotbraun behaart, äußere Knospenschuppen ± spreizend; Seitenknospen viel kleiner; Blattnarben mit 1 großen und 2 kleinen Bündelmalen: **Faulbaum** *(Rhamnus frangula/Frangula alnus)* ➔ **S. 212**

➔ Merkmale anders: ➔ **115**

Der **Faulbaum** hat behaarte Endknospen (oben rechts) und helle Lentizellen (unten links).

115 Knospentragende Zweige über 5 mm dick, oliv- bis graubraun, Zweige mit gekammertem Mark (besonders jüngere): **Walnuss** *(Juglans regia)* ➔ **S. 176**

➔ Merkmale anders: ➔ **116**

116 Knospen und Zweige silbrig, mit Schuppenhaaren: **Schmalblättrige Ölweide** *(Elaeagnus angustifolia)* ➔ **S. 165**

➔ Merkmale anders: ➔ **117**

117 Knospen deutlich gestielt; Blattnarben mit 3 Bündelmalen: **Erle** *(Alnus)* ➔ **37**

➔ Knospen ungestielt: ➔ **118**

118 Blattnarben mit 1 oder 3 Bündelmalen: ➔ **124**

➔ Blattnarben mit mehr als 3 Bündelmalen: ➔ **119**

Charakteristisch für die **Walnuss** ist das gekammerte Mark (links). Rechts ist eine Blattnarbe mit darüberstehender Seitenknospe zu sehen.

119 Knospenschuppen in 5 Längszeilen angeordnet; Knospen kahl oder behaart, ± deutlich 5-kantig; Endknospen von mehreren fast gleich großen Subterminalknospen umgeben: **Eiche** *(Quercus)* ➔ **120**

Für die Artbestimmung ist die Knospenform und die Behaarung der Knospenschuppen wichtig. Wenn noch Früchte mit Fruchtbechern zu finden sind, erleichtert dies die Bestimmung erheblich.

➔ Knospenschuppen nicht in 5 Längszeilen angeordnet; Endknospen einzeln; Lentizellen zahlreich, Rinde meist schon im ersten Jahr längs aufreißend: **Mehlbeere/Eberesche** *(Sorbus)* ➔ **123**

Stiel-Eiche

Flaum-Eiche (links) und **Rot-Eiche** (rechts).

Trauben-Eiche (links) und **Stiel-Eiche** (rechts).

Vogelbeere (links) und **Speierling** (rechts).

Seidelbast: Die Endknospen (links) sind anders gestaltet als die Seitenknospen (rechts).

120 Junge Triebe und Fruchtbecher filzig behaart (Sternhaare): **Flaum-Eiche** *(Quercus pubescens)* ➡ **S. 208**

➡ Fruchtbecher und Triebe ± kahl: ➡ **121**

121 Rinde jung glatt; Knospen relativ groß (bis 7 mm) und rotbraun; Fruchtbecher mit kleinen, kahlen Schuppen: **Rot-Eiche** *(Quercus rubra)* ➡ **S. 210**

➡ Merkmale anders: ➡ **122**

122 Knospen ± kegelig und im Querschnitt ± 5-kantig; Fruchtstand kurz gestielt: **Trauben-Eiche** *(Quercus petraea)* ➡ **S. 207**

➡ Knospen ± eiförmig und im Querschnitt fast rund; Fruchtstand lang gestielt: **Stiel-Eiche** *(Quercus robur)* ➡ **S. 209** Foto s. Nr. 119

Da es zwischen diesen beiden Arten zu Kreuzungen kommen kann, ist eine sichere Unterscheidung oft schwierig.

123 (119) Knospen grünlich, klebrig, glänzend und mit dunklerem Rand; Blattnarben mit 5 Bündelmalen; Zweige nur unterhalb der Endknospe leicht behaart, mit hellen, länglichen Korkwarzen: **Speierling** *(Sorbus domestica)* ➡ **S. 252**

➡ Knospen dicht weiß filzig behaart; Blattnarben mit 5 Bündelmalen: **Eberesche/Vogelbeere** *(Sorbus aucuparia)* ➡ **S. 250**

124 (118) Blattnarben mit 1 Bündelmal; Zweige graubraun, verkahlend, zahlreiche kleine Lentizellen; Endknospen 7–10 mm lang; Knospenschuppen zugespitzt, fein bewimpert, seitenständige Knospen grün, mit brauner Spitze oder braunem Rand, elliptisch, 6–8 mm groß; darunter kleinere, vegetative Knospen; Blattnarben rundlich: **Seidelbast** *(Daphne mezereum)* ➡ **S. 164**

➡ Blattnarben mit 3 Bündelmalen: ➡ **125**

125 Zweige grün bis rotbraun; Blattnarben klein und ± halbkreisförmig; Knospen eiförmig bis spitz kegelförmig, 2–4 mm lang, mit zahlreichen, dicht schließenden Knospenschuppen: **Gattung** *Prunus* ➡ **81**

➡ Merkmale anders: ➡ **126**

126 Knospen und/oder Zweige zumindestens jung ± behaart: ➔ **130**

➔ Knospen und Zweige kahl: ➔ **127**

127 Männliche Blütenknospen walzenförmig; oft Fruchtzapfen vom Vorjahr vorhanden; Knospen baumförmiger Arten gestielt, Strauch vgl. Nr. 37: **Erle** *(Alnus)* ➔ **37**

➔ Merkmale anders: ➔ **128**

Die **Zitter-Pappel** hat leicht klebrige Knospen; in ihnen verbergen sich die noch unentwickelten, gestauchten, dicht behaarten Kätzchen.

128 Zweige stielrund oder kantig, hellbraun oder olivbraun bis rotbraun; Knospen lang spindelförmig; Endknospen 8–25 mm lang; Seitenknospen meist nur wenig kleiner, mit mehreren Knospenschuppen, bisweilen harzig glänzend; Blattnarben gerundet 3-eckig: **Pappel** *(Populus)* ➔ **129**

➔ Junge Zweige hängend, glänzend rötlich braun, fast kahl, mit vielen warzigen Harzdrüsen: **Hänge-/Sand-/Warzen-Birke** *(Betula pendula)* ➔ **S. 142** vgl. Nr. 39

129 Rinde gelbgrau; rotbraune Knospen leicht klebrig: **Zitter-Pappel/Espe** *(Populus tremula)* ➔ **S. 194**

➔ Stamm schwarzgrau berindet, früh rissig; Knospen klebrig und am Rand meist dunkler: **Schwarz-Pappel** *(Populus nigra)* ➔ **S. 193**

Schwarz-Pappel

130 (126) Knospen und Zweige schwach behaart oder verkahlend: ➔ **133**

➔ Knospen und Zweige deutlich und zumindest am Zweigende dicht und bleibend behaart: ➔ **131**

131 Zweige dicht und lang wollig behaart; Blattnarben (Ulen) sichelförmig, mit 3 Bündelmalen; Knospen mit mehreren rotbraunen, bewimperten Knospenschuppen (Lupe), 2–3 mm lang; gelegentlich dornig: **Mispel** *(Mespilus germanica)* ➔ **S. 188** Foto s. auch Nr. 26

➔ Merkmale anders: ➔ **132**

Mispel

Die **Silber-Pappel** ist an den weiß filzig behaarten Zweigen gut zu erkennen.

Die Knospen der **Echten Felsenbirne** sind nicht immer so stark behaart wie hier; sie können auch ganz kahl sein.

Alpen-Johannisbeere (links),
Schwarze Johannisbeere (Mitte),
Felsen-Johannisbeere (rechts).

132 Junge Zweige weichhaarig; Knospen mit 3–8 randlich behaarten Knospenschuppen, teilweise durch wachsartigen Überzug ± glänzend: **Moor-Birke** *(Betula pubescens)* → **S. 144** vgl. Nr. 39

→ Stamm hell weißgrau berindet; Zweige gerade, weiß filzig behaart; Knospen eiförmig, zugespitzt; teilweise mit kugelförmigen Blütenstandsknospen, Endknospen 5–6 mm lang; Seitenknospen 2–4 mm groß: **Silber-Pappel** *(Populus alba)* → **S. 192**

133 (130) Junge Zweige ± gerade, meist deutlich unter 3 mm dick, olivbraun bis rotbraun; Lentizellen unauffällig; äußerste Rindenschicht junger Äste sich meist schon im ersten Jahr ablösend; ohne Blütenstandsknospen; Endknospen 8–12 mm lang, Seitenknospen kleiner; dunkel gefärbte Blattnarben schmal und deutlich erhaben; Bündelmale undeutlich: **Echte Felsenbirne** *(Amelanchier ovalis)* → **S. 140**

→ Merkmale anders: → **134**

134 Endknospen so groß oder nur unwesentlich größer als ± gleich große Seitenknospen; Blattnarben gerundet 3-eckig bis sichelförmig, mit 3 deutlichen Bündelmalen; Blattbasen ± deutlich erhaben: **Johannisbeere** *(Ribes)* → **135**

→ Endknospen deutlich größer als die mehr akroton geförderten Seitenknospen: → **137**

Bei der akrotonen Förderung der Sprosse entwickeln sich die Endknospen an der Zweigspitze stärker als die übrigen.

135 Knospen und Zweige beim Zerreiben mit aromatischem Geruch; wenig gestielte Knospen bis 8 mm lang, innere Knospenschuppen fein bewimpert: **Schwarze Johannisbeere** *(Ribes nigrum)* → **S. 217**

→ Merkmale anders: → **136**

136 Knospen bis 1 cm lang, sehr fein behaart und ± deutlich gekielt: **Felsen-/Berg-Johannisbeere** *(Ribes petraeum)* → **S. 218**

→ Knospen 4–6 mm lang, mit zur Spitze hin meist etwas dunkleren, bewimperten Knospenschuppen: **Alpen-Johannisbeere** *(Ribes alpinum)* → **S. 216**

137 (134) Zweigsystem ± deutlich in Lang- und Kurztriebe gegliedert; Zweige olivgrün bis graubraun, durch herablaufende Blattbasen ± kantig, jung anliegend behaart; äußerste Schicht der Rinde häufig schon im ersten Jahr aufreißend; Endknospen 3–4 mm breit, eiförmig bis halbkugelig; Seitenknospen viel kleiner; Blattnarben gerundet 3-eckig bis schmal: **Gewöhnlicher Goldregen** *(Laburnum anagyroides)* → **S. 177**

→ Merkmale anders: → **138**

Die 3 Bündelmale des **Gewöhnlichen Goldregens** sind oft nur schwer zu erkennen.

138 Knospen länglich eiförmig bis spindelförmig; Endknospen 10–16 mm lang, deutlich dicker als der Zweig, Seitenknospen kleiner und anliegend; Blattbasen deutlich erhaben: **Mehlbeere/Vogelbeere/Eberesche** *(Sorbus)* → **139**

→ Merkmale anders: → **142**

139 Knospen rundlich, nicht zugespitzt, grün und glänzend, mit schmalem braunem Rand; Knospenschuppen an den Rändern oft behaart; Zweige oliv- bis rotbraun, mit vielen hellen, runden Lentizellen: **Elsbeere** *(Sorbus torminalis)* → **S. 255**

→ Merkmale anders: → **140**

Die **Elsbeere** hat eiförmige Knospen. Die Knospenschuppen sind wie bei der Mehlbeere dunkel gerandet und oft fein bewimpert (Lupe).

140 Grüne Knospen rotbraun berandet und silbrig bewimpert; Zweige kahl und glänzend, mit länglichen Korkwarzen: **Zwerg-Mehlbeere** *(Sorbus chamaemespilus)* → **S. 251**

→ Merkmale anders: → **141**

141 Endknospe mit mehr als 6 sichtbaren Knospenschuppen; Zweige mit deutlichen Korkwarzen, unterhalb der Endknospe behaart: **Echte Mehlbeere** *(Sorbus aria)* → **S. 249**

→ Knospen schwach klebrig und etwas glänzend, nur an der Spitze behaart; Endknospe mit 3–4 sichtbaren Knospenschuppen; Zweige mit vielen unauffälligen Korkwarzen: **Schwedische Mehlbeere** *(Sorbus intermedia)* → **S. 254**

Echte Mehlbeere

Holz-Birne (links) und **Holz-Apfel** (rechts).

Rot-Buche

Grün-Erle: männliche Blütenknospen (links) und Blattknospen (rechts).

Gewöhnliche Zwergmispel

142 (138) Zweige stielrund oder durch herablaufende Blattbasen ± kantig; äußerste Schicht der Rinde sich noch nicht im 2. Jahr lösend; Knospen eiförmig, Knospenschuppen zugespitzt; Blattnarben ± schwärzlich; Borke kleinfelderig und ± tief längsrissig, grau: **Holz-Birne** *(Pyrus pyraster)* ➡ **S. 205** vgl. Nr. 28 S. 101

➡ Zweige schwach glänzend, zur Spitze ± behaart; einige Zweige zuweilen in Dornen endend; Epidermis sich im 2. Jahr lösend; Borke ± flach und grobschuppig; Knospenschuppen gerundet und kaum gekielt; Blattnarben bräunlich: **Holz-Apfel** *(Malus sylvestris)* ➡ **S. 187** vgl. Nr. 28 S. 101

143 (113) Knospen spindelförmig, rund, meist deutlich über 15 mm lang; Knospenschuppen braun, silbrig behaart (Lupe); Zweige hin und her gebogen: **Rot-Buche** *(Fagus sylvatica)* ➡ **S. 168**

Die Rot-Buche ist am glatten Stamm gut zu erkennen und die Knospen haben eine typische Form. Beim Laubaustrieb sind die Nebenblätter gut zu sehen.

➡ Merkmale anders: ➡ **144**

144 Seitenknospen ungestielt: ➡ **145**

➡ Seitenknospen gestielt, eiförmig bis länglich und 7–10 mm lang; 2–3 Knospenschuppen; Blattnarben mit 3 Bündelmalen: **Erle** *(Alnus)* ➡ **37**

145 Zweige kahl, mit eingetrockneten Harzresten; 3–4 sichtbare Knospenschuppen; Blattnarben mit 3 Bündelmalen: **Grün-Erle** *(Alnus viridis)* ➡ **S. 139** vgl. Nr. 37

➡ Zweige ± dicht behaart; Knospen unter 5 mm lang, dicht silbrig behaart; äußere Knospenschuppen etwas abstehend; Blattnarben sehr klein: **Zwergmispel** *(Cotoneaster)* ➡ **146**

146 Endknospe deutlich größer als die Seitenknospen; Zweige behaart, rotbraun: **Filzige Zwergmispel** *(Cotoneaster tomentosus)* ➡ **S. 159**

➡ Endknospe nicht größer als die Seitenknospen; Zweige grau behaart: **Gewöhnliche Zwergmispel** *(Cotoneaster integerrimus)* ➡ **S. 158**

Sommer-Linde
(Tilia platyphyllos)

Die Artenporträts

Feld-Ahorn, *Acer campestre* L.
Familie: Ahorngewächse, Sapindaceae

1 Blüte 2 Frucht 3 Korkleisten 4 Borke

| J | F | M | A | M | J | J | A | S | O | N | D |

Beschreibung: 10–15 m (selten bis 25 m) hoher, bisweilen auch mehrstämmiger Baum mit reich verzweigter, rundlicher Krone und fast rechteckig gefelderter, grau- bis schwarzbrauner Schuppenborke (kl. Bild). Zweige junger Bäume bisweilen mit flügelartigen Korkleisten (kl. Bild). Bis 8 cm lange und 10 cm breite Blätter gegenständig, mit 5 stumpf endenden Blattlappen, der mittlere stets 3-zipfelig, Milchsaft führend. Einhäusige Blüten nach dem Laubaustrieb erscheinend. Je Blüte wird immer nur ein Geschlecht gut ausgebildet, obwohl sowohl männliche als auch weibliche Anlagen vorhanden sind. Auf einem Baum – meist sogar im gleichen Blütenstand – kommen daher beide Blütentypen vor. Fruchtflügel waagerecht abstehend und Fruchthälften oft bis zum Frühjahr an den Zweigen hängend.

Vorkommen: In Laubmischwäldern, an Waldrändern, in Gebüschen und Feldrainen. Vom Tiefland bis in 1000 m Höhe in den Alpen.

Verbreitung: Europa bis Nordiran.

Anmerkung: Der Feld-Ahorn ist eine beliebte Heckenpflanze. Das Laub wurde früher auch in der sogenannten Schneitelwirtschaft für Viehfutter geschnitten. Die jungen Blätter wurden wie Sauerkraut vergoren. Wegen seiner relativen Toleranz gegenüber Industrie- und Streusalzbelastung wird er gerne im Stadtbereich gepflanzt. Das rötliche Holz wird aufgrund der schönen Maserung zum Drechseln sehr geschätzt.

Französischer Ahorn, Burgen-Ahorn
Acer monspessulanum L.
Familie: Ahorngewächse, Sapindaceae

1 Blütenstand 2 Früchte 3 Borke

| J | F | M | A | M | J | J | A | S | O | N | D |

Beschreibung: 3–10 m hoher, sparrig verzweigter Baum mit häufig krummem Stamm und längsrissiger, gefelderter, flachschuppiger Borke. Junge Zweige kahl und glänzend, braun, mit zahlreichen helleren, länglichen Korkwarzen. Ältere Zweige graubraun. 3–6 cm lange Blätter gegenständig und 3-lappig mit ± waagerecht abstehenden Seitenlappen. Blüten in wenigblütigen, nickenden Schirmtrauben. Fruchtflügel parallel zueinander stehend.

Vorkommen: An sonnenexponierten Felshängen und in Trockengebüschen.

Verbreitung: Mittelmeergebiet bis Kleinasien, Nordiran und Turkestan. In Mitteleuropa nur im Mittelrhein-, Mosel-, Nahe- und Maingebiet.

Anmerkung: Die reichlich Nektar produzierenden Blüten werden vor allem von Bienen, aber auch von anderen Insekten bestäubt. Die Früchte werden vom Wind verbreitet. Die Samen sind lange keimfähig, zwischen Fruchtreife und Verbreitung kann eine große Zeitspanne liegen. Die Keimung der lichtbedürftigen Jungpflanzen erfolgt im zeitigen Frühjahr.

Eschen-Ahorn
Acer negundo L.
Familie: Ahorngewächse, Sapindaceae

1 weiblicher Blütenstand   2 männlicher Blütenstand   3 Früchte   4 Borke

| J | F | M | A | M | J | J | A | S | O | N | D |

Beschreibung: 10–20 m hoher, meist kurzstämmiger Baum mit sehr breit ausladender, flacher Krone und graubrauner, längsrissiger Borke (kl. Bild). Gegenständige Blätter unpaarig 3- bis 5-zählig (selten 7-zählig) gefiedert, oft weiß gescheckt. Insgesamt ca. 20x15 cm groß. Junge Triebe häufig abwischbar bläulich bereift. Eingeschlechtliche Blüten zweihäusig, in langen, hängenden Trauben, bereits Anfang März (deutlich vor dem Blattaustrieb) blühend. Die Früchte sind spitzwinklig einwärts gekrümmt und bleiben in den hängenden Ständen meist bis zum Frühjahr an den Zweigen.

Vorkommen: Aus Amerika stammender, häufig angepflanzter Parkbaum. An feuchten Standorten und an Bahnlinien in Mitteleuropa bisweilen verwildert.

Verbreitung: Nordamerika

Anmerkung: Die Früchte reifen bereits früh, sind in Deutschland allerdings meist «taub», also nicht befruchtet, und damit nicht keimfähig. Aufgrund seiner Unempfindlichkeit gegenüber Luftverunreinigung und Trockenheit wird der Eschen-Ahorn gerne im Stadtbereich gepflanzt. Mit zunehmendem Alter wird die Krone jedoch brüchig und anfällig für Windbruch.

Schneeballblättriger Ahorn, *Acer opalus* Mill.
Familie: Ahorngewächse, Sapindaceae

1 Blütenstand   2 Früchte   3 Blätter

J	F	M	A	M	J	J	A	S	O	N	D

Beschreibung: 10–12 m hoher Baum mit breiter Krone und im Freistand oft nur kurzem Stamm mit kräftigen, reich verzweigten Ästen. Junge Zweige kahl, graubraun, mit zahlreichen zerstreut angeordneten Korkwarzen. Ca. 10 cm breite Blätter gegenständig und Blattspreite in 5 (selten 3) stumpfe, gekerbte oder gezähnte Lappen geteilt, am Grund herzförmig. Teilweise eingeschlechtliche und teilweise zwittrige Blüten unauffällig gefärbt, in hängenden Rispen stehend, gleichzeitig mit oder kurz vor dem Laubaustrieb erscheinend. Früchte mit rosa-grünlichen bis rotbraunen Flügeln, diese ungefähr in einem rechten Winkel zueinander stehend.

Vorkommen: In Laubmischwäldern der Hügel- und Bergstufe. In Parks häufig angepflanzt.

Verbreitung: Südostfrankreich bis Norditalien und Südwestschweiz. In Deutschland nur an einem Standort bei Grenzach nördlich von Basel.

Anmerkung: Die einzeln unscheinbar gefärbten Blüten produzieren viel Nektar und werden überwiegend von Bienen bestäubt.

Spitz-Ahorn, *Acer platanoides* L.
Familie: Ahorngewächse, Sapindaceae

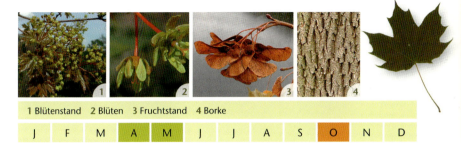

1 Blütenstand 2 Blüten 3 Fruchtstand 4 Borke

| J | F | M | A | M | J | J | A | S | O | N | D |

Beschreibung: 20–30 m hoher, reich verzweigter Baum mit kräftigen Ästen und längs gerippter, schwarzbrauner Borke (kl. Bild) Junge Zweige gerundet, kahl, olivgrün bis rotbraun, mit zerstreut angeordneten Korkwarzen. Milchsaft führend. Ca. 15 cm breite Blätter gegenständig mit 5–7 in haarfeine Spitzen ausgezogenen Blattlappen. Blüten in Schirmrispen stehend, zusammen mit den Blättern erscheinend. Die Blüten können sowohl zwittrig als auch eingeschlechtlich sein. Dabei sind die Geschlechter oft – aber nicht immer – auf verschiedene Pflanzen verteilt (zweihäusig). Fruchtflügel stumpfwinklig bis fast waagerecht zueinander stehend.

Vorkommen: In Auen- und Laubmischwäldern. Als Park- und Straßenbaum häufig angepflanzt.

Verbreitung: Europa bis Kaukasus.

Anmerkung: Die Blätter wurden früher als kühlendes Mittel in Form von Umschlägen auf die Haut gelegt und auch als Viehfutter verwendet. Der Spitz-Ahorn ist eine wichtige Bienenfutterpflanze. Er ist gegenüber Luftverschmutzung recht tolerant und wird gerne im Stadtbereich gepflanzt. Er ist zur Blütezeit im Frühjahr besonders auffällig, da die gelbgrünen Blütenstände bereits austreiben, wenn die meisten Bäume noch kahl sind.

Berg-Ahorn, *Acer pseudoplatanus* L.
Familie: Ahorngewächse, Sapindaceae

1 Blütenstand 2 Blüte 3 Fruchtstand 4 Borke

| J | F | M | A | M | J | J | A | S | O | N | D |

Beschreibung: 25–30 m (selten 50 m) hoher Baum mit breiter, gerundeter Krone, meist nur kurzem und dickem Stamm mit silbriger oder hell- bis graubrauner Schuppenborke (kl. Bild), die sich ähnlich wie bei den Platanen in Platten vom Stamm löst. Äste kräftig, reich verzweigt. Junge Zweige gerundet, kahl, olivgrün bis graubraun mit hellen, zerstreut angeordneten Korkwarzen. Bis 20 cm breite, gegenständige Blätter in 5 doppelt stumpf gesägte Lappen geteilt, am Grund herzförmig. Blüten in hängenden, 5–15 cm langen Rispen. Fruchtflügel einen ± rechten Winkel bildend.

Vorkommen: In Laubmischwäldern, von der Hügelstufe bis in 1650 m Höhe in den Alpen.

Verbreitung: Europa

Anmerkung: Der Berg-Ahorn gilt als «beschützender Hausbaum». Seinen wissenschaftlichen Namen verdankt er der platanenähnlich abblätternden Borke an alten Stämmen. Der Blutungssaft diente der Zuckergewinnung, und das harte Holz wird massiv oder als Furnier zur Herstellung von Möbeln, Küchengeräten, Tischplatten und Musikinstrumenten verwendet.

Rote Rosskastanie, *Aesculus × carnea* Hayne
Familie: Ahorngewächse, Sapindaceae

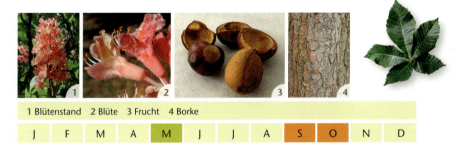

1 Blütenstand   2 Blüte   3 Frucht   4 Borke

J F M A **M** J J A **S** **O** N D

Beschreibung: Bis 20 m hoher, breitkroniger Baum mit starken Ästen und dicken Zweigen. Schuppenborke rotbraun bis grauschwarz. Junge Zweige dick, graubraun, mit zahlreichen Korkwarzen. Blätter gegenständig, meist mit 5 Fiederblättchen, von denen jedes 8–15 cm lang ist. Blüten fleischrosa bis rot und mit erst gelben und später roten Saftmalen – daran können die Bestäuber erkennen, ob noch Nektar oder Blütenstaub vorhanden ist. Blütenkronblätter am Rand drüsig-zottig behaart. 3–4 cm große, rundliche Frucht glatt oder weichstachelig.

Vorkommen: Angepflanzt in Parks und als Straßen- und Alleebaum.

Anmerkung: Die Rote Rosskastanie ist ein Bastard zwischen der Gewöhnlichen Rosskastanie *(Aesculus hippocastanum)* und der nordamerikanischen Pavie *(Aesculus pavia)*. Da die Pavie relativ schwachwüchsig und kurzlebig ist, werden die als Park- und Alleebäume gepflanzten Arten meist hochstämmig auf die Gewöhnliche Rosskastanie veredelt. Die Echte Pavie ist nur baumförmig, wenn sie auf dem Stamm einer anderen Art veredelt wird. Daher kann man am Stamm oft die Borken beider Arten sehen und vergleichen.

Gewöhnliche Rosskastanie, Balkan-Rosskastanie
Aesculus hippocastanum L.
Familie: Ahorngewächse, Sapindaceae

1 Blüten 2 Früchte 3 Borke

| J | F | M | A | M | J | J | A | S | O | N | D |

Beschreibung: Bis 25 m hoher, breitkroniger Baum mit kräftigen Ästen und übergebogenen Zweigen. Stämme mit längsstreifiger Schuppenborke (kl. Bild). Junge Zweige dick, mit helleren Korkwarzen. Blätter gegenständig, meist mit 7 Fiederblättchen. Jedes Fiederblättchen 10–20 cm lang und mit doppelt gesägtem Blattrand. 20–30 cm langer Blütenstand mit zahlreichen weißen Blüten, diese im oberen Teil männlich, gefolgt von vereinzelten Zwitterblüten und darunter weiblichen Blüten. Im Laufe der Blütezeit zeigt sich ein Farbwechsel der erst gelben und später roten Saftmale, die den Bestäubern das Vorkommen von Nektar anzeigen. Bis 6 cm große, rundliche Frucht derb bestachelt.

Vorkommen: Angepflanzt in Parks und als Straßen- und Alleebaum. Im 16. Jahrhundert von den Osmanen als Pferdefutter eingeführt und heute bis nach Skandinavien in ganz Europa vorkommend und oft verwildert.

Verbreitung: Nördliche Balkanhalbinsel: Albanien, Mazedonien, Ostbulgarien und Nordgriechenland.

Anmerkung: Vermehrter Befall von Rosskastanien-Miniermotten führt zum frühzeitigen Abfallen der Blätter und macht den Baum anfälliger. Die für Wildtiere nahrhaften Samen sind für den Menschen ungenießbar, sie wurden früher zur Saponin- und Stärkegewinnung entbittert. Extrakte aus Rinde, Blättern, Blüten und Früchten verwendet man in Medizin-, Farb- und Kosmetikprodukten.

Götterbaum, *Ailanthus altissima* (Mill.) Swingle
Familie: Bittereschengewächse, Simaroubaceae

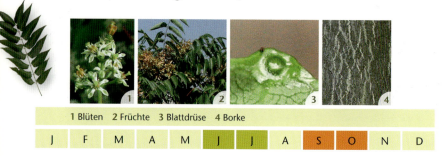

1 Blüten 2 Früchte 3 Blattdrüse 4 Borke

| J | F | M | A | M | J | J | A | S | O | N | D |

Beschreibung: 20–25 m hoher Baum mit hell längsstreifig gemusterter, fast glatter grauer Borke (kl. Bild). Junge Zweige zum Teil über 1 cm dick, braun bis rotbraun, matt glänzend, ± kantiggerieft, kahl. Gefiederte Blätter wechselständig, insgesamt 40–90 cm lang, Fiederblättchen an der Basis beiderseits mit 1–2 (–4) großen Zähnen, unterseits je mit einer Drüse (kl. Bild). Grünliche Blüten in endständigen Rispen, meist mit 5 Kron- und 10 Staubblättern. 4–5 cm lange Nussfrüchtchen rundum pergamentartig dünn geflügelt, mit gedrehtem, oberem Flügelende und im Zentrum liegendem Samen. Oft bis zum Spätwinter oder sogar Frühling am Baum bleibend.

Vorkommen: Angepflanzt in Parks und verwildert.

Verbreitung: Mittel- und Nordchina.

Anmerkung: Seinen Namen verdankt er dem molukkischen «Ailanthus», was dort so viel wie «Baum des Himmels» heißt. Er wird auch Himmelsbaum oder Bitteresche genannt und im Englischen als «Tree of Heaven» bezeichnet. Da der Baum gegenüber Salz, Trockenheit und Luftverschmutzungen recht tolerant ist, wird er gerne als Straßenbaum gepflanzt. Er reagiert jedoch empfindlich auf Winterfröste und benötigt eine Jahresmitteltemperatur von etwa 9 °C. In China werden die Blätter zur Fütterung der Seidenspinnerraupen *(Philosamia cynthia)* verwendet. Samen und Borke sind giftig.

Schwarz-Erle, *Alnus glutinosa* (L.) Gaertn.
Familie: Birkengewächse, Betulaceae

1 weiblicher Blütenstand   2 männlicher Blütenstand   3 Fruchtzapfen   4 Borke

J	F	M	A	M	J	J	A	S	O	N	D

Beschreibung: 10–25 m (selten 40 m) hoher Baum mit bis in die Kronenspitze durchgehendem Stamm. Borke dunkelgrau bis schwarz, zerklüftet längsrissig (kl. Bild). Einfache Blätter wechselständig, 5–10 cm lang, an der Spitze stumpf bis ausgerandet, unterseits in den Nervenwinkeln bärtig, mit 5–8 Paaren von Seitennerven. Blüten einhäusig und windblütig. Blütezeit meist vor dem Laubaustrieb, weibliche Blütenkätzchen eiförmig und männliche Kätzchen länglich, mit 4 Staubblättern. Verholzende Fruchtzapfen nicht mit der Frucht abfallend, sondern oft den Winter über am Baum bleibend.

Vorkommen: In Auenwäldern und als Saumgehölz an Bächen, Flüssen und Seen. Vor allem im Flachland. In den Alpen bis in 1200 m Höhe.

Verbreitung: Europa bis Westsibirien, Westasien und Iran.

Anmerkung: Die Fruchtzapfen der Schwarz-Erle dienten früher zum Schwarzfärben und zur Tintenherstellung. Das tief reichende Wurzelwerk festigt den Boden. Symbiose mit kugelförmigen Wurzelknöllchen (Actinomyceten *Frankia alni*), die Stickstoff aus der Luft fixieren und Wachstum auf nährstoffarmen und feuchten Standorten ermöglichen. Die Vorliebe für sumpfige Gebiete hat die Erle dem Menschen unheimlich gemacht und sie mit Wassergeistern, Irrlichtern, Erlkönigen und Hexen in Verbindung gebracht – zudem läuft das Holz blutrot an. So wird der Erlengeist als Göttin des Todes bezeichnet und symbolisiert die zerstörerische Kraft des Wassers; gleichzeitig wird sie als Göttin der Fruchtbarkeit und Wiedergeburt angesehen – denn alles neue Leben entspringt dem Wasser.

Grau-Erle, Weiß-Erle *Alnus incana* (L.) Moench
Familie: Birkengewächse, Betulaceae

1 Blütenstand 2 Fruchtzapfen 3 Borke

| J | F | M | A | M | J | J | A | S | O | N | D |

Beschreibung: 10–25 m hoher, meist mehrstämmiger Baum mit weißgrauer, glatter Borke. Junge Zweige olivgrün bis hellbraun, mit rostfarbenen Korkwarzen, besonders am Ende behaart. Einfache Blätter wechselständig, bis 10 cm lang, eiförmig bis elliptisch, mit doppelt gesägtem Blattrand. Vorne zugespitzt und unterseits etwas behaart, mit 8–12 Paaren von Seitennerven. Blüten einhäusig und vom Wind bestäubt. Weibliche Kätzchen rötlich braun, sitzend oder fast sitzend an den Blattachseln, sich zur Fruchtreife zu kleinen, eiförmigen Zapfen entwickelnd, die noch 1–2 Jahre an den Zweigen hängen bleiben, nachdem die Samen ausgefallen sind. Männliche Kätzchen in Gruppen von 3–5 an den Zweigspitzen hängend, 7–9 cm lang.

Vorkommen: Gewässerbegleitend in den Mittelgebirgen zwischen 500 m und 1200 m Höhe. In tieferen Lagen häufig angepflanzt.

Verbreitung: Europa bis Kaukasus.

Anmerkung: Sie verträgt weniger andauernde Staunässe als die Schwarz-Erle, kommt mit zeitweiligen Überschwemmungen jedoch gut zurecht und hat ebenfalls sehr biegsame Äste und ein hohes Stockausschlagvermögen. Daher kommt sie in Hängen mit Lawinenbelastungen gut zurecht. Sie ist eine wichtige Art zur Aufforstung von Abraumhalden und zur Hangstabilisierung. Das Holz wird bei Einschlag orangefarben wie bei der Schwarz-Erle, hat aufgrund des geringen Stammdurchmessers jedoch kaum Bedeutung als Nutzholz.

Grün-Erle, *Alnus viridis* (Chaix) DC.
Familie: Birkengewächse, Betulaceae

1 weiblicher Blütenstand   2 männlicher Blütenstand   3 Fruchtzapfen   4 Borke

J	F	M	A	M	J	J	A	S	O	N	D

Beschreibung: 0,5–3 m hoher, vom Grund an reich verzweigter Strauch. Ältere Stämme mit schwärzlicher Borke. Junge Zweige anfangs schwach kantig und behaart, später verkahlend, oft mit weißlicher Harzkruste. Blätter 2-zeilig oder wechselständig, 3–8 cm lang, vorn spitz zulaufend und am Rand scharf doppelt gesägt, beiderseits grün und unterseits auf den Nerven kurzhaarig. Einhäusige und windbestäubte Blüten in Kätzchen, die weiblichen eiförmig, rötlich grün und aufrecht in Büscheln zu 5–8, die männlichen 5–12 cm lang und erst nach den herb duftenden Blättern erscheinend. Fruchtzapfen verholzt, die geflügelten Nussfrüchte zur Reifezeit aus den verholzten Schuppen entlassend, noch lange an den Zweigen bleibend.

Vorkommen: Hochlagen der Mittelgebirge. Europäische Hochgebirge zwischen 1300 m und 2400 m Höhe.

Verbreitung: Europa

Anmerkung: Eines der wichtigsten Gehölze in den Gebirgslagen, das als Pioniergehölz wesentlich zur Festigung lawinengefährdeter Hanglagen beiträgt. Die biegsamen Äste federn das Gewicht des Schnees sehr gut ab, ohne zu starken Schaden zu nehmen. An ihrer erst glatten und grauen Rinde, die sich später in eine schwärzliche Borke verwandelt, ist die Grün-Erle leicht von der Schwarz-Erle zu unterscheiden. Die Blätter sind zudem sehr viel spitzer als bei der Schwarz-Erle.

Echte Felsenbirne, *Amelanchier ovalis* Medik.
Familie: Rosengewächse, Rosaceae

1 Blütenstand 2 Früchte 3 Blattunterseite

| J | F | M | A | M | J | J | A | S | O | N | D |

Beschreibung: 1–3 m hoher, vom Grund an reich verzweigter, rundlicher Strauch. Junge Zweige anfangs weißwollig behaart, später verkahlend. Äußerste Rindenschicht junger Äste sich meist schon im ersten Jahr papierartig ablösend. Einfache Blätter wechselständig, bis 4 cm lang, oft mit abgerundeter Blattspitze, unterseits anfangs abwischbar filzig behaart (kl. Bild) und später meist kahl. Seitenadern in der Nähe des Blattrandes bogig verbunden, die oberen oft deutlich in die Blattzähne verlaufend. 1–3 cm breite, weiße Blüten in gestreckten Trauben, mit 5 doppelt so langen wie breiten Kronblättern. Aus den 2–5 unterständigen bis halbunterständigen Fruchtblättern bilden sich dunkelviolette bis bläulich schwarze, apfelförmige Früchte mit 4–10 einsamigen Fächern.

Vorkommen: An sonnenexponierten Felshängen und in lichten Mischwäldern und Gebüschen.

Verbreitung: Süd- und Mitteleuropa bis Kleinasien.

Anmerkung: Der wissenschaftliche Name ist keltisch-gallischen Ursprungs und bedeutet «Äpfelchen». Die Früchte können zu Marmelade oder Kompott verarbeitet werden. Zerkaute Samen können leicht giftig sein.

Gewöhnliche Berberitze, Sauerdorn, *Berberis vulgaris* L.
Familie: Berberitzengewächse, Berberidaceae

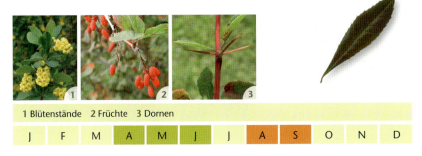

1 Blütenstände 2 Früchte 3 Dornen

| J | F | M | A | M | J | J | A | S | O | N | D |

Beschreibung: Bis 3 m hoher Strauch mit deutlich in Lang- und Kurztriebe gegliedertem Verzweigungssystem. In den Achseln der meist 3-teiligen Blattdornen befinden sich Kurztriebe mit büschelig angeordneten, einfachen Blättern. Die Rinde ist äußerlich gelbbraun bis grau und innen leuchtend gelb. Die gelben Blüten befinden sich in vielblütigen, traubigen Blütenständen. In jeder Blüte befinden sich 6 gelbe, kelchartige Perigonblätter, die jeweils 6 kronblattartige Nektarblätter umschließen. Versucht ein Insekt an den Nektar zu gelangen, klappen die Filamente der 6 Staubblätter nach innen und bestäuben das Insekt. Die Früchte sind rote, bis zu 1 cm lange, sehr sauer schmeckende Beeren, deren Samen durch Vögel verbreitet werden.

Vorkommen: Im Saum von Gebüschen, an Waldrändern und in lichten Eichen- und Kiefernwäldern.

Verbreitung: Europa bis zur Krim und dem Kaukasus.

Anmerkung: Alle Teile außer den Früchten enthalten giftige Alkaloide. Die Früchte können eingekocht oder getrocknet und als Tee aufgebrüht werden, in orientalischen Ländern verwendet man sie zum Kochen. Die Berberitze ist Zwischenwirt des Getreiderostes *(Puccinia graminis)*, der an orangefarbenen Pusteln auf der Blattunterseite zu erkennen ist.

Hänge-Birke, Sand-Birke, Warzen-Birke
Betula pendula Roth
Familie: Birkengewächse, Betulaceae

1 weibl. Blütenstände   2 männl. Blütenstände   3 Nussfrüchtchen und Fruchtschuppe   4 Borke

J	F	M	A	M	J	J	A	S	O	N	D

Beschreibung: 10–25 m hoher, schmalkroniger Baum mit schlaff überhängenden Zweigen und weißer, im Alter schwarz längsrissiger Borke (kl. Bild). Junge Zweige dünn und kahl. Bis 7 cm lange Blätter wechselständig, 3-eckig-rhombisch und an der Basis breit keilförmig, sich beim Reiben rau anfühlend. Einhäusige Blüten windbestäubt und Blütenstände in länglichen Kätzchen. In den weiblichen Blütenständen bilden sich pro Fruchtschuppe 3 geflügelte Nussfrüchtchen, die zur Reifezeit zerfallen (kl. Bild). Die sehr kleinen, breit geflügelten Samen fliegen schon bei Windstille über 1,5 km weit und werden außerdem von Körnerfressern verbreitet.

Vorkommen: Lichte Laub-, Nadel- und Mischwälder, Magerweiden und Heiden. Vom Tiefland bis in 1900 m Höhe in den Alpen.

Verbreitung: Europa

Anmerkung: Dieser in der germanischen Mythologie der Göttin Freya geweihte Baum steht symbolisch für das erwachende Frühjahr. Früher wurde der Birkensaft durch Anzapfen der Stämme gewonnen und zu Sirup, Wein und Essig verarbeitet, heute findet man Birkenextrakte in kosmetischen und medizinischen Produkten. Die sehr jungen, frischen Blätter können auch in Frühlingssalaten gegessen werden. Darüber hinaus lässt sich mit Birkenblättern eine sehr schöne, licht- und waschechte gelbe Farbe bei der Wollfärbung erzielen. Birkenholz wird gerne im Möbelbau verwendet.

Moor-, Haar-, Besen-, Behaarte Birke
Betula pubescens Ehrh.
Familie: Birkengewächse, Betulaceae

1 Blütenstände   2 Zweig   3 Borke

| J | F | M | A | M | J | J | A | S | O | N | D |

Beschreibung: 10–25 m hoher, oft mehrstämmiger, reich verzweigter Baum mit lockerer, schmaler Krone mit meist aufrechten Zweigen und grauweißer bis gelblich braun getönter, lange glatt bleibender Rinde, die sich in waagerechten Ringeln ablöst (kl. Bild). Junge Zweige gerundet, abstehend dicht und fein behaart (kl. Bild), später verkahlend. Rautenförmig Blätter ca. 5 cm lang, wechselständig und besonders jung weichhaarig. Einhäusige Blüten windbestäubt und Blütenstände in länglichen Kätzchen. In den weiblichen Blütenständen bilden sich pro Fruchtschuppe 3 geflügelte Nussfrüchtchen, die zur Reifezeit zerfallen.

Vorkommen: In Bruchwäldern, an Nassstellen und im Bereich von Flach- und Hochmooren. Vom Flachland bis in 2200 m Höhe in den Alpen. In der Taiga, der borealen Nadelwaldzone, die Waldgrenze bildend.

Verbreitung: Europa bis Sibirien.

Anmerkung: Die Moor-Birke hat eine sehr hohe Wasserdurchflussrate, die ca. 200 000 Blätter einer ausgewachsenen Birke ziehen an einem heißen Sommertag bis zu 500 Liter Wasser aus dem Boden. Zudem ist die Moor-Birke unempfindlich gegen Winterfröste und übersteht Temperaturen unter –40 °C. Als Pionierbaum kann sie auf lichten Flächen rasch neu entstandene Lebensräume erobern. In Skandinavien spielt das Holz eine wichtige Rolle für die Herstellung von Sperrholzplatten. Die Indianer Nordamerikas nutzten die Rinde anstelle von Leder für das Bespannen ihrer Kanus, und in Skandinavien wurden die Dächer mit einer Schicht Birkenrinde abgedichtet, bevor eine Erdschicht aufgebracht wurde. Außerdem eignet sich Birkenrinde ausgezeichnet zum Feuer machen, selbst wenn sonst alles nass ist.

Gewöhnlicher Erbsenstrauch, *Caragana arborescens* Lam.
Familie: Hülsenfrüchtler, Leguminosae
Unterfamilie: Schmetterlingsblütler, Faboideae

1 Blütenstände   2 Blüte   3 Früchte

| J | F | M | A | M | J | J | A | S | O | N | D |

Beschreibung: Aufrechter, 5–7 m hoher Strauch oder kleiner Baum mit olivgrüner bis graubrauner Rinde und breit ausgezogenen Korkwarzen. Zweigsystem auffällig in Lang- und Kurztriebe gegliedert. Junge Zweige gerieft, graubraun, anfangs fein behaart, später verkahlend, olivgrün. Kurztriebe auch noch nach Jahren gestaucht bleibend, von alten Knospenschuppen umgeben. Wechselständige Blätter paarig gefiedert mit 8–10 ganzrandigen Fiederblättchen, die in den Kurztrieben rosettig stehen, insgesamt bis 15 cm lang. Nebenblätter bisweilen etwas verdornt. Gelbe Schmetterlingsblüten ca. 1–2 cm lang und zu 1–4 zusammenstehend. Walzenförmige Hülsenfrüchte 3,5–5 cm lang.

Vorkommen: In Gärten, Parks und an Straßenböschungen häufig angepflanzt.

Verbreitung: Mittel- und Ostsibirien bis zur Mandschurei.

Anmerkung: Dieser Strauch ist für das Stadtklima gut geeignet, da er relativ tolerant gegenüber Salzbelastung und sommerlichen Dürreperioden ist.

Gewöhnliche Hainbuche, Weißbuche
Carpinus betulus L.
Familie: Birkengewächse, Betulaceae

1 weiblicher Blütenstand   2 männlicher Blütenstand   3 Fruchtstand   4 Nussfrucht

| J | F | M | A | M | J | J | A | S | O | N | D |

Beschreibung: Bis 25 m hoher, reich verzweigter, breitkroniger Baum mit kräftigen Ästen und dünnen Zweigen. Rinde glatt und grau, Stamm wie gewrungen wirkend. Zweizeilig angeordnete Blätter faltig und am Rand doppelt gesägt, mit 10–15 Paaren von Seitennerven, 4–10 cm lang. Blüten in einhäusigen Kätzchen, die zur Laubentfaltung blühen. Die männlichen Kätzchen befinden sich seitlich und die weiblichen am Ende der jungen Triebe. Die bis 17 cm langen Fruchtstände sind aus Tragblättern (als Flugorgan) aufgebaut, in deren Achsel jeweils eine kleine, einsamige, längsrippige Nussfrucht (kl. Bild) sitzt.

Vorkommen: Bestandsbildend oder in Laubmischwäldern. Häufig als Einzelbaum in Parks angepflanzt. Beliebtes Heckengehölz.

Verbreitung: Europa bis Nordiran.

Anmerkung: Das Holz der Hainbuche ist das schwerste aller in Mitteleuropa heimischen Nutzholzarten. Dank ihrer Fähigkeit, nach dem Schneiden wieder kräftig auszutreiben, wurde die Hainbuche zur Zeit der «Waldweide» von der Jungsteinzeit bis ins Mittelalter in der Ausbreitung begünstigt.

Esskastanie, Edelkastanie, *Castanea sativa* Mill.
Familie: Buchengewächse, Fagaceae

1 Blütenstand   2 weibliche Blüte   3 Früchte   4 Borke

| J | F | M | A | M | J | J | A | S | O | N | D |

Beschreibung: Bis 30 m hoher, reich verzweigter Baum mit ausladend breiter, gerundeter Krone, starken Ästen und graubrauner, längsrissiger Borke. Stämme oft nur kurz und gedreht. 8–25 cm lange, wechselständige Blätter mit grannenartigen Blattzähnen. Blütenstand durch Perigon- oder Staubblätter weiß gefärbt, aufrecht, im oberen, rutenförmigen Teil männliche, an deren Grund Gruppen von weiblichen Blüten (kl. Bild). 1–3 cm große Früchte meist zu 2–3 in einem stachelig bewehrten Fruchtbecher, oben mit bleibenden Griffelästen.

Vorkommen: Angepflanzt in Parks. Im Weinbauklima bisweilen bestandsbildend.

Verbreitung: Südliches Europa, Kleinasien, Kaukasus. In Mitteleuropa nur angepflanzt und eingebürgert.

Anmerkung: Die späte Blütezeit schützt die Blüten vor Frostschäden. Für die Fruchtentwicklung ist jedoch eine lange, warme Periode von 75–120 Tagen notwendig. Daher gelangen die Früchte in Mitteleuropa nur in wärmebegünstigten Lagen, wie z.B. Weinbaugebieten, zur Reife. Esskastanien beginnen ab einem Alter von 10–20 Jahren Früchte zu tragen. Die Erträge pro Baum schwanken meist zwischen 30 kg und 100 kg, bei großen, alten Bäumen können aber auch 300 kg erreicht werden. Auf dem Balkan waren die «Maronen» noch vor den Kartoffeln ein Grundnahrungsmittel – heute sind sie eher eine Delikatesse. Blattextrakte sind Bestandteil von Hustensäften; sie können auch gegen Durchfall und Fieber sowie als Gurgellösung bei Atemwegserkrankungen eingesetzt werden.

Alpen-Waldrebe, *Clematis alpina* (L.) Mill.
Familie: Hahnenfußgewächse, Ranunculaceae

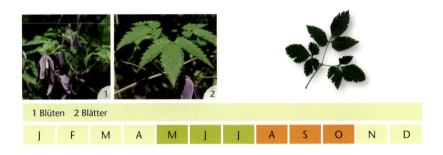

1 Blüten 2 Blätter

J	F	M	A	M	J	J	A	S	O	N	D

Beschreibung: 2–3 m hoch kletternde Rankenpflanze mit dunkelbraunen, kantig gerieften Trieben. Gegenständige Blätter meist doppelt 3-zählig. Die Stiele der Fiederblätter sind zu Ranken umgebildet. Violettblaue, nickende Blüten einzeln ca. 4–12 cm lang gestielt am Ende von Kurztrieben. Die Fruchtstände bleiben meist den ganzen Winter über erhalten.

Vorkommen: In strauchreichen Nadelwäldern sowie in Legföhren- und Alpenrosengebüschen. In Hochlagen der Gebirge bis in 2400 m Höhe.

Anmerkung: Bei allen *Clematis*-Arten fallen im Herbst nur die Fiedern ab, während die Blattstiele und die Blattspindeln als Ranken erhalten bleiben, verholzen und somit über Jahre hinweg der Befestigung der Liane im Gezweig von Bäumen und Sträuchern dienen. Die Alpen-Waldrebe ist wie alle Arten der Gattung leicht giftig.

Clematis alpina, Alpen-Waldrebe

Gewöhnliche Waldrebe
Clematis vitalba L.
Familie: Hahnenfußgewächse, Ranunculaceae

1 Blüte 2 Blütenstände 3 Frucht 4 Blattansatz mit Knospen

| J | F | M | A | M | J | J | A | S | O | N | D |

Beschreibung: Bis 30 m hoch kletternde Liane mit bis zu 3 cm dicken Stämmen und graubrauner bis brauner, sich in langen, schmalen Längsstreifen ablösender Borke. Junge Zweige kantig gerieft. Gegenständige Blätter unpaarig gefiedert mit 5 Teilblättchen (manchmal nur 3-zählig). Stiele der Fiederblätter zu Ranken umgebildet. Weiße, 4-zählige Blüten in end- oder seitenständigen Rispen. Zur Fruchtreife verlängern sich die Griffel zu federigen, grannenartigen Fortsätzen und dienen den Nüssfrüchten als Flugorgan zur Windverbreitung (kl. Bild).

Vorkommen: In Auenwäldern sowie an wechselfeuchten Wald- und Gebüschrändern.

Verbreitung: Europa bis Kaukasus.

Anmerkung: Die Früchte bleiben meist bis zum Frühjahr an der Pflanze; die mit einem behaarten Fortsatz ausgestatteten Früchtchen lösen sich erst sehr spät durch den Wind ab. Die Gewöhnliche Waldrebe ist wie alle Arten der Gattung leicht giftig; die Blätter können lokale Hautreizungen verursachen.

Gewöhnlicher Blasenstrauch, *Colutea arborescens* L.
Familie: Hülsenfrüchtler, Leguminosae
Unterfamilie: Schmetterlingsblütler, Faboideae

1 Blüte 2 Früchte 3 + 4 Frucht

J	F	M	A	M	J	J	A	S	O	N	D

Beschreibung: 2–6 m hoher, reich verzweigter Strauch. Zweige anfangs grün bis rotbraun, später grau, durch herablaufende, erhabene Blattbasen kantig. Schütter anliegend silbrig behaart. Wechselständige Blätter mit 9–13 Fiederblättchen, von denen jedes bis zu 3,5 cm lang ist. Gelbe Schmetterlingsblüten in 6- bis 8-blütigen Trauben. Stark aufgeblasene, grünlich oder rötlich bis purpurn überlaufene Frucht 6–8 cm lang. Im Inneren der pergamentartig dünnwandigen Hülsenfrucht befinden sich mehrere Samen, die zur Reifezeit frei werden.

Vorkommen: In lichten Wäldern und Gebüschen sowie an Waldsäumen. Häufig angepflanzt.

Verbreitung: Südliches Europa bis Kleinasien und Transkaukasien; Nordwestafrika.

Anmerkung: An den silbrigen, aufgeblasenen Hülsen ist der Blasenstrauch leicht erkennbar. Die Blätter und Früchte sind giftig.

Kornelkirsche, Gelber Hartriegel, *Cornus mas* L.
Familie: Hartriegelgewächse, Cornaceae

1 Blüte 2 Hochblätter 3 Früchte

| J | F | M | A | M | J | J | A | S | O | N | D |

Beschreibung: Bis 6 m hoher, reich und sparrig verzweigter, breitbuschiger Strauch oder kleiner Baum mit etwas übergebogenen, gegenständigen, olivgrünen Zweigen und graubrauner Schuppenborke. Junge Zweige dünn, gerade, grün. Gegenständige Blätter elliptisch, mit 4–5 Paaren von Seitennerven, die auffällig bogig zur Blattspitze verlaufen, 4–10 cm lang. Mehrere 4-zählige, gelbe Einzelblüten (ohne Kelchblätter) von Hochblättern umgeben in kleinen Dolden. Rote Steinfrucht mit einem meist zweisamigen Steinkern, säuerlich schmeckend und essbar.

Vorkommen: In Wald- und Gebüschsäumen sommerwarmer und sommertrockener Hänge, vor allem in der Hügelland- und Bergwaldstufe. In den Südalpen bis in 1300 m Höhe. In Deutschland nur gebietsweise natürlich vorkommend, jedoch häufig als Zierstrauch angepflanzt.

Verbreitung: Europa bis Kleinasien.

Anmerkung: Bereits in stein- und bronzezeitlichen Pfahlbauten hat man häufig Reste von Kornelkirschen gefunden. Hildegard von Bingen (1098–1179) empfahl Kornelkirschen als wohltuend für den Magen und gegen Gicht. Die Kerne wurden früher als Kaffee-Ersatz geröstet. Die sauren Früchte können entweder roh oder kandiert genossen oder mit Zucker und Essig zu Kompott, Marmeladen, Gelees und Fruchtsäften verarbeitet werden.

Roter Hartriegel, *Cornus sanguinea* L.
Familie: Hartriegelgewächse, Cornaceae

1 Blütenstand 2 Früchte 3 Blatt mit Gefäßbündeln

| J | F | M | A | **M** | **J** | J | A | **S** | O | N | D |

Beschreibung: Bis 5 m hoher, reich verzweigter Strauch oder kleiner Baum mit breiter, gerundeter Krone. Junge Zweige kahl oder fein lückig anliegend behaart, grünlich, sonnenseits gerötet oder rot. Zweige im Winter intensiver rot gefärbt als im Sommer. Gegenständige Blätter eiförmig, mit 3–4 Paaren von Seitennerven, die auffällig bogig zur Blattspitze verlaufen, bis 10 cm lang. Beim Auseinanderziehen der frischen Blätter ziehen sich die Gefäßbündel wie Fäden. Weiße, 4-zählige Blüten in Schirmrispen bis Rispen endständig an den belaubten Zweigen. Schwarze Frucht weiß punktiert, 1–2 Samen enthaltend.

Vorkommen: Weit verbreitetes Gehölz in Auen- und Laubmischwäldern, an Wald- und Gebüschsäumen sowie an Straßenböschungen. Vom Tiefland bis in 1500 m Höhe in den Alpen. Wegen der schönen Blütenstände, der roten Zweige und der intensiv weinroten, lange anhaltenden Herbstfärbung häufig angepflanzt. Sehr lichtbedürftiges Gehölz.

Verbreitung: Europa bis Kaukasus.

Anmerkung: Die ± erbsengroßen Früchte werden von Vögeln und einigen Säugetieren gefressen und durch deren Ausscheidungen verbreitet. Für den Menschen sind sie ungiftig, aber roh ungenießbar. Gekocht können sie zu Marmelade verarbeitet werden.

Haselnuss, Gewöhnliche Hasel, *Corylus avellana* L.
Familie: Birkengewächse, Betulaceae

1 weibliche Blütenkätzchen 2 männliche Blütenkätzchen 3 Früchte 4 Borke

| J | F | M | A | M | J | J | A | S | O | N | D |

Beschreibung: Bis 6 m hoher Strauch mit verzweigten Stämmen und langen, biegsamen unverzweigten Rutentrieben. Junge Zweige hin und her gebogen, vor allem im Spitzenbereich abstehend drüsig behaart. Wechselständige Blätter zweizeilig stehend, 6–10 cm lang und ± ebenso breit und ± rundlich, unterseits auf den Nerven behaart. Mit lanzettförmigen Nebenblättern. Die männlichen Kätzchen sind lang und herabhängend, die weiblichen Blüten haben eine unscheinbare Blütenhülle, aus deren Vorblättern sich eine zerschlitzte Fruchthülle entwickelt. Die einsamigen Nüsse stehen zu 1–4 in Büscheln zusammen.

Vorkommen: In lichten Auen- und Laubmischwäldern, an Wald- und Gebüschsäumen. Vom Tiefland bis in 1400 m Höhe.

Verbreitung: Europa

Anmerkung: Das aus den Nüssen gepresste Öl ist Bestandteil von Parfums, Massageölen, Seifen und Schmiermitteln. Die Blätter können als Tee aufgegossen werden; in Notzeiten wurden sie als Tabakersatz geraucht. Die Kätzchen werden in der Volksmedizin als Grippetee aufgegossen. Das Holz ist lichtbraun und weniger dauerhaft als das anderer Bäume, dennoch wird es zur Herstellung von Möbeln und Schnitzereien sehr geschätzt. Früher wurden die biegsamen Haselzweige als Korbbügel und Wünschelruten, für Flechtzäune und auch als Schlingen für Tierfallen verwendet. Aus den stärkeren Ästen wurden Spazierstöcke, Armbrustbögen und Wurfspeerschäfte hergestellt. Da das Holz recht rückstandsfrei verbrennt, wurde es zur Herstellung von Schießpulver und Zeichenkohle genutzt.

Baum-Hasel, Türkische Hasel, *Corylus colurna* L.
Familie: Birkengewächse, Betulaceae

1 Blütenstand 2 Früchte 3 Borke

J	F	M	A	M	J	J	A	S	O	N	D

Beschreibung: Bis 25 m hoher Baum mit anfangs ebenmäßig pyramidaler, später sehr breiter und dichter Krone. Schuppenborke grau bis graubraun. Junge Zweige hellbraun, anfangs dicht behaart, mit Drüsenhaaren und länglichen Korkporen. Rinde schon im 1. Jahr längs aufreißend. Einfache Blätter bis 15 cm lang, zweizeilig angeordnet und beiderseits weichhaarig, mit länglichen Nebenblättern. Die männlichen Kätzchen sind lang herabhängend, die weiblichen sehen Blattknospen ähnlich, nur dass die roten Griffel zwischen den Knospenschuppen herausragen. Aus den Blütenvorblättern entwickelt sich eine sackartig verwachsene, drüsig behaarte Fruchthülle, die die einsamige Nuss umgibt. Frucht in Büscheln zu 1–4 stehend.

Vorkommen: Häufig als Park-, Straßen- und Alleebaum angepflanzt.

Verbreitung: Von Südosteuropa über Kleinasien, den Kaukasus bis zum Himalaja.

Anmerkung: Dieser gegenüber Luftverschmutzung, Lufttrockenheit und Frost unempfindliche Strauch wird seit dem 16. Jh. kultiviert. Die Früchte sind relativ klein, schmecken aber sehr gut.

Lambertsnuss, *Corylus maxima* Mill. 'Purpurea'
Familie: Birkengewächse, Betulaceae

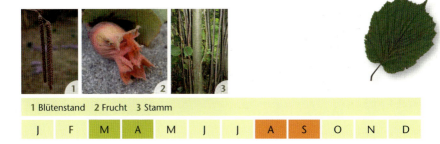

1 Blütenstand 2 Frucht 3 Stamm

| J | F | M | A | M | J | J | A | S | O | N | D |

Beschreibung: Bis 5 m hoher, mehrstämmiger, reich verzweigter Strauch. Junge Zweige rötlich bis rot, ± fein filzig behaart und mit Drüsenborsten besetzt, graubraun, später verkahlend. 5–12 cm lange, wechselständige Blätter zweizeilig und außer in der rötlichen Farbe der Gewöhnlichen Hasel sehr ähnlich. Die männlichen Kätzchen sind lang herabhängend und ebenfalls rot gefärbt. Die (bei 'Purpurea' ebenfalls roten) Früchte (kl. Bild) sind bis zu 2,5 cm groß und stehen zu 1–3 zusammen. Ihre Fruchthülle ist samtig behaart und doppelt so lang wie die Nuss.

Vorkommen: Häufig als sogenannte Blut-Hasel in Gärten und Parks angepflanzt.

Verbreitung: Das Areal der Normalform erstreckt sich von Südosteuropa über Kleinasien bis zum Kaukasus.

Anmerkung: In Mitteleuropa ist nur die *Purpurea*-Form in Kultur. Die Früchte der Normalform sind bei uns als Haselnüsse im Handel, während die Früchte der heimischem Hasel kleiner sind und meist nur auf alternativen Märkten angeboten werden.

Gewöhnliche Zwergmispel, Felsen-Zwergmispel
Cotoneaster integerrimus Med.
Familie: Rosengewächse, Rosaceae

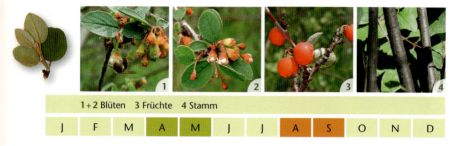

1 + 2 Blüten   3 Früchte   4 Stamm

| J | F | M | A | M | J | J | A | S | O | N | D |

Beschreibung: Bis 1 m hoher, vom Grund an verzweigter Strauch mit anfangs filzig behaarten, ± aufrechten Zweigen. Epidermis sich im 2. Jahr lösend und Rinde dann braun. Einfache Blätter zweizeilig angeordnet, rundlich bis lanzettförmig und ganzrandig, bis 4 cm lang, oberseits kahl und unterseits hellgrün filzig behaart.

Weiß bis rosa Blüten zu vielen bis wenigen in Schirmrispen oder Schirmtrauben (selten einzeln) am Ende beblätterter, seitlicher Kurztriebe. An der roten, apfelförmigen Frucht sind die fleischigen Kelchblätter noch deutlich erkennbar.

Vorkommen: An sommerwarmen und sommertrockenen, voll besonnten Felshängen. In den Alpen bis in 2000 m Höhe.

Verbreitung: Europa bis Kleinasien und Kaukasus.

Anmerkung: Wie bei fast allen Arten der Gattung sind sämtliche Pflanzenteile – vor allem aber die Früchte – schwach giftig. Bis zu 80 g der Gewöhnlichen Zwergmispel gelten als unbedenklich; es gibt jedoch Arten mit einem höheren Anteil von Blausäureglykosiden. In unseren Gärten sind vor allem ostasiatische, zum Teil immergrüne Arten angepflanzt, deren Fruchtschmuck und Zierwert höher sind als diejenigen der heimischen Arten.

Filzige Zwergmispel
Cotoneaster tomentosus (Ait.) Lindl.
Familie: Rosengewächse, Rosaceae

1 + 2 Blüten   3 Früchte   4 1-, 2- und 3-jähriger Stamm

J	F	M	A	M	J	J	A	S	O	N	D

Beschreibung: Locker verzweigter, bis 2 m hoher Strauch mit spreizenden oder etwas überhängenden Zweigen und dunkelbrauner Rinde. Junge Zweige rotbraun, ± dicht filzig behaart. Zweizeilig angeordnete, rundliche bis lanzettförmige Blätter ganzrandig, unterseits weiß filzig behaart, bis 6 cm lang. Kelch und Blütenstiel der weiß bis rosafarbenen Blüten weiß filzig behaart. Blüten zu mehreren in Schirmrispen oder Schirmtrauben, selten einzeln. Rote Apfelfrüchtchen behaart.

Vorkommen: Nicht weit verbreitetes, wärmeliebendes Gehölz an lichten Wald- und Gebüschsäumen. In den Alpen bis in 1700 m Höhe.

Verbreitung: Südliches Mitteleuropa und Südeuropa.

Anmerkung: Die Filzige Zwergmispel ist eine der wenigen in Mitteleuropa heimischen Mispel-Arten. Wie bei den meisten Arten sind alle Pflanzenteile – aber 0besonders die Früchte – schwach giftig.

Zweigriffeliger Weißdorn
Crataegus laevigata (Poir.) DC.
Familie: Rosengewächse, Rosaceae

1 Blüten   2 Früchte   3 Borke

| J | F | M | A | M | J | J | A | S | O | N | D |

Beschreibung: Bis 8 m hoher, dornig bewehrter, kleiner Baum oder Großstrauch mit graubrauner, flacher Schuppenborke (kl. Bild). Junge Zweige kahl, mit bis zu 1 cm langen Dornen bewehrt. Endabschnitte größerer Langtriebe stets dornenlos. Wechselständig Blätter einfach, 3–5 cm lang und meist ungleichmäßig mit 1–2 abgerundeten, leicht eingeschnittenen Lappen gezähnt. Nebenblätter am Blattstiel angewachsen. Weiße, 5-zählige Blüten mit zwei Griffeln, zur Reifezeit einen kleinen, dunkelroten Steinapfel mit mehligem Fleisch und zwei Steinkernen (kl. Bild) bildend.

Vorkommen: In lichten Laubmischwäldern, an Wald- und Gebüschsäumen. Häufig als Pioniergehölz auf aufgelassenen Kulturflächen oder als Feldgehölz. Vom Tiefland bis in 1000 m Höhe in den Alpen.

Verbreitung: Europa

Anmerkung: Sehr ähnlich ist der Eingriffelige Weißdorn (*Crataegus monogyna* JACQ.) mit nur einem Griffel (und nur einem Steinkern), bis 2,5 cm langen Dornen und tiefer eingeschnittenen Blättern. Beide Arten sind beliebte Heckenpflanzen, in denen Vögel geschützte Nistplätze finden. Der Sage nach wohnen in ihnen die Elfen, und so wurden ihre Zweige über die Stalleingänge gehängt. Die Früchte lassen sich vielfältig zu Wein, Marmelade und Konfekt verarbeiten. Früher wurden sie als Kaffee- und als Mehlersatz für «Müllersbrot» gemahlen. In der Heilkunde schätzt man ihre herzstärkenden Eigenschaften. Die Blätter liefern zudem Tee und Wildgemüse und wurden als Tabakersatz geraucht. Das sehr harte Holz ist auch zum Schreinern und Drechseln beliebt. Als Rotdorn werden die rot blühenden Gartenformen bezeichnet. Es sind Hybriden dieser beiden Arten (*C. laevigata* x *C. monogyna*). Der Gattungsname Weißdorn geht entweder auf die weißen Blüten oder auf die helle Rinde zurück. Daneben gibt es eine Vielzahl anderer deutscher Namen, wie z. B. Hagedorn, Heckendorn und Weißheckdorn.

Echte Quitte
Cydonia oblonga Mill.
Familie: Rosengewächse, Rosaceae

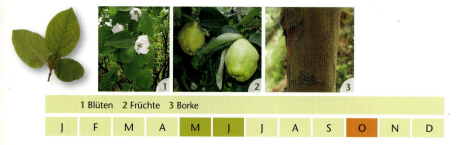

1 Blüten 2 Früchte 3 Borke

| J | F | M | A | M | J | J | A | S | O | N | D |

Beschreibung: Bis 6 m hoher, meist sehr breitkroniger, vom Grund an verzweigter Baum oder Großstrauch mit sich in großen, dünnen Platten lösender Borke (kl. Bild), die an den dickeren Zweigen und Stämmen ein geschecktes Muster hinterlässt. Junge Zweige dunkelbraun, mit zahlreichen, hellen Korkporen, vor allem an der Spitze behaart. Zweige durch hervorstehende Blattpolster etwas knotig erscheinend. Einfache Blätter wechselständig und ganzrandig, 5–10 cm lang und unterseits dicht filzig behaart, oberseits stumpfgrün. Nebenblätter groß. Weiße bis rosafarbene Blüten meist über 2 cm breit und 5-zählig, stets einzeln und endständig an beblätterten Zweigen, mit zurückgeschlagenen Kelchblättern. 4–12 cm große Früchte mit zahlreichen Samenanlagen pro Fach.

Vorkommen: Als altes Kulturgehölz früher häufig, vor allem in Bauerngärten angepflanzt.

Verbreitung: Südwest- bis Mittelasien.

Anmerkung: Die Früchte der Quitte sind roh ungenießbar, aber gekocht schmackhaft, sie werden gerne zu Kompott, Likör oder Marmelade verarbeitet.

Besenginster, *Cytisus scoparius* (L.) Link
Familie: Hülsenfrüchtler, Leguminosae
Unterfamilie: Schmetterlingsblütler, Faboideae

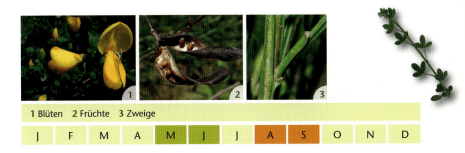

1 Blüten 2 Früchte 3 Zweige

| J | F | M | A | **M** | **J** | J | **A** | **S** | O | N | D |

Beschreibung: 1–3 m hoher, stark verzweigter Strauch mit grünen, rutenförmigen, gerillten Zweigen (kl. Bild). Wechselständige Blätter klein und früh abfallend. Gelbe Schmetterlingsblüten zu 1–2 blattachselständig. Mit den für die gesamte Familie typischen Hülsenfrüchten. Die Samen bleiben bis zur Reifezeit am Fruchtblatt angeheftet und fallen dann ab.

Vorkommen: In lichten Laubwäldern, auf Waldlichtungen und Weiden, an Straßenböschungen. Kalkmeidend.

Verbreitung: West- und Mitteleuropa bis Westrussland. Vom Flachland bis in 1100 m Höhe in Gebirgslagen.

Anmerkung: Aufgrund seiner bodenverbessernden Eigenschaften (Wurzelknöllchen mit stickstofffixierenden Bakterien) wird Besenginster zur Böschungsbefestigung gepflanzt. Da er frostempfindlich ist, friert er in strengen Wintern bis auf den Stamm zurück. Früher diente er zum Besenbinden, als Färbepflanze und sogar als Hopfenersatz beim Bierbrauen. Alle Pflanzenteile sind jedoch durch Alkaloide schwach giftig und verursachen Erbrechen, Durchfall, Schwindel und Kopfschmerzen. In der Volksmedizin wird Besenginster als harntreibendes Mittel und bei Herz-Kreislauf-Beschwerden eingesetzt.

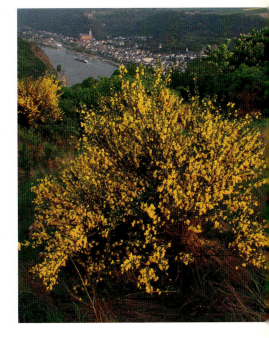

Gewöhnlicher Seidelbast, Kellerhals
Daphne mezereum L.
Familie: Seidelbastgewächse, Thymelaeaceae

1 Blüten 2 Früchte 3 Blätter

| J | F | M | A | M | J | J | A | S | O | N | D |

Beschreibung: Bis 1,2 m hoher, nur wenig verzweigter Strauch mit aufrechten, anfangs anliegend silbrig behaarten, bald verkahlenden, graubraunen Zweigen, mit kleinen Korkwarzen. 4–10 cm lange Blätter wechselständig, 2- bis 3-mal so lang wie breit, mit allmählich in den Blattstiel übergehender, glatter Spreite. Rosafarbene Blüten in wenigblütigen Trauben direkt am Stamm sitzend, zuweilen scheinbar einzeln achselständig. Die 8 Staubblätter sind an die 4, zu einer deutlichen Röhre verwachsenen Perigonblätter angewachsen. Scharlachrote, erbsengroße Früchte mit schwarzem Steinkern.

Vorkommen: In Buchen-, Eichen-Hainbuchen- und Nadelmischwäldern der Hügel- und Bergwaldstufe. In den Alpen bis in 2000 m Höhe.

Verbreitung: Von Europa bis zum Altai-Gebirge, dem Kaukasus und Iran.

Anmerkung: Alle Pflanzenteile sind stark giftig und verursachen Erbrechen, Krämpfe, Blutungen und Brennen in der Kehle. Der Name «Kellerhals» geht auf das mittelhochdeutsche «kellen» zurück, was so viel wie «sich quälen» bedeutet, und das würgende, brennende Gefühl beschreibt. Früher verwendete man die Pflanze zur Linderung von Kopf- und Zahnschmerzen und legte die Rinde als Zugpflaster in Essig ein. Bachstelzen und Drosseln können das für Menschen stark giftige Fruchtfleisch fressen. Sie speien die Steinkerne wieder aus und tragen dadurch zur Verbreitung des Strauches bei. Alle Arten der Gattung sind selten geworden und stehen unter Naturschutz! Der Gewöhnliche Seidelbast ist die einzige in Mitteleuropa heimische Art, bei der die Blüten direkt am Stamm gebildet werden (Kauliflorie).

Schmalblättrige Ölweide
Elaeagnus angustifolia L.
Familie: Ölweidengewächse, Elaeagnaceae

1 Blütenstand 2 Blüte 3 Früchte

J	F	M	A	M	J	J	A	S	O	N	D

Beschreibung: Bis 7 m hoher, breitkroniger Baum mit starken Ästen und übergebogenen, dunkel rotbraunen, kahlen Zweigen. Streifenborke flach, grau bis graubraun. Junge Zweige durch winzige Schuppenhaare silbrig. Wechselständige Blätter schmal lanzettförmig, ledrig und 4–8 cm lang, vorne spitz oder stumpf gerundet, am Grund keilförmig, oberseits graugrün und kahl, unterseits durch weißliche, sternförmige Haare silbergrau. Angenehm lederartig duftende Blüten, kurz gestielt, einzeln oder zu 1–3 (selten bis zu 6) in den Blattachseln im unteren Bereich der Zweige; sie sind zwittrig oder rein männlich und bis zu 1 cm groß. Blütenkronblätter fehlen, und die Kelchblätter sind innen hellgelb, außen silbrig behaart. Die hellgelben Früchte (Scheinbeeren) sind 1–2 cm lang und oval bis zylindrisch.

Vorkommen: In Mitteleuropa wegen seiner schönen, silbrigen Belaubung und der intensiv duftenden Blüten als Parkbaum und an Straßenböschungen angepflanzt.

Verbreitung: Klein- und Westasien bis Mittelasien, Mittelmeergebiet.

Anmerkung: Die Früchte sind essbar und schmecken sehr aromatisch, in Mitteleuropa gelangen sie allerdings nur selten zur Fruchtreife.

Gewöhnlicher Spindelstrauch
Gewöhnliches Pfaffenhütchen, *Euonymus europaea* L.
Familie: Spindelstrauchgewächse, Celastraceae

1+2 Blüten   3 Früchte   4 Korkleisten

| J | F | M | A | M | J | J | A | S | O | N | D |

Beschreibung: Bis 6 m hoher, sparrig gegenständiger, dicht verzweigter, breitbuschiger Strauch. Die jung grünen Zweige haben ± ausgeprägte Korkleisten und können sonnenseitig gerötet bis rotbraun sein. Die gegenständigen, 3–8 cm langen Blätter sind eiförmig-elliptisch bis länglich und gesägt, oberseits kahl und unterseits auf den Nerven behaart. Die hellgrünen Blüten sind 4-zählig, mit gelben Staubbeuteln. Für die Spindelsträucher sind die aus der rötlichen Fruchthülle heraushängenden Samen typisch. Sie werden von einem orangefarbenen Samenmantel, dem Arillus, umschlossen, darin befindet sich der eigentliche Samen.

Vorkommen: Weit verbreitetes Gehölz in Auen- und Laubmischwäldern, an Waldsäumen, Feldrainen und Gebüschen. Vom Tiefland bis in 1200 m Höhe in den Alpen.

Verbreitung: Europa bis zur Wolga, Kleinasien, Kaukasus.

Anmerkung: Das Pfaffenhütchen wird wegen der hübschen Früchte häufig als Zierstrauch angepflanzt. Blätter, Rinde und vor allem die, von einem orangeroten Samenmantel umgebenen, weißen Samen sind giftig; der Verzehr kann zu Darmentzündungen, Durchfall, Krämpfen und Kreislaufschädigungen führen. Das Holz wird wegen der hübschen Maserung gerne zum Drechseln verwendet.

Breitblättriger Spindelstrauch
Breitblättriges Pfaffenhütchen, *Euonymus latifolia* (L.) Mill.
Familie: Spindelstrauchgewächse, Celastraceae

1 Früchte   2 Samen   3 Stängel   4 Stamm

| J | F | M | A | M | J | J | A | S | O | N | D |

Beschreibung: Bis 5 m hoher, nur wenig verzweigter Strauch mit übergebogenen Zweigen. Die jung grünen Zweige sind gerundet oder schwach vierkantig und sonnenseits oft gerötet oder braunrot. Sie haben zahlreiche, dicht stehende, winzige Korkwarzen. Die gegenständigen Blätter sind länglich bis verkehrt eiförmig-elliptisch und regelmäßig fein gesägt. Die grünlichen Blüten sind 5-zählig und rot gerandet. Die karminrote Frucht ist von einem orangefarbenen Samenmantel umgeben, die Samen sind weiß (kl. Bild).

Vorkommen: In Deutschland selten, nur südlich der Donau. In Laub- und Nadelmischwäldern und an Waldsäumen. Halbschatten vertragend. Von der Hügelstufe bis in 1600 m Höhe in den Alpen.

Verbreitung: Europa, Kleinasien, Kaukasus bis Iran.

Anmerkung: Das Breitblättrige Pfaffenhütchen ist ebenso wie das Gewöhnliche Pfaffenhütchen giftig. Es enthält in allen Teilen und besonders in den Samen Digitaloide (herzwirksame Stoffe) und alkaloidähnliche Substanzen (Evonin).

Rot-Buche, *Fagus sylvatica* L.
Familie: Buchengewächse, Fagaceae

1 weibliche Blüten 2 männliche Blüten 3 Früchte 4 Borke

J	F	M	A	M	J	J	A	S	O	N	D

Beschreibung: 25–30 m hoher, reich verzweigter Baum mit glatter, silbergrauer Borke. Stämme im Bestand langschäftig, mit oft nur schmaler Krone. Bäume im Freistand meist nur kurzstämmig, mit kräftigen Ästen und breiter, oft fast bis zum Boden reichender Krone. Junge Zweige mit grünlichem Mark. 5–10 cm lange Blätter, zweizeilig, einfach und am Rand gezähnt, leicht buchtig gekerbt bis ganzrandig, jederseits mit 5–9 Seitenadern. Eingeschlechtliche und einhäusige Blüten windbestäubt und unscheinbar, die weiblichen mit federig behaarten Narben und die männlichen in hängenden Büscheln. Meist sitzen 2 Nüsse (die sog. Bucheckern) in einem stark verholzten Fruchtbecher, der sich zur Reife 4-klappig öffnet (Bild unten) und oft den Winter über an den Zweigen bleibt.

Vorkommen: Reinbestände bildend oder in Mischwäldern. Häufigster Waldbaum Mitteleuropas. In Parks oft angepflanzt.

Verbreitung: Europa

Anmerkung: Aus Bucheckern kann ein Speiseöl gewonnen werden; roh sind sie nur bis zu ca. 50 Stück verträglich, in größeren Mengen roh verzehrt können sie durch Blausäure-Glykoside Unwohlsein hervorrufen. Die Blätter sind ebenfalls essbar und wurden früher als Salat gegessen, wie Sauerkraut eingelegt, zum Anfärben von Likör verwendet, bei Zahnfleischproblemen zerkaut oder bei Geschwüren als Wundauflagen genutzt. Früher wurde mit Buchenstäben, auf denen Runen eingeritzt waren, orakelt. Darauf könnte die Etymologie des Begriffs «Buchstaben», unserer Schriftzeichen, zurückgehen. Die Buche ist einer der wichtigsten Holzlieferanten. Das harte, schwere Holz hat eine hohe Biegefestigkeit und wird im Möbelbau sowohl massiv als auch als Furnier verwendet.

Gewöhnliche Esche, *Fraxinus excelsior* L.
Familie: Ölbaumgewächse, Oleaceae

1 Blütenstand 2 Blüte 3 Früchte 4 glatte Rippenborke 5 längsrissige Rippenborke

| J | F | M | A | M | J | J | A | S | O | N | D |

Beschreibung: 25–40 m hoher, nur mäßig verzweigter Baum mit breiter, gerundeter Krone, kräftigen Ästen und oft langschäftigen Stämmen mit grauer, zunächst glatter (kl. Bild) und im Alter längsrissiger Rippenborke (kl. Bild). Gegenständige Blätter mit 9–13 Fiederblättchen, insgesamt ca. 25 cm lang. Rispiger Blütenstand mit unscheinbaren Einzelblüten ohne Blütenhülle. Neben zwittrigen Blüten werden auch rein männliche und rein weibliche gebildet. Es gibt sowohl einhäusige als auch zweihäusige Bäume. Die länglichen und stark abgeflachten Flügelnussfrüchte sind an einem Ende geflügelt und hängen in end- oder seitenständigen Rispen.

Vorkommen: In Auen- und Laubmischwäldern.

Verbreitung: Europa bis Kaukasus und Nordiran.

Anmerkung: Manche Bäume sind statt mit Früchten mit schwarzen, verholzten Blütenstandsgallen besetzt. Eschenlaub wurde früher frisch oder getrocknet als Viehfutter verwendet. In der nordischen Mythologie spielt die Esche als Weltenbaum Yggdrasil eine wichtige Rolle sowohl als Sinnbild des Lebens als auch der Schöpfung. Das harte, zähe und besonders elastische Holz zählt seit Langem zu den wertvollsten Hölzern der mitteleuropäischen Wälder. Heute werden aus ihm hauptsächlich Parkettböden, Möbel, Furniere, Werkzeugstiele, Bögen und Barrenholme gefertigt. Früher wurde es auch für Radreifen, Schlittenkufen, Achsen, Deichseln, Schneeschuhe, Ackergeräte und Speere verwendet. Sogar die Pfeile des römischen Liebesgottes Amor sollen aus Eschenholz gewesen sein.

Manna-Esche, Blumen-Esche, *Fraxinus ornus* L.
Familie: Ölbaumgewächse, Oleaceae

1 Blütenstand 2 Blüte 3 unreife Früchte 4 Früchte

| J | F | M | A | M | J | J | A | S | O | N | D |

Beschreibung: 10–15 m hoher, mäßig bis dicht verzweigter, bisweilen vom Grund an mehrstämmiger Baum mit dunkelgrauer Borke. Gegenständige Blätter mit 7–9 Fiederblättchen, insgesamt 15–20 cm lang. Weiße Blüten in hängenden Rispen. Die länglichen Flügelnussfrüchte sind an einem Ende geflügelt und werden zur Reifezeit glänzend dunkelbraun, sie bleiben bisweilen noch bis zum Frühjahr am Ende der jungen Zweige hängen.

Vorkommen: An sonnigen Trockenhängen und in lichten Laubmischwäldern. Als Park- oder Straßenbaum häufig angepflanzt.

Verbreitung: Südliches Europa bis Westasien.

Anmerkung: Die Manna-Esche verdankt ihren Namen dem mannitolhaltigen Baumsaft, dem «Manna», der als Abführmittel verwendet werden kann.

Ginkgo, *Ginkgo biloba* L.
Familie: Ginkgogewächse, Ginkgoaceae

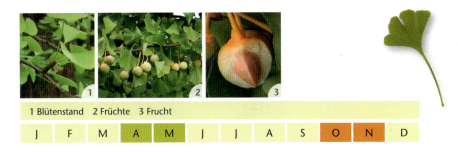

1 Blütenstand 2 Früchte 3 Frucht

| J | F | M | A | M | J | J | A | S | O | N | D |

Beschreibung: 30–40 m hoher Baum mit anfangs wenig verzweigter, locker kegelförmiger Krone und grauer Rippenborke. Zweigsystem deutlich in Lang- und Kurztriebe gegliedert. Kurztriebe auch im Alter sehr gestaucht bleibend, mit dicht stehenden Blättern. Wechselständige, fächerförmig 2-lappige Blätter bis 10 cm lang. Zweihäusige Blüten (d. h. es gibt männliche und weibliche Bäume) mit männlichen Kätzchen, die nur aus einer Achse mit daran sitzenden Staubblättern bestehen und unscheinbaren weiblichen Blüten mit 2 nackten Samenanlagen auf einem Stiel. Kugelförmige bis rundliche, 2,5 cm große Samen, reif einem lang gestielten Wulst aufsitzend und zusammen einer Mirabellenfrucht ähnlich sehend, ranzig (nach Buttersäure) riechend.

Vorkommen: Häufig in Parks angepflanzt.

Verbreitung: Südostchina

Anmerkung: Der Ginkgo sieht Laubbäumen ähnlich, ist aber der letzte überlebende Vertreter der Ginkgoartigen, einer Klasse innerhalb der Nacktsamer, und wird als «lebendes Fossil» bezeichnet. Wegen des unangenehmen Geruchs der Früchte werden meist nur männliche Bäume gepflanzt. In Asien dienen die Kerne, in den harten Samen gegart, als Beilage zu verschiedenen Gerichten, geröstet und gesalzen werden sie als Knabberei angeboten oder als Gewürz verwendet. In der asiatischen Philosophie werden die Wuchsform und die in der Pflanzenwelt einzigartige Blattform mit dem Symbol des Yin-Yang – dem Inbegriff der Harmonie – in enge Verbindung gebracht. Die schlanke Wuchsform steht für das Yang und wird mit Aktivität und Lebenskraft gleichgesetzt, während die Blätter das Yin, also Sanftheit und Weichheit, verkörpern. Zusätzlich vereint der Ginkgo Langlebigkeit, Widerstandsfähigkeit und Anpassungsfähigkeit in sich, und er gilt als besonders hitze- und krankheitsresistent. Er wurde als heiliger Baum betrachtet und als Tempelbaum verehrt. Ginkgoblätter wurden schon im Mittelalter zur Behandlung verschiedenster Krankheiten eingesetzt. Heute steht vor allem die durchblutungsfördernde Wirkung im Vordergrund.

Strauch-Kronwicke, *Hippocrepis emerus* (L.) Lassen
Familie: Hülsenfrüchtler, Leguminosae
Unterfamilie: Schmetterlingsblütler, Faboideae

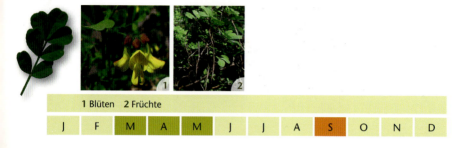

1 Blüten   2 Früchte

| J | F | M | A | M | J | J | A | S | O | N | D |

Beschreibung: Bis 2 m hoher, reich verzweigter Strauch mit graubrauner Rinde. Junge Zweige hin und her gebogen, durch erhabene Blattpolster knotig erscheinend, anfangs anliegend behaart und im ersten Jahr noch grün. Wechselständige Blätter mit 7–9 Blattfiedern, die jeweils ca. 2 cm lang sind. Die Endfieder ist ungestielt. Die Nebenblätter bleiben erhalten. Gelbe Schmetterlingsblüten zu 2–5 in Dolden mit oft rot gezeichneter Fahne (unteres Blütenkronblatt). Die 5–10 cm langen Hülsenfrüchte zerfallen zur Reifezeit in Einzelabschnitte.

Vorkommen: Selten in lichten Eichen- und Kiefernwäldern sowie auf Felshängen. Häufig auf Kalk.

Verbreitung: Süd- und südliches Mitteleuropa bis Westasien.

Anmerkung: Die Strauch-Kronwicke wird auch als Zierstrauch angepflanzt.

Gewöhnlicher Sanddorn
Hippophae rhamnoides L.
Familie: Ölweidengewächse, Elaeagnaceae

1 weibliche Blüten   2 männliche Blüten   3 Früchte   4 Blattunterseite

| J | F | M | A | M | J | J | A | S | O | N | D |

Beschreibung: Bis 10 m hoher, dornig bewehrter, kurzstämmiger Baum oder schon vom Grund an bewehrter, dicht verzweigter Großstrauch. Junge Zweige durch dicht stehende Schuppenhaare silbrig bis rötlich (kl. Bild), später graubraun, ältere mit längsrissiger, graubrauner Borke. Wechselständige Blätter oberseits mit zerstreuten Schüppchen, unterseits silberweiß, lineal- bis lanzettförmig und ca. 8 cm lang. Eingeschlechtliche, unscheinbare Blüten zweihäusig (d. h. es gibt männliche und weibliche Sträucher), männliche sehr kurz gestielt in kugeligen Blütenständen, weibliche in ährigen Trauben. Orangerote Früchte meist dicht beieinander in Trauben mit wenigen Steinfrüchten. Das Fruchtfleisch ist wässrigfleischig und der Kern (Samen) etwas asymmetrisch.

Vorkommen: Lichtbedürftiges Gehölz. In Mitteleuropa im Hinterdünenbereich der Küsten von Nord- und Ostsee. Im Binnenland im Oberrheingebiet, in den Alpen und im Alpenvorland auf Kiesschotter. Häufig angepflanzt und verwildert oder eingebürgert. Durch die Wurzelsprosse sich an geeigneten Standorten schnell ausbreitend.

Verbreitung: Eurasien. Von der Nordsee bis Mittelasien, über Kleinasien, den Kaukasus bis zum Iran.

Anmerkung: Einen weiblichen Strauch erkennt man an den vitaminreichen Beeren, die mitunter bis zum Frühjahr an den Zweigen bleiben. Sie können vielfältig zu Marmeladen, Likören und Süßspeisen verarbeitet werden.

Echte Walnuss, *Juglans regia* L.
Familie: Walnussgewächse, Juglandaceae

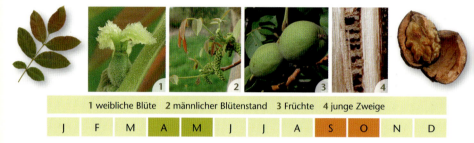

1 weibliche Blüte   2 männlicher Blütenstand   3 Früchte   4 junge Zweige

| J | F | M | A | M | J | J | A | S | O | N | D |

Beschreibung: Bis 25 m (selten 35 m) hoher, breitkroniger Baum mit meist nur kurzem Stamm und kräftigen Ästen. Borke längsrissig und graubraun oder schwarzgrau. Junge Zweige mit gekammertem Mark (kl. Bild). Wechselständige Blätter mit 5–9 fast ganzrandigen, bis zu 9 cm langen, kahlen Fiederblättchen (unterseits achselbärtig), von denen das endständige am größten ist, gerieben stark würzig riechend. Einhäusige Blütenstände, von denen die männlichen kätzchenförmig herabhängen und die weiblichen (kl. Bild) in den Achseln der Blätter stehen. Früchte (Walnüsse) zu 1–2 (selten bis 4) in endständigen Ähren. Die Fruchtwand ist grün und ledrig mit feinen, hellen Flecken und umschließt die eigentliche verholzte Nuss mit gefurchter Oberfläche.

Vorkommen: In Mitteleuropa häufig angepflanzt und eingebürgert.

Verbreitung: Südosteuropa bis Südwestasien und Iran.

Anmerkung: Die Steinfrüchte der Walnuss werden vielfältig verwendet. Neben dem Rohverzehr werden sie zum Backen und zur Ölherstellung verwendet. Das Öl wurde früher auch für die Ölmalerei verwendet, und der Extrakt der grünen Fruchthülle ist in Haarfärbe- und Hautbräunungsmitteln enthalten. Die gerbstoffreichen Inhaltsstoffe werden gegen Schleimhautentzündung und Durchfall sowie gegen Hauterkrankungen eingesetzt.

Gewöhnlicher Goldregen, *Laburnum anagyroides* Med.
Familie: Hülsenfrüchtler, Leguminosae
Unterfamilie: Schmetterlingsblütler, Faboideae

1+2 Blütenstände 3 Früchte 4 Kurztriebe

| J | F | M | A | M | J | J | A | S | O | N | D |

Beschreibung: Bis 7 m hoher, vom Grund an mehrstämmiger, kleiner Baum oder großer Strauch mit aufrechten Zweigen und glatter, olivgrüner Rinde. Junge Zweige olivgrün bis bräunlich und anfangs dicht anliegend silbrig behaart, bald verkahlend. Rinde aufreißend und sich papierartig lösend. Zweigsystem ± deutlich in Lang- und Kurztriebe (kl. Bild) gegliedert. 3-zählig gefiederte, ca. 5 cm lange, ganzrandige Blätter mit kurzen, bleibenden Nebenblättern. Gelbe Schmetterlingsblüten in bis zu 30 cm langen, hängenden Trauben. Bis 8 cm lange, seidig behaarte Hülsenfrüchte mit einzelnen Samen.

Vorkommen: An Waldrändern, Böschungen, in lichten Eichen- und Kiefernwäldern. In Mitteleuropa häufig als Zierstrauch angepflanzt und verwildernd. In den Alpen bis in 2000 m Höhe.

Verbreitung: Von Ostfrankreich bis Südosteuropa.

Anmerkung: Der Goldregen ist in allen Teilen, und besonders in den Früchten, sehr stark giftig und vor allem für Kinder gefährlich.

Gewöhnlicher Liguster, Rainweide
Ligustrum vulgare L.
Familie: Ölbaumgewächse, Oleaceae

1 Blütenstand 2 Früchte 3 Blätter 4 Borke

| J | F | M | A | M | J | J | A | S | O | N | D |

Beschreibung: Bis 7 m hoher, dicht und sparrig verzweigter Strauch mit grauer Rinde. Gegenständige, ca. 5 cm lange Blätter meist etwas derb, länglich bis lanzettförmig und oft immergrün. Weiße, 4-zählige Blüten trichterförmig. Schwarze Beerenfrüchte in Rispen.

Vorkommen: Lichtbedürftiges Gehölz. In lichten Kiefern- und Laubmischwäldern und in Gebüschen sowie an Straßenböschungen. In Deutschland weit verbreitet. In den Mittelgebirgen bis in 400 m, in den Nordalpen bis in 1100 m Höhe.

Verbreitung: In Europa von Spanien bis zum südlichen Osteuropa, Kleinasien und dem Kaukasus.

Anmerkung: Häufig angepflanztes Heckengehölz, das einen jahrzehntelangen Rückschnitt verträgt und vielseitig verwendet wurde, was auch seine weiteren Namen wie Rainweide, Beinholz, Tintenbeerstrauch und Zaunriegel belegen. Alle der schwach giftigen Pflanzenteile wurden verwendet. Aus den duftenden Blüten wird Eau de Toilette hergestellt, und die Beeren wurden wegen ihrer violett-schwarzblauen Farbstoffe zum Färben von Wolle und zum Anrühren von Farbpigmenten verwendet; ein Ölauszug lindert Sonnenbrand und ist angenehm bei trockener Haut. Die Zweige wurden zu Korbarbeiten verflochten, und das glatte, harte und feste Holz war für Drechsel- und Schnitzarbeiten geeignet.

Alpen-Heckenkirsche, *Lonicera alpigena* L.
Familie: Geißblattgewächse, Caprifoliaceae

1 Blüte 2+3 Früchte 4 Blätter

| J | F | M | A | M | J | J | A | S | O | N | D |

Beschreibung: 1 m (selten bis 3 m) hoher, aufrechter, nur mäßig verzweigter Strauch mit starren, markigen Zweigen. Einfache, elliptische Blätter ganzrandig und gegenständig, 6–8 cm lang, unterseits stark glänzend. Trichterförmige, rötliche Blüten zu zweien paarweise auf einem 2–5 cm langen Stiel in den Blattachseln stehend, deutlich 2-lippig. Die glänzenden roten Früchte (Doppelbeeren) sind giftig.

Vorkommen: Lichtbedürftiges Gehölz in Bergmischwäldern und in Hochstaudenfluren. In Deutschland vor allem südlich der Donau. In den Alpen bis in 2000 m Höhe.

Verbreitung: Gebirge Mittel- und Südeuropas von den Pyrenäen bis zum Balkan.

Anmerkung: Ihren Namen trägt diese Gattung zu Ehren des deutschen Arztes und Botanikers Adam Lonitzer (1528–1586). Weitere deutsche Namen für die Art sind Alpen-Doppelbeere und Rote Doppelbeere.

Blaue Heckenkirsche, *Lonicera caerulea* L.
Familie: Geißblattgewächse, Caprifoliaceae

1 Blüten   2 Früchte   3 Blätter   4 Borke

J	F	M	A	M	J	J	A	S	O	N	D
			A	M	J	J	A	S			

Beschreibung: Bis 2 m hoher, reich verzweigter und breitbuschiger Strauch mit rotbrauner Rinde, die sich in dünnen Streifen ablöst (kl. Bild). Junge Zweige mit Mark, ± bläulich bereift. Die gegenständigen Blätter sind einfach, elliptisch-eiförmig, ganzrandig und ca. 7 cm lang. Die gelblichen Blüten sind leicht asymmetrisch (zygomorph) und stehen zu zweien in den Blattachseln an einem gemeinsamen Blütenstiel. Die beiden Fruchtknoten des Blütenpaares sind fast vollständig miteinander verwachsen und bilden eine schwarzblau bereifte Doppelbeere.

Vorkommen: Zerstreut in lichten Bergwäldern und in der subalpinen Gebüschformation. In den Alpen bis in etwa 2450 m Höhe.

Verbreitung: Europäische Hochgebirge und Nordeuropa bis Sibirien.

Schwarze Heckenkirsche
Lonicera nigra L.
Familie: Geißblattgewächse, Caprifoliaceae

1 Früchte   2 bläulich bereifte Beere   3 Stamm

J	F	M	A	M	J	J	A	S	O	N	D

Beschreibung: Bis 1,5 m hoher, reich verzweigter Strauch mit graubraunen, markigen Zweigen. Junge Zweige dünn, rotbraun. Einfache Blätter gegenständig, ganzrandig, kahl und 4–8 cm lang. Die weiß bis trüb rosa gefärbten Blüten sind 2-lippig und stehen zu zweien in den Achseln der Blätter an einem gemeinsamen Stiel. Die schwarzen Doppelbeeren sind bläulich bereift (kl. Bild).

Vorkommen: Nicht häufig in Gebirgsnadelwäldern und in Gebüschen auf saurem Untergrund. Von der Gebirgsstufe bis in 1800 m Höhe in den Alpen.

Verbreitung: Gebirge Europas von den Pyrenäen bis zum Balkan, im Norden Europas fehlend.

Anmerkung: Die für den Menschen giftigen Beeren werden von Vögeln vertragen und verbreitet.

Wald-Geißblatt, Wildes Geißblatt
Lonicera periclymenum L.
Familie: Geißblattgewächse, Caprifoliaceae

1 Blütenstand 2 Blüte 3 Früchte

| J | F | M | A | M | J | J | A | S | O | N | D |

Beschreibung: Bis 5 m hohe Liane, die sich im Uhrzeigersinn ohne Ranken um andere Gehölze und um sich selbst windet. Junge Triebe hellbraun, schwach längsstreifig, anfangs behaart und bald verkahlend, sonnenseits gerötet, hohl. Einfache Blätter gegenständig und als eine der ersten Pflanzen nach dem Winter austreibend. Gelblich weiße Blüten in Quirlen, stark 2-lippig (zygomorph). Rote Beerenfrüchte in kugeligem Fruchtstand.

Vorkommen: Lichtbedürftige Liane. In wechselfeuchten, lichten Laubmischwäldern, an Waldrändern und in jungen Schonungen, Hecken und Gebüschen. In Mitteleuropa vom Tiefland bis in 800 m Höhe im Gebirge, nicht selten.

Verbreitung: Europa

Anmerkung: Das Wald-Geißblatt ist eine der wenigen einheimischen Lianen, die auch als Zierstrauch in verschiedenen Varianten gezüchtet wird. Die Blüten produzieren vor allem gegen Abend sehr starke Düfte, die Nachtschwärmer über weite Strecken wahrnehmen – sie werden auch in Parfüms geschätzt. Die Blüten können nur von großen Insekten mit langem Saugrüssel bestäubt werden. Die roten Beerenfrüchte sind schwach giftig, und der Verzehr größerer Mengen verursacht Durchfall und Erbrechen.

Rote Heckenkirsche, Gewöhnliche Heckenkirsche
Lonicera xylosteum L.
Familie: Geißblattgewächse, Caprifoliaceae

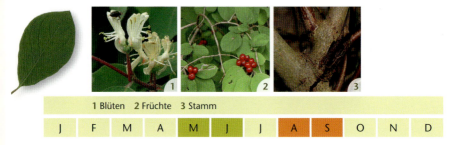

1 Blüten   2 Früchte   3 Stamm

| J | F | M | A | M | J | J | A | S | O | N | D |

Beschreibung: Bis 3 m hoher, reich verzweigter, breitbuschiger Strauch mit graubrauner Rinde. Junge Zweige dünn und hohl. Die graubraune Rinde löst sich im Alter in Streifen ab. Einfache Blätter gegenständig, elliptisch und beiderseits flaumig behaart. Gelblich weiße Blüte 2-lippig, die Fruchtknoten der Blütenpaare sind miteinander verwachsen. Zur Reifezeit bilden sich scharlachrote, runde Beerenfrüchte.

Vorkommen: Weit verbreitetes, schattenverträgliches Gehölz in Laub- und Nadelmischwäldern. Vom Tiefland bis in etwa 1000 m Höhe in den Nordalpen.

Verbreitung: Europa bis zum Ural, über Westsibirien zum Altai; nördliches Kleinasien bis Kaukasus.

Anmerkung: Die rot glänzenden Beerenfrüchte sind giftig und verursachen Durchfall und Erbrechen.

Gewöhnlicher Bocksdorn, Chinesische Wolfsbeere
Lycium barbarum L.
Familie: Nachtschattengewächse, Solanaceae

1 Früchte 2 Blüten 3 Dorn

| J | F | M | A | M | J | J | A | S | O | N | D |

Beschreibung: Bis 3 m hoher, Ausläufer bildender, mit Dornen bewehrter, breitbuschiger Strauch mit lang überhängenden, grauen Zweigen. Breit elliptische bis lanzettliche, in Form und Größe sehr variable Blätter wechselständig, 3–10 cm lang und entweder einzeln am Zweig oder rosettig in Kurztrieben stehend. Purpurne bis violette Blüten zu 1–5 (meist 2–3) in einem Blütenstand. Karminrote bis orangefarbene Frucht mit wabenartig gemusterten Samen.

Vorkommen: Angepflanzt und verwildert auf Schuttplätzen und an Böschungen. Wegen seiner Salzverträglichkeit entlang von Straßenrändern angepflanzt.

Verbreitung: China

Anmerkung: Dieser winterharte Strauch verträgt Fröste bis –25 °C. In China verwendet man die Früchte zum Kochen und in der Heilkunde.

Holz-Apfel, Europäischer Wildapfel
Malus sylvestris (L.) Mill.
Familie: Rosengewächse, Rosaceae

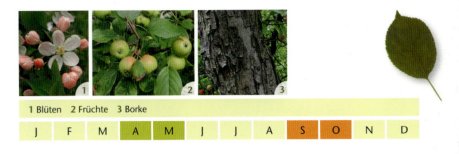

1 Blüten 2 Früchte 3 Borke

| J | F | M | A | M | J | J | A | S | O | N | D |

Beschreibung: Bis 10 m hoher, reich verzweigter Baum mit gerundeter, breiter Krone und graubrauner, flacher, längsrissiger Schuppenborke. Junge Zweige anfangs hell filzig behaart und später verkahlend. Untere Zweige junger Bäume häufig in Dornen endend. Wechselständige Blätter kahl, höchstens auf den Nerven etwas behaart, eiförmig bis rundlich und 4–8 cm lang, am Rand kerbig gesägt. Weiße bis rötliche Blüten 5-zählig, mit zahlreichen Staubblättern. Ca. 2,5 cm große, herb und sauer schmeckende Apfelfrucht.

Vorkommen: In Auen- und Laubmischwäldern. Vom Tiefland bis in Höhen von 1100 m in den Alpen.

Verbreitung: Europa bis Westasien.

Anmerkung: Rinde und Blätter des Holz-Apfels wurden früher zum Färben benutzt, vor allem in der Leinfärberei in Schweden. Die kleinen, herben Früchte wurden schon in den Pfahlbaukulturen gegessen. Durch die Gerbstoffe verleihen sie Marmeladen ein pikantes Aroma. Der Holz-Apfel ist die Stammform vieler unserer Kultursorten und wird durch seine Robustheit und Kälteverträglichkeit in der Apfelzüchtung gerne als Kreuzungspartner verwendet.

Mispel, *Mespilus germanica* L.
Familie: Rosengewächse, Rosaceae

1 Blüten   2 Früchte   3 Blattunterseite

| J | F | M | A | M | J | J | A | S | O | N | D |

Beschreibung: Meist nur 3 m hoher, breitkroniger Baum mit spreizenden oder etwas überhängenden Zweigen und graubrauner, flacher Schuppenborke. Junge Zweige stielrund, dunkel graubraun und locker bis dicht filzig behaart, erst im 2. Jahr verkahlend. Wild wachsende Form oft mit Dornen. Wechselständige Blätter unterseits weichfilzig behaart, vorne meist sehr fein gezähnt, im Mittel über 10 cm lang und 4–6 cm breit. 5-zählige Blüten weiß, Kelchblätter länger als die Blütenkronblätter. Frucht mit 5 Steinkernen.

Vorkommen: In lichten Laubmischwäldern und an Waldsäumen. Früher häufig angepflanzt, vor allem in Bauerngärten.

Verbreitung: Südosteuropa, Kleinasien bis Kaukasus und Iran.

Anmerkung: Die Wildform ist ein schmalkroniger, mit Dornen bewehrter Strauch mit kleinen Früchten. Die Frucht ist vor dem Frost hart und wird erst durch die Frosteinwirkung teigig und essbar. Früher war die Mispel ein wichtiges Obstgehölz, das am Kaspischen Meer schon seit 3000 Jahren angebaut und ca. 200 v. Chr. von den Römern nach Europa eingeführt wurde. Geschätzt wurden die Früchte vor allem für die Herstellung von Wein und Saft.

Gagelstrauch, *Myrica gale* L.
Familie: Gagelstrauchgewächse, Myricaceae

1 weibliche Blüten   2 männliche Blüten   3 unreife Früchte   4 Früchte

| J | F | M | A | M | J | J | A | S | O | N | D |

Beschreibung: 50–125 cm hoher, reich verzweigter, zweihäusiger Strauch mit aufrechten Zweigen. Junge Triebe schwach flaumig behaart und mit zahlreichen, golden glänzenden Harzdrüsen, aromatisch duftend (vor allem beim Zerreiben). Wechselständige Blätter unterseits durch Harzdrüsen gelb punktiert und nur im oberen Teil grob gezähnt. Die eingeschlechtlichen Blüten stehen in eiförmigen bis länglichen, meist sitzenden, ± aufrechten Ähren. Die nur 2–3 mm langen, zugespitzten Steinfrüchte sitzen in seitenständigen, bis 1,5 cm langen, zylindrischen Fruchtständen an einer verholzenden Ährenachse und sind ebenfalls mit gelblichen Drüsen bekleidet.

Vorkommen: In Heidemooren und feuchten Kiefernwäldern.

Verbreitung: Atlantisches West- und Nordeuropa, Nordamerika.

Anmerkung: Die harzhaltigen Nüsse wurden wegen ihrer bakteriziden (keimtötenden) Wirkung in Kompressen gegen Geschwüre und Schnittwunden verwendet, außerdem zur Gewinnung von Harz und Gummi. Früher wurde mit ihnen gelb gefärbt. Das Laub diente als Würze für Alkoholika und die Rinde als Lieferant für Gerbstoffe in der Medizin und Gerberei.

Myrica gale, Gagelstrauch

Ahornblättrige Platane, *Platanus × hispanica* Münchh.
Familie: Platanengewächse, Platanaceae

1 weiblicher Blütenstand   2 männlicher Blütenstand   3 Früchte   4 reifer Fruchtstand

| J | F | M | A | M | J | J | A | S | O | N | D |

Beschreibung: Bis 35 m hoher, breitkroniger Baum mit kräftigen Ästen und überhängenden Zweigen. Stamm meist nur kurz, gleich wie die dicken Äste gescheckt, mit sich in großen, dünnen Platten ablösender, gelb- bis graubrauner Borke. Wechselständige Blätter 3- bis 5-lappig mit ± breit dreieckigen Lappen, von denen der mittlere etwa ebenso lang wie breit ist. Die Buchten sind spitz oder gerundet und die Lappen ganzrandig oder wenig gezäht. Männliche und weibliche Blüten befinden sich in getrennten Blütenständen (einhäusig), die Blütenstände (Kugeln) meist zu zweien in jedem Blütenstand. Die Blütenhülle der Einzelblüten ist stark reduziert. Nüsschen in kugeligen Köpfchen meist den Winter über am Baum hängend.

Vorkommen: Häufig angepflanzt als Straßen-, Allee- und Parkbaum. Mitunter jährlich stark beschnitten.

Anmerkung: Die Ahornblättrige Platane ist ein Bastard. Eltern sind die Morgenländische Platane *(Platanus orientalis)* aus Südosteuropa und Westasien und die Nordamerikanische Platane *(Platanus occidentalis)*.

Silber-Pappel, *Populus alba* L.
Familie: Weidengewächse, Salicaceae

1 Blütenkätzchen   2 Fruchtstand   3 Korkwarzen

| J | F | M | A | M | J | J | A | S | O | N | D |

Beschreibung: Bis 30 m hoher, breitkroniger und dicht verzweigter Baum mit kräftigen Ästen und längs gefurchter, dunkelgrauer Rippenborke. Rinde graugrün bis graubraun, lange glatt bleibend, mit vielen markanten rhombischen Korkwarzen (kl. Bild). Epidermis schon im ersten Jahr aufreißend. Junge Zweige vor allem spitzenwärts weiß bis grau filzig. Bis 10 cm lange und 5 cm breite, wechselständige Blätter unterseits weiß oder grünlich weiß und jung filzig behaart, auf der Oberseite im Alter zunehmend kahl, buchtig 3- bis 5-lappig. Die zweihäusigen, windbestäubten Blüten stehen in hängenden Kätzchen und die Kätzchenschuppen sind zottig bewimpert. Die Kapselfrüchte (Flugsamen) werden ebenfalls vom Wind verbreitet.

Vorkommen: Vorzugsweise in Auenwäldern und an Gewässern. Vom Tiefland bis in 1500 m Höhe im Gebirge.

Verbreitung: Europa bis Westsibirien, Westasien, Kaukasus bis Himalaja.

Anmerkung: Der raschwüchsige Baum wird durch seine Anspruchslosigkeit und sein Ausschlagsvermögen über die Wurzeln zur Dünenbefestigung gepflanzt, außerdem als Alleebaum und in Parkanlagen. Das Holz verwendet man zur Papierherstellung, für Holzwolle und Holzfaserplatten. In Notzeiten wurde auch die «Samenwolle» der Früchte als Füllung für Kissen und Decken benutzt.

Schwarz-Pappel, *Populus nigra* L. 'Italica'
Familie: Weidengewächse, Salicaceae

1 Blütenkätzchen 2 Borke

| J | F | M | A | M | J | J | A | S | O | N | D |

Beschreibung: Bis 30 m hoher Baum mit sehr kurzem Stamm, vom Grund an mit straff aufrecht wachsenden Ästen und Zweigen. Schwarzgraue Borke längs gefurcht und tiefrissig (kl. Bild). Junge Zweige hellgelb. Wechselständige, rhombische Blätter bis 12 cm lang. Zweihäusige Kätzchen hängend, die männlichen rötlich purpurfarben und die weiblichen gelbgrün. Windverbreitete Kapselfrüchte (Flugsamen).

Vorkommen: Die Schwarz-Pappel ist ein Auenwaldbaum und mittlerweile in Mitteleuropa sehr selten; wird in der «Roten Liste der vom Aussterben bedrohten Pflanzen» als ‹gefährdet› eingestuft.

Verbreitung: Mittel-, Süd- und Osteuropa sowie Teile Asiens, Iran und Nordwestafrika.

Anmerkung: Den Namen verdankt diese Pappel ihrer schwarzen Rinde. Mit ihr und auch den Blättern wurde früher gefärbt. Die Samenwolle wurde als Füllung für Decken und Kissen verwendet. Das leichte und fäulnisanfällige Holz wurde für Kisten, Streichhölzer und Holzschuhe verwendet. Die Blätter dienten als Viehfutter. Aus der Schwarz-Pappel hat sich natürlicherweise in Italien die Pyramiden-Pappel *(Populus nigra 'Italica')* entwickelt. Von ihr sind nur männliche Bäume in Kultur. Außerdem gibt es weitere säulenförmig wachsende Sorten der Schwarz-Pappel.

Zitter-Pappel, Espe, *Populus tremula* L.
Familie: Weidengewächse, Salicaceae

1 Blütenkätzchen 2 Fruchtstand 3 Samen 4 Borke

| J | F | **M** | **A** | **M** | J | J | A | S | O | N | D |

Beschreibung: Bis 30 m hoher, breitkroniger Baum mit kräftigen Ästen und anfangs glatter und gelbgrauer (kl. Bild) und im Alter tiefrissiger, schwarzgrauer Rippenborke. Junge Zweige kahl und mit großen Korkwarzen. Wechselständige Blätter fast kreisrund, grob gebuchtet, lang gestielt und hängend. Zweihäusige Blütenstände (sowohl männliche als auch weibliche) hängend in bis zu 10 cm langen, grauzottigen Kätzchen. Kapselfrüchte mit weiß behaarten Samen (kl. Bild), die vom Wind verbreitet werden.

Vorkommen: Weit verbreitet, häufig als Pioniergehölz auf Ödland und in Steinbrüchen. Bildet Wurzelsprosse aus. Vom Tiefland bis in 1800 m Höhe.

Verbreitung: Europa bis Sibirien und Kleinasien.

Anmerkung: Aus der Rinde wurde ein Medikament gegen Rheuma, Arthritis, Fieber und Infektionen hergestellt und aus den Knospen eine Salbe. In Notzeiten wurde die «Samenwolle» als Füllung für Kissen und Decken benutzt. Die Blätter bewegen sich beim kleinsten Windhauch aufgrund der seitlich abgeflachten Blattstiele; dadurch steigern sie die Verdunstungsrate, sodass entsprechend auch mehr Wasser mit den darin gelösten Nährstoffen aufgenommen werden kann.

Vogel-Kirsche, Süß-Kirsche, *Prunus avium* L.
Familie: Rosengewächse, Rosaceae

1 Blüten 2 Früchte 3 Borke

| J | F | M | A | M | J | J | A | S | O | N | D |

Beschreibung: Bis 25 m hoher, meist langschäftiger Baum mit kräftigen Ästen und glänzender Ringelborke, die von waagerechten Korkwarzenbändern durchzogen ist (kl. Bild). Junge Zweige kahl und glänzend, mit kleinen, rundlichen Korkwarzen. Epidermis sich noch nicht im 1. Jahr ablösend. Einfache, wechselständige Blätter länglich oval und zugespitzt, 6–15 cm lang, mit unregelmäßig grob gesägtem Rand. Blattstiel mit 1–2 (selten bis 4) Nektardrüsen. Die weißen, 5-zähligen Blüten erscheinen vor dem Laubaustrieb, sie stehen zu 2–3 in einem Blütenstand, der an Kurztrieben ohne Laubblätter gebildet wird. Die runden, schwarzroten, 1-samigen Steinfrüchte sind ca. 1 cm groß und hängen lang gestielt an den Kurztrieben.

Vorkommen: In Laubmischwäldern und als Pioniergehölz auf Brachen und Straßenböschungen. Vom Tiefland bis in 1700 m Höhe in den Alpen.

Verbreitung: Europa und über das nördliche Kleinasien zur Krim und zum Kaukasus.

Anmerkung: Die Vogel-Kirsche ist die Stammform vieler Kultursorten und hat kleinere Früchte als die gezüchteten Sorten. Diese «Edelkirschen» wurden von den Römern eingeführt. Das fein gemaserte Holz wird für Möbel, zum Drechseln und zur Herstellung von Musikinstrumenten verwendet.

Kirsch-Pflaume, *Prunus cerasifera* Ehrh.
Familie: Rosengewächse, Rosaceae

1 Blüten 2 Früchte 3 Borke 4 Früchte

| J | F | M | A | M | J | J | A | S | O | N | D |

Beschreibung: Bis 8 m hoher, kurzstämmiger oder bereits vom Grund an mehrstämmiger Baum mit dunkler Rinde und später schwarzgrauer, flach längsrissiger Borke (kl. Bild). Junge Zweige glänzend mit unauffälligen Korkwarzen. Wechselständige Blätter elliptisch bis verkehrt eiförmig und ca. 6 cm lang, mit gesägtem Rand und 1–2 Nektardrüsen am Blattgrund. Weiß bis blassrosa, 5-zählige Blüten meist einzeln stehend, stark duftend. Die runden Steinfrüchte sind 2–3 cm groß.

Vorkommen: In Mitteleuropa weit verbreitetes Ziergehölz, das seit langer Zeit in Kultur ist, vor allem in der rotlaubigen Form als Blut-Kirsch-Pflaume (*Prunus cerasifera* 'Pissardii') angepflanzt. Die Normalform wird als Veredlungsunterlage für Pflaumen genutzt und ist häufig verwildert.

Verbreitung: Südosteuropa bis Südwestsibirien, Krim, Kleinasien, Kaukasien bis Iran.

Anmerkung: Durch den frühen Blühtermin (meist 1–2 Wochen vor der Schlehe) ist sie eine wichtige Nahrungsquelle für früh fliegende Insekten.

Sauer-Kirsche, *Prunus cerasus* L.
Familie: Rosengewächse, Rosaceae

1 Blüten 2 Früchte 3 Borke

| J | F | M | A | M | J | J | A | S | O | N | D |

Beschreibung: Bis 10 m hoher, oft schon vom Grund an mehrstämmiger Baum mit breiter Krone und überhängenden, dünnen Zweigen sowie schwarzbrauner, mit waagerechten Korkwarzenbändern durchsetzter Ringelborke (kl. Bild) oder Ausläufer bildender Strauch mit aufrechten, dunkelbraunen Zweigen. Wechselständige Blätter 5–12 cm lang, elliptisch-eiförmig und zugespitzt, mit fein und oft doppelt gesägtem Blattrand, Blattstiel mit oder ohne Nektardrüsen. Gemeinsam mit den Blättern austreibende Blüten 5-zählig, zu 2–4 in Dolden, an ihrer Basis mit 1–3 meist kleinen Laubblättern. Bis 2 cm große, ± kugelige, hell- bis schwarzrote Steinfrucht säuerlich schmeckend.

Vorkommen: In mehreren Sorten als Kulturgehölz angepflanzt. Die strauchige Form häufig verwildert, sich durch Wurzelsprosse schnell ausbreitend.

Verbreitung: Südwestasien

Anmerkung: Die Sauer-Kirsche wird als Obstbaum kultiviert.

Pflaume, Zwetschge, *Prunus domestica* L.
Familie: Rosengewächse, Rosaceae

1 Blüte Längsschnitt   2 Früchte   3 Borke   4 Früchte

| J | F | M | A | M | J | J | A | S | O | N | D |

Beschreibung: Bis 6 m hoher Baum mit dichter Krone, vielen Ästen sowie schwarzbrauner, flachrissiger Borke (kl. Bild). Junge Zweigabschnitte meist kahl, grün bis rotgrün. Wechselständige Blätter elliptisch bis verkehrt eiförmig, bis 10 cm lang und am Rand gekerbt bis gesägt. Meist stehen 2 der grünlich weißen, 5-zähligen Blüten zusammen. Die blauschwarze Steinfrucht ist meist eiförmig und bereift, sie kann bis zu 8 cm lang sein.

Vorkommen: Sehr formenreiches Kulturgehölz, die einzelnen Sorten meist auf Unterlagen veredelt.

Verbreitung: Vorderasien. Wie bei vielen alten Kulturgehölzen ist die natürliche Verbreitung nicht eindeutig nachweisbar.

Anmerkung: Weltweit gibt es etwa 2000 Sorten, die aus verschiedenen Kreuzungen und Züchtungen von Wildarten hervorgegangen sind. Die Frucht ist je nach Sorte sehr verschieden ausgebildet.

Steinweichsel, Weichsel-Kirsche, Felsenkirsche
Prunus mahaleb L.
Familie: Rosengewächse, Rosaceae

1 Blüten   2 Früchte   3 Blätter

| J | F | M | A | M | J | J | A | S | O | N | D |

Beschreibung: Bis 10 m hoher, sehr breitkroniger und meist schon vom Grund an mehrstämmiger Baum mit längsrissiger, graubrauner, mit dunkleren, waagerechten Korkwarzenbändern durchsetzter Borke. Junge Zweige mit zahlreichen helleren Korkwarzen. Epidermis sich als weißes Häutchen lösend, die darunter liegende Rinde rotbraun. Breit eiförmige bis rundliche Blätter wechselständig, kurz und stumpf gezähnt, 3–8 cm lang; ohne die für die Gattung typischen Nektardrüsen am Blattstiel. Weiße, 5-zählige Blüten in deutlich gestielten 5- bis 12-blütigen Doldentrauben. Erbsengroße Steinfrüchte dunkelrot und später schwarz, bitter schmeckend.

Vorkommen: An Felshängen und lichten Laubmischwald-Rändern. Häufig als Pioniergehölz in aufgelassenen Weinbergen. Vom Flachland bis in 900 m Höhe in den Alpen. Vorwiegend im Weinbauklima.

Verbreitung: Europa bis Kleinasien, Kaukasus und Turkestan.

Anmerkung: Sie wurde früher wegen ihres duftenden Holzes für Pfeifenrohre und Gehstöcke verwendet. Heute dient sie vor allem als Veredelungsunterlage für verschiedene Obstsorten und Ziergehölze. Die Früchte sind nicht genießbar, die gemahlenen Kerne werden jedoch in Asien unter dem Namen Mahlab als Gewürz angeboten.

Gewöhnliche Traubenkirsche, Auen-Traubenkirsche
Prunus padus L.
Familie: Rosengewächse, Rosaceae

1 Blüten 2 Früchte 3 Kerne 4 Borke

| J | F | M | A | M | J | J | A | S | O | N | D |

Beschreibung: 10 m (selten bis 18 m) hoher, meist schon vom Grund an mehrstämmiger Baum oder Großstrauch mit geraden Stämmen und schwarzgrauer Rinde und Borke (kl. Bild). Zweige etwas überhängend, dünn. Gebirgsformen meist nur großstrauchig. Junge Zweige olivgrün oder hell- bis graubraun, kahl, mit auffälligen Korkwarzen. Wechselständige, bis 10 cm lange Blätter stumpfgrün und oberseits etwas runzelig, am Rand fein scharf gesägt. An ihrer Basis oder am Blattstiel mit 2 Nektardrüsen. Stark duftende, weiße Blüten in oft überhängenden Trauben. Blütenbecher innen dicht behaart. Glänzend schwarze, 6–8 mm dicke Steinfrucht mit grubig gefurchtem Kern (kl. Bild).

Vorkommen: In Auenwäldern und feuchten Laubmischwäldern. Vom Tiefland bis in 1500 m Höhe in den nördlichen Alpen.

Verbreitung: Europa bis Sibirien und Nordasien. Vom Kaukasus bis zum Himalaja.

Anmerkung: Die essbaren Früchte können vielfältig zubereitet werden, die Kerne sind jedoch giftig und dürfen bei der Verarbeitung nicht zerkleinert werden. Die Zweige der Traubenkirschen riechen auffällig nach Bittermandel (vor allem beim Reiben).

Späte Traubenkirsche, Amerikanische Traubenkirsche
Prunus serotina Ehrh.
Familie: Rosengewächse, Rosaceae

1+2 Blütenstand   3 Früchte   4 Kerne

| J | F | M | A | M | J | J | A | S | O | N | D |

Beschreibung: Bis 25 m hoher, meist schon vom Grund an mehrstämmiger Baum mit schwarzgrauer, flacher Schuppenborke oder Wurzelsprosse bildender Großstrauch mit dunkelbraunen Stämmen. Junge Zweige kahl, rotbraun bis dunkel rotbraun, glänzend, mit vielen hellen Korkwarzen, beim Reiben auffällig nach Bittermandel riechend. Wechselständige Blätter bis 12 cm lang und oberseits stark glänzend, unterseits entlang der Mittelader braun behaart. Weiße Blüten in Trauben, Blütenbecher innen kahl. Bis 1 cm große, schwarze Steinfrucht mit glattem Kern (kl. Bild).

Vorkommen: Bisweilen wegen der glänzenden Blätter und der sich zur Reife von Rot nach Schwarz verfärbenden, glänzenden Früchte als Ziergehölz angepflanzt. In Wäldern häufig verwildert und durch die Wurzelsprosse sich schnell ausbreitend.

Verbreitung: Östliches Nordamerika.

Anmerkung: Ihre Beeren können ebenso wie diejenigen der heimischen Auen-Traubenkirsche als Obst gegessen oder zu Säften oder Mus verarbeitet werden (ohne die giftigen Kerne).

Schlehe, Schwarzdorn, *Prunus spinosa* L.
Familie: **Rosengewächse, Rosaceae**

1+2 Blüten   3 Früchte

| J | F | M | A | M | J | J | A | S | O | N | D |

Beschreibung: Bis 3 m hoher, dicht sparrig verzweigter, dornig bewehrter, Wurzelsprosse bildender, breitbuschiger Strauch mit schwarzgrauer Rinde. Junge Zweige anfangs behaart, später kahl. Seitentriebe an den Langtrieben und bei Schösslingen zu Dornsprossen umgebildet, die anderen zu unbewehrten Zweigen auswachsend. Wechselständige Blätter 2–5 cm lang und doppelt gesägt, ohne die für die Gattung typischen Nektardrüsen. Weiße Blüten einzeln oder zu dritt an Kurztrieben, lange vor dem Laubaustrieb blühend und dadurch mit auffälligem Blühaspekt im Frühjahr. 10–15 mm große, fast schwarze und blau bereifte Früchte mit grünlichem Fleisch und zusammenziehendem Geschmack.

Vorkommen: Häufig anzutreffender Strauch an Felshängen und Feldrainen sowie als Pioniergehölz auf aufgelassenen Weinbergen und nicht mehr bewirtschafteten Wiesen. Vom Tiefland bis in 1000 m Höhe in den Nordalpen.

Verbreitung: Europa bis Kleinasien und zum Kaukasus.

Anmerkung: Die Schlehe ist eine ganz alte, heimische Heckenpflanze und ihr Blühdatum bestimmte den Aussaattermin von Gerste. Die gerbstoffreichen Beeren werden vielfältig verarbeitet. Als Heilmittel finden sie Anwendung bei Entzündungen der Mund- und Rachenschleimhaut sowie bei Durchfall und Appetitlosigkeit.

Holz-Birne, Wild-Birne, *Pyrus pyraster* Burgsd.
Familie: Rosengewächse, Rosaceae

1 Blüten 2 Früchte 3 Borke

J	F	M	A	M	J	J	A	S	O	N	D

Beschreibung: Bis 20 m hoher Baum mit gerundeter, lockerer Krone und grauer, kleinfeldriger, fester Schuppenborke. Junge Zweige etwas glänzend, mit zahlreichen, helleren Korkwarzen. Epidermis sich im 2. Jahr ablösend. Untere Zweige junger Bäume häufig in festen, sehr starren Dornen endend. Wechselständige, bis 7 cm lange Blätter schmal elliptisch bis länglich verkehrt eiförmig, anfangs weiß filzig behaart, später oberseits kahl und sehr glatt, mit zahlreichen feinen Seitenadern, diese aber nur schwach fühlbar. Weiße Blüten 5-zählig, zu 3–9 in Doldentrauben an den Kurztrieben, mit roten Staubblättern. Rundlicher oder birnenförmiger Kernapfel kleiner als 5 cm, hart und kaum süß, Fruchtfleisch mit Steinzellen.

Vorkommen: In lichten Laubmischwäldern und an sonnigen Hängen. Vom Tiefland bis in Gebirgslagen um 900 m Höhe.

Verbreitung: Europa bis Westasien.

Anmerkung: Die Holz-Birne ist die Stammform unserer Kultursorten und hat im Gegensatz zu diesen kräftige Dornen. In der Mythologie beheimatet sie Drachen, Hexen und Dämonen. Die Wildbirnen sind ebenso wie die Kultursorten Zwischenwirt des Birnengitterrostes, einer Pilzerkrankung an verschiedenen Wacholder-Arten. Sichtbar ist der Befall an den orangefarbenen Flecken auf den Blättern. Der Befall kann besonders junge Bäume ernsthaft schädigen. Zur Eindämmung der Krankheit sollte das Herbstlaub der befallenen Birnenbäume, ebenso wie die befallenen Wacholdersträucher, aus der Umgebung entfernt werden.

Trauben-Eiche, *Quercus petraea* Liebl.
Familie: Buchengewächse, Fagaceae

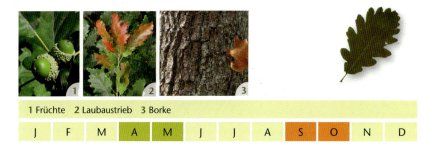

1 Früchte 2 Laubaustrieb 3 Borke

| J | F | M | A | M | J | J | A | S | O | N | D |

Beschreibung: 20–30 m hoher, breitkroniger und meist langschäftiger Baum mit bis weit in die Krone reichendem Stamm und graubrauner Rippenborke (kl. Bild). Junge Zweige kahl, schwach kantig und mit dunkleren Korkwarzen. Blätter wechselständig, deutlich verkehrt eiförmig und gelappt, ca. 10 cm lang, am Grund keilförmig in den 1–3 cm langen Blattstiel übergehend. Eingeschlechtliche Blüten unscheinbar, die weiblichen in wenigblütigen Ähren in den Blattachseln, die männlichen in bis 6 cm langen, hängenden Kätzchen. 1–5 Früchte (Eicheln) in traubigem, kurz gestieltem Fruchtstand. Kugelförmige Nussfrucht mit derb ledrig verholzter Fruchtwand und unten kreisförmiger Narbe, in becherförmigem Hochblatt (Cupula) sitzend, dieser Hochblattbecher mit dachziegelartig deckenden Schuppen.

Vorkommen: In Reinbeständen oder als wichtiger Bestandteil von Laubmischwäldern. Von der Ebene bis in 700 m Höhe.

Verbreitung: Europa bis Kleinasien.

Anmerkung: Die Trauben-Eiche verdankt ihren Namen dem traubigen, kurz gestielten Blütenstand. Der Fruchtbecher umschließt nahezu die gesamte Frucht. Die Blätter sind im Verhältnis zur ansonsten sehr ähnlichen Stiel-Eiche lang gestielt. Bei der Stiel-Eiche sind die Blätter sehr kurz und die Früchte länger gestielt.

Flaum-Eiche, *Quercus pubescens* Willd.
Familie: Buchengewächse, Fagaceae

1 Blütenstand 2 Früchte 3 Borke

| J | F | M | A | M | J | J | A | S | O | N | D |

Beschreibung: 5–20 m hoher, reich verzweigter Baum mit dicker, graubrauner, stark zerklüfteter Rippenborke (kl. Bild). Junge Zweige schwach kantig, graubraun, ± dicht behaart, später etwas verkahlend. Junge Triebe und wechselständige Blätter besonders unterseits weiß filzig, mit sternförmigen Haaren. In der Form variable Blätter 4–9 cm lang und beidseitig mit 4–7 abgerundeten Lappen. Einhäusig, männliche Blüten in hängenden Ähren und weibliche unscheinbar in der Achsel von Laubblättern. Nussfrüchte (Eicheln) zu 1–4 in gemeinsamem Fruchtstand, von filzigem Fruchtbecher umgeben, der die Frucht bis maximal zur Hälfte umgibt.

Vorkommen: In Mitteleuropa selten in lichten Laubmischwäldern.

Verbreitung: Südliches Europa bis Kleinasien und Kaukasus.

Anmerkung: Das im Verhältnis zur Stiel-Eiche schwerere und dauerhaftere Holz wird für Möbel und als Baumaterial verwendet. Die Eicheln dienten ebenso wie diejenigen anderer Arten als Viehfutter.

Stiel-Eiche, *Quercus robur* L.
Familie: Buchengewächse, Fagaceae

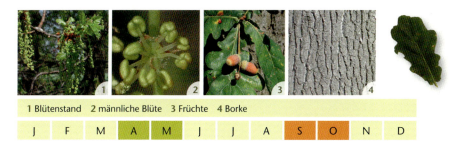

1 Blütenstand   2 männliche Blüte   3 Früchte   4 Borke

| J | F | M | A | M | J | J | A | S | O | N | D |

Beschreibung: 30–40 m hoher, reich verzweigter Baum mit mächtigen Ästen und oft kurzem und dickem Stamm mit tief gefurchter Rippenborke (kl. Bild). Junge Zweige gefurcht bis glatt, kahl, mit kleinen Korkwarzen. Wechselständige Blätter gelappt, ca. 10 cm lang und am Grund geöhrt; mit sehr kurzem Blattstiel. Fruchtstand lang gestielt. Einhäusige Blüten unscheinbar, die männlichen (kl. Bild) in hängenden Kätzchen und die weiblichen zu 2–5 in lang gestielten Ähren. Nussfrucht (Eichel) in becherförmigem Fruchtbecher (Cupula) sitzend, unten mit kreisförmiger Narbe, Fruchtwand derb lederig.

Vorkommen: In Reinbeständen oder Laubmischwäldern. Vom Tiefland bis in 1000 m Höhe in den Alpen.

Verbreitung: Europa bis Kaukasus.

Anmerkung: Die Stiel-Eiche gilt als Symbol für Kraft und Willensstärke und ist in vielen Kulturen ein heiliger Baum. Das Holz ist wegen des hohen Gerbstoffgehaltes besonders schädlingsresistent und begehrt. Die Rinde wurde früher zum Gerben, zum Färben und in der Medizin verwendet. Die Eicheln enthalten bis zu 70% Stärke und sind ein wichtiges Futter für die Waldtiere. In Notzeiten wurden sie als Kaffeeersatz geröstet und entbittert als Getreideersatz verwendet.

Rot-Eiche, *Quercus rubra* L.
Familie: Buchengewächse, Fagaceae

1 Blütenstand   2 weibliche Blüten   3 Früchte   4 Borke

| J | F | M | A | M | J | J | A | S | O | N | D |

Beschreibung: 25–30 m hoher, reich verzweigter Baum mit breiter, runder Krone und kräftigen Ästen. Rinde lange glatt bleibend, Borke grau, dünnschuppig (kl. Bild). Junge Zweige mit hellen Korkwarzen. Wechselständige Blätter über 12 cm lang, fast bis zur Mitte fiederspaltig und jederseits mit 4–6 breiten, spitzen und gezähnten Lappen, oberseits tiefgrün und matt, unterseits in den Nervenwinkeln bärtig. Einhäusige Blüten unscheinbar, die männlichen in hängenden Kätzchen und die weiblichen zu 1–2 in der Achsel der Laubblätter (kl. Bild). Von flachem Becher nur an der Basis umschlossene Nussfrucht (Eichel) bis 2,5 cm groß, Fruchtbecher mit kleinen, kahlen Schuppen.

Vorkommen: Häufig angepflanzt als Park- und Forstgehölz.

Verbreitung: Östliches Nordamerika

Anmerkung: Früchte erst im 2. Jahr reifend. Junge Zweigabschnitte daher mit kleinen Früchten.

Purgier-Kreuzdorn, *Rhamnus cathartica* L.
Familie: Kreuzdorngewächse, Rhamnaceae

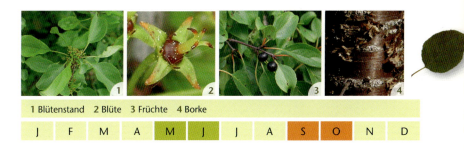

1 Blütenstand 2 Blüte 3 Früchte 4 Borke

| J | F | M | A | M | J | J | A | S | O | N | D |

Beschreibung: Bis 3 m hoher, gegenständig sehr sparrig verzweigter, dornig bewehrter Strauch mit schwarzbrauner Ringelborke (kl. Bild). Junge Zweige anfangs schwach behaart und bald verkahlend. Zweige häufig in Dornen endend. Gegenständige Blätter 3–7 cm lang, eiförmig und am Rand fein gezähnt. Gelbgrüne, 4-zählige Blüten in blattachselständigen Scheindolden. Schwarzviolette Früchte 6–8 mm groß, mit 2–4 Steinkernen.

Vorkommen: Häufiger Strauch in Auen- und Laubmischwäldern, an Waldrändern und in Gebüschen. Vom Tiefland bis in 1600 m Höhe in den Alpen.

Verbreitung: In Europa von Spanien bis zum Ural, über Westsibirien zum Altai-Gebirge; vom nördlichen Kleinasien über den Kaukasus bis Nordiran.

Anmerkung: Die reifen Beeren finden als mildes Abführmittel Anwendung. In der Volksmedizin werden sie auch bei Gicht, Wassersucht, Rheuma und Hautausschlag eingesetzt. Mit dem Farbstoff der Rinde kann man eine dunkelgelbe bis rötliche Färbung erzielen. Die Farbstoffe der Beeren und der Rinde wurden auch in der Malerei, der Papier- und Lederfärberei sowie beim Baumwolldruck und in Chromlacken eingesetzt. Das Holz mit braunrotem Kern und gelbweißem Splintholz wird wegen der hübschen Maserung und des Farbwechsels gerne zum Drechseln verwendet.

Faulbaum, Pulverbaum
Rhamnus frangula L., *Frangula alnus* Mill.
Familie: Kreuzdorngewächse, Rhamnaceae

1 Blütenstand 2 Blüte 3 Früchte 4 Korkwarzen

| J | F | M | A | M | J | J | A | S | O | N | D |

Beschreibung: 1,5–3 m, gelegentlich bis 7 m hoher Strauch oder kleiner, reich verzweigter Baum. Junge Zweige rotbraun, vor allem im Spitzenbereich fein behaart, mit auffälligen, länglichen, hellen Korkwarzen (kl. Bild). Die Rinde riecht besonders beim Zerreiben faulig. Die wechselständigen Blätter wachsen vermehrt an den Zweigenden, sie sind einfach, ganzrandig und 3–6 cm lang. Grünlich weiße, relativ unscheinbare Blüten in 2- bis 6-blütigen, achselständigen Scheinquirlen. Die Kronblätter fehlen und die Kelchblätter ähneln einer Blütenkrone. Die Früchte sind erst grün, dann rot und reif blauschwarz, knapp 1 cm groß und beinhalten 2–3 Kerne.

Vorkommen: In Auenwäldern, Erlenbrüchen und lichten Laubmischwäldern. Vom Tiefland bis in 1400 m Höhe in den Alpen.

Verbreitung: Europa bis Westsibirien, Kleinasien und Nordiran.

Anmerkung: Die Früchte reifen nicht gleichzeitig, sodass an einem Strauch nebeneinander Früchte in unterschiedlichen Reifestadien zu finden sind. Sie sind für den Menschen schwach giftig, Vögel können sie unbeschadet verzehren und tragen so zu ihrer Verbreitung bei. Je nach Reifezustand und Zusatz dienen sie zum Färben von gelben, orangefarbenen oder grünen Farbtönen. Die Rinde liefert ein Abführmittel, das vor dem Gebrauch allerdings ein Jahr gelagert werden muss. In der Tiermedizin wird aus dem Faulbaum ein Wurmmittel gewonnen. Das leicht brüchige Holz (lat. frangere = brechen) wurde früher wegen der geringen Ascherückstände bei der Verbrennung zur Herstellung von Schwarzpulver genutzt. Daher rührt auch der Name «Pulverbaum».

Felsen-Kreuzdorn, *Rhamnus saxatilis* Jacq.
Familie: Kreuzdorngewächse, Rhamnaceae

1 Blütenstand 2 Frucht 3 Dornen 4 Borke

J	F	M	A	M	J	J	A	S	O	N	D

Beschreibung: Bis 2 m hoher, starr sparrig verzweigter und dornig bewehrter Strauch. Rinde sich bald in Fetzen ablösend. Gegenständige Blätter meist nicht über 3 cm lang, kahl oder fast kahl. Unscheinbare, gelbgrüne Blüten zu 2–4 in achselständigen Büscheln, 4-zählig. Schwarze Frucht ca. 6 mm dick und meist mit 3 Steinkernen.

Vorkommen: Licht, Wärme und Kalk liebendes Gehölz. In lichten Kiefern- und Laubmischwäldern, an Waldsäumen und auf Felshängen. Vor allem in der Bergstufe. In Deutschland nur zerstreut vom Tiefland bis in Gebirgslagen. In den Alpen bis über 1000 m Höhe zu finden.

Verbreitung: Von Spanien bis Südosteuropa.

Essigbaum, Hirschkolben-Sumach, *Rhus hirta* (L.) Sudw.
Familie: Sumachgewächse, Anacardiaceae

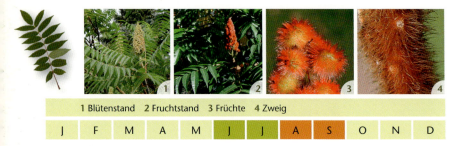

1 Blütenstand   2 Fruchtstand   3 Früchte   4 Zweig

| J | F | M | A | M | J | J | A | S | O | N | D |

Beschreibung: 5–10 m hoher, Ausläufer bildender Baum oder nur schwach verzweigter Großstrauch. Zweige samtig oder pelzig braun oder rotbraun behaart (kl. Bild). Wechselständige, 20–30 cm lange Blätter mit 11–31 unpaarig gefiederten Fiederblättchen, Milchsaft führend. Meist zweihäusige Blüten in dichten, aufrechten Rispen, die männlichen gelblich grün (Bild unten) und die weiblichen rötlich. Frucht in ± roten, dichten, zapfenförmigen Rispen, den Winter über am Strauch bleibend.

Vorkommen: In Gärten oder Parks häufig angepflanzt.

Verbreitung: Östliches und mittleres Nordamerika.

Anmerkung: Alle Teile, vor allem der Milchsaft, sind in großen Mengen schwach giftig. Die Nüsschen des Essigbaumes sind rötlich behaart und haben einen essigartigen Geschmack, dem das Gehölz seinen Namen verdankt. Getrocknet und gemahlen können die Früchte als Gewürz verwendet werden.

Alpen-Johannisbeere, *Ribes alpinum* L.
Familie: Stachelbeergewächse, Grossulariaceae

1 Blütenstand 2 Früchte 3 Borke

| J | F | M | A | M | J | J | A | S | O | N | D |

Beschreibung: Bis 2 m hoher, reich verzweigter und breitbuschiger Strauch mit dünnen, graubraunen bis hellgrauen Zweigen. Junge Triebe kahl, mit hellgraubrauner Rinde, die sich in unregelmäßigen Streifen jährlich ablöst. Wechselständige, 3–5 cm lange Blätter an Kurztrieben in dichten Büscheln, 3- bis 5-lappig, mit grob gezähntem Blattrand. Blattstiele mit Drüsenhaaren. Zweihäusige, verteilte Blütentrauben aufrecht, die männlichen ca. 2–3 cm lang mit 10–30 relativ unscheinbaren Einzelblüten, die weiblichen deutlich kürzer und meistens nur bis zu 5-blütig. In der Anlage sind die Blüten zwittrig, später wird jedoch nur ein Geschlecht voll ausgebildet (unvollkommen zweihäusig). Der Duft der Blüten erinnert an Weihrauch. Die runden Beeren sind scharlachrot und schmecken fade.

Vorkommen: Schattenverträgliches Gehölz. Auen- und Laubmischwälder. In Mitteleuropa zerstreut vom Tiefland bis in 1600 m Höhe in den Alpen.

Verbreitung: Europa bis Kaukasus.

Anmerkung: Zur Begrünung häufig angepflanzt (meist männliche Exemplare).

Schwarze Johannisbeere, *Ribes nigrum* L.
Familie: Stachelbeergewächse, Grossulariaceae

1 Blüten 2 Früchte

J	F	M	A	M	J	J	A	S	O	N	D

Beschreibung: 1–2 m hoher, nur wenig verzweigter Strauch mit aufrechten, kahlen, kastanienbraunen Zweigen. Junge Triebe fein behaart, grau bis rötlich braun. Rinde sich später in Längsstreifen lösend. Blätter und Zweige aromatisch duftend. Wechselständige Blätter unterseits mit gelblichen Harzdrüsen, 3- bis 5-lappig, am Blattgrund herzförmig und bis 10 cm groß. Die hängende Blütentraube trägt je Blütenstand ca. 5–10 grünlich rote Blüten. Die ca. 1 cm großen, schwarzen Beeren sind drüsig punktiert.

Vorkommen: In Feuchtwäldern und Auenwäldern sowie in Erlenbrüchen. Vom Tiefland bis in 1900 m Höhe in den Alpen.

Verbreitung: Europa. Von Nordwestfrankreich über das südliche Sibirien bis zur Mandschurei; Kaukasus bis Himalaja.

Anmerkung: Diese Art wird mindestens seit dem 16. Jahrhundert als Beerenobst kultiviert. Der Saft der Früchte wird getrunken oder zu Gelee verarbeitet, er bildet auch die Grundlage des Cassislikörs. Ein Extrakt aus den Blüten wird bei der Parfümherstellung verwendet.

Felsen-Johannisbeere, Berg-Johannisbeere
Ribes petraeum Wulfen
Familie: Stachelbeergewächse, Grossulariaceae

1 Blütenstand   2 Blüte   3 Früchte   4 Rindenschicht

| J | F | M | A | M | J | J | A | S | O | N | D |

Beschreibung: Bis 2 m hoher, nur wenig verzweigter, aufrechter Strauch mit graubraunen, kahlen und kantigen Zweigen. Äußerste Rindenschicht sich schon im ersten Jahr in Längsstreifen lösend (kl. Bild). Wechselständige Blätter mit 3 relativ spitz endenden Blattlappen. Hängende Blütentraube mit zottig bewimperten Tragblättern und Blütenstielen. Rote Beeren säuerlich schmeckend.

Vorkommen: In Laubmischwäldern der Gebirgslagen und in Großstaudengebüschen. In den Alpen bis in 2000 m Höhe steigend.

Verbreitung: Von Europa bis zum Amur in Sibirien.

Stachelbeere
Ribes uva-crispa, Ribes grossularia L.
Familie: Stachelbeergewächse, Grossulariaceae

1 + 2 Blüte   3 Früchte   4 Stacheln

J	F	M	A	M	J	J	A	S	O	N	D

Beschreibung: Bis 1,5 m hoher, breitbuschiger, reich verzweigter, mit Stacheln bewehrter Strauch mit übergebogenen Zweigen. Junge Triebe kantig gerieft, dicht und fein behaart, später gerundet und verkahlend. Rinde sich später längsrissig lösend. Stacheln einfach oder 3-teilig, stets unterhalb der Knospen. Wechselständige Blätter tief handförmig eingeschnitten, ca. 5 cm breit und 3 cm lang und oft behaart. An den älteren Zweigen meist büschelig stehend und an den Langtrieben einzeln. Blütenstand mit 1–4 gelbgrünlichen, röhrig verwachsenen Blüten (kl. Bild). Rundlich bis ovale Beeren 1–3 cm groß, glatt oder borstig behaart.

Vorkommen: In lichten Auenwäldern, Laubmischwäldern, an Waldrändern und Gebüschsäumen. Vom Tiefland bis in 1100 m Höhe in den nördlichen Alpen.

Verbreitung: Europa bis Kaukasus, in Sibirien bis zur Mandschurei.

Anmerkung: Die Wildform der seit langer Zeit kultivierten Stachelbeere hat kleinere Früchte als die zahlreichen Gartenformen. Inzwischen gibt es Sorten mit grünen, gelben bis purpurroten Beeren, als Veredelungsgrundlage für die verschiedenen Formen wird häufig die Gold-Johannisbeere als Unterlage verwendet.

Robinie, Falsche Akazie, Scheinakazie, Silberregen
Robinia pseudoacacia L.
Familie: Hülsenfrüchtler, Leguminosae
Unterfamilie: Schmetterlingsblütler, Faboideae

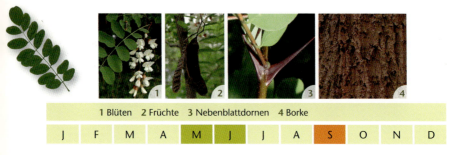

1 Blüten   2 Früchte   3 Nebenblattdornen   4 Borke

J	F	M	A	M	J	J	A	S	O	N	D

Beschreibung: Bis 25 m hoher Baum mit kräftigen Ästen, lichter Krone und tief gefurchter, graubrauner, längsrissiger Rippenborke. Krone häufig mit abgestorbenen Zweigen. Zweige kahl, kantig gerieft, olivgrün bis rotbraun. Zweige im blühenden Kronenbereich meist unbewehrt, mit kurzen, bleibenden Nebenblättern. Zweige junger Bäume und Schösslinge mit paarweise stehenden, seitlich abgeflachten Nebenblattdornen (kl. Bild), die unterschiedlich lang (bis 2 cm) sind. Wechselständige Blätter gefiedert mit 7–19 Fiederblättchen, insgesamt bis 20 cm lang. Weiße Schmetterlingsblüten in langen Trauben, oft mit gelbem Fleck am Grund der Fahne, stark duftend. Abgeflachte Hülsenfrüchte mit 4–10 Samen, bis 10 cm lang. Die geöffneten Hülsen hängen oft noch lange an den Zweigen.

Vorkommen: Häufig angepflanzt und verwildert oder eingebürgert. Als lichtbedürftiges und anspruchsloses Gehölz häufig an Waldrändern, im Siedlungsbereich an Ruderalstellen und Straßenrändern. Samen oft in Gesteinsspalten keimend.

Verbreitung: Östliches Nordamerika von Pennsylvania bis Georgia, Indiana und Oklahoma. In Europa eingebürgerter Neophyt.

Anmerkung: Durch Blattbewegungen nutzt die Robinie das Sonnenlicht optimal aus. Bei diffusem Licht sind die Fiederblättchen weit ausgebreitet und bei starker Sonneneinstrahlung richten sie sich als Überhitzungsschutz so aus, dass die exponierte Blattfläche abnimmt. Auch nachts hängen die Blattfiedern in «Schlafstellung» herab. Das Gehölz ist mit Ausnahme der Samen und Blüten giftig. Aus den Blüten werden Essenzen für Parfüm gewonnen. Die Indianer haben die gekochten Samen gegessen und die Wurzeln zum Rotfärben benutzt.

Kriech-Rose, Feld-Rose
Rosa arvensis Huds.
Familie: Rosengewächse, Rosaceae

1 Blüte   2 Früchte   3 Stachel

| J | F | M | A | M | J | J | A | S | O | N | D |

Beschreibung: Bis 1 m hoher, aber mehrere Meter weit in Bodennähe kriechender und Ausläufer bildender, bewehrter Strauch. Junge Zweige grün, kahl und glänzend, auch ältere Zweige noch Jahre lang grün bleibend. Stacheln gekrümmt und abwärts gerichtet, 3–4 (8) mm lang (kl. Bild). Wechselständige, gefiederte Blätter mit gezähnten Nebenblättern. Weiße Blüten einzeln, die Griffel sind zu einer aus dem Blütenbecher deutlich hervorragenden Säule verwachsen, die meist die Staubblätter überragt. Rote Frucht (Hagebutte) kugelig bis länglich, 10–13 mm lang, kahl, mit markanter, 2–5 mm langer Griffelsäule. Kelchblätter abfallend.

Vorkommen: An lichten Wald- und Wegrändern, in sommerwarmen, lichten Laubmischwäldern vom Hügelland bis in 1300 m Höhe in den Alpen.

Verbreitung: Europa bis Westasien. In Deutschland vor allem im Ober- und Mittelrhein-, Main- und Donaugebiet.

Anmerkung: Früchte oft noch lange im Winter an den Zweigen hängend.

Hunds-Rose, *Rosa canina* L.
Familie: Rosengewächse, Rosaceae

1 Blüten 2 Früchte 3 Stacheln

| J | F | M | A | M | J | J | A | S | O | N | D |

Beschreibung: Im Freistand 1–3 m hoher, dichter und rundlicher, bewehrter Busch mit überhängenden Zweigen. In Gebüschen oder an Waldsäumen mehrere Meter hoch kletternd und in verschiedener Form als Spreizklimmer wachsend. Zweige grün, schwach bereift, häufig rot getönt, kahl. Stacheln 7–10 mm lang, schwach bis deutlich hakig gekrümmt, allmählich zum Grundfeld verbreitert (kl. Bild). Wechselständige Blätter meist mit 7 Blattfiedern und drüsigem Blattrand, insgesamt ca. 10 cm lang. Rosa bis weiße Blüten zu 1–3 zusammenstehend, jede Blüte bis 5 cm breit und duftend, mit kahlem Blütenstiel. Scharlachrote, kahle Früchte (Hagebutten) meist noch lange nach dem Laubfall zu mehreren beieinander an den Zweigen hängend, bis 2,5 cm groß, mit kahlem Fruchtstiel und ohne Kelchblätter.

Vorkommen: Häufiger Strauch an Böschungen, Wald- und Wegrändern sowie als Pioniergehölz auf unbewirtschafteten Wiesen und Kulturflächen. Vom Tiefland bis in 1500 m Höhe in den Alpen.

Verbreitung: Europa bis Westasien.

Anmerkung: Fruchtreife im Vergleich zu anderen Rosen sehr spät und Hagebutten meist noch lange nach dem Laubfall zu mehreren beieinander an den Zweigen hängend. Durch den hohen Vitamin-C-Gehalt der Früchte ein beliebtes Wildobst. Den Namen Hagebutte verdankt sie den Worten «Hag» für dichtes Gebüsch und «Butzen» für Klumpen oder Batzen. Der wissenschaftliche Name «canina» bedeutet so viel wie «hundsgemein» und bezieht sich darauf, dass die Pflanze überall zu finden ist.

Essig-Rose, *Rosa gallica* L.
Familie: Rosengewächse, Rosaceae

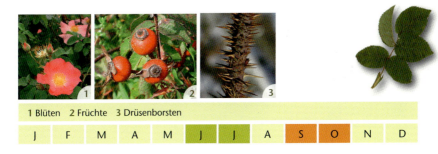

1 Blüten 2 Früchte 3 Drüsenborsten

J	F	M	A	M	J	J	A	S	O	N	D

Beschreibung: Ausläufer bildender, bis 60 cm hoher, nur spärlich verzweigter, bewehrter Strauch mit sowohl kräftig gekrümmten sowie zusätzlich borstenförmigen, geraden Stacheln und Drüsenborsten (kl. Bild). Junge Zweige aufrecht, unbehaart, graugrün, 3–4 mm dick und mit 5–7 mm langen, braunen Stacheln, die farblich einen deutlichen Kontrast zur Rinde bilden. Wechselständige, 5-zählige (selten auch 3-zählige), gefiederte Blätter etwas lederig. Hellrot bis purpurfarbene, duftende Blüten meist einzeln stehend, mit 30–45 mm langen Blütenblättern und drüsig behaartem Blütenbecher. Drüsig behaarte, rotbraune, ± kugelförmige Frucht (Hagebutte) ca. 10–15 mm groß und oft noch lange nach dem Laubfall an den Zweigen bleibend, zuletzt ohne Kelch.

Vorkommen: Selten gewordene Rose an Wald- und Gebüschsäumen sowie Feldrainen, in Magerrasen und in lichten Eichenwäldern. Sonne- und wärmebedürftig.

Verbreitung: Mitteleuropa bis zur Ukraine und Krim, nördliches Kleinasien bis zum Kaukasus.

Anmerkung: Die Rosen an sich – und besonders diese Art – gelten als Sinnbild der Liebe. Sie werden seit dem Altertum wegen ihrer Schönheit, ihres Duftes und ihrer Inhaltsstoffe kultiviert. Man verwendet sie für die Herstellung von Parfüms, für kosmetische und medizinische Produkte sowie als kulinarische Delikatesse. In der Volksmedizin wird ein Extrakt der Blüten für schlecht heilende Wunden und zum Gurgeln verwendet.

Rotblättrige Rose, Bereifte Rose, Hecht-Rose
Rosa glauca Pourr.
Familie: Rosengewächse, Rosaceae

1 Blüten   2 Früchte   3 Stacheln

| J | F | M | A | M | J | J | A | S | O | N | D |

Beschreibung: Bis 3 m hoher, aufrechter und wenig verzweigter, bewehrter Strauch. Zweige rötlich, hechtblau bereift, mit leicht gebogenen und abwärts gerichteten, 5–6 mm langen Stacheln. An Blütenzweigen auch ohne Stacheln. Wechselständige, überwiegend 7-zählig gefiederte Blätter ebenfalls bereift. Kaum duftende Blüten bis 2 cm groß, dunkelrosa mit weißem Grund, zu 5–15 in Büscheln stehend. Rote Früchte (Hagebutten) rundlich und ca. 1 cm groß.

Vorkommen: Relativ selten im Hochstaudengebüsch der Hochlagen in den Mittelgebirgen. In den Alpen bis zur subalpinen Stufe um 1800 m. Als Ziergehölz wegen der auffällig gefärbten Zweige und der rötlichen Blätter häufig angepflanzt.

Verbreitung: Gebirge Europas; Pyrenäen bis Balkan.

Alpen-Rose, Alpen-Heckenrose, *Rosa pendulina* L.
Familie: Rosengewächse, Rosaceae

1 Blüte 2 Frucht 3 Fruchtstiel 4 Stacheln

| J | F | M | A | M | J | J | A | S | O | N | D |

Beschreibung: 0,5–2,5 m hoher Strauch mit kurzen Ausläufern. Zweige rund, graugrün, sonnenseits rötlich, kahl, zum Teil unbewehrt. Bewehrte Zweige oder Zweigabschnitte mit geraden, etwas abwärts gerichteten, nadelartigen, bis 5 mm langen Stacheln. Daneben oft noch kleinere, mehr borstenartige Stacheln. Wechselständige Blätter mit 7–11 Fiedern, oberseits glatt und unterseits zerstreut behaart, mit doppelt drüsig gesägtem Blattrand, insgesamt ca. 10 cm lang. Einzelne Blüten lebhaft rosa bis dunkelrot mit hellerer Mitte, meist einzeln stehend. Die ungeteilten Kelchblätter sind nach der Blüte aufgerichtet und krönen bis zu 2,5 cm große, flaschenförmige, orangefarbene, lang gestielte Früchte (Hagebutten). Der Fruchtstiel ist häufig (und die Früchte bisweilen) mit Drüsenborsten besetzt (kl. Bild).

Vorkommen: In Gebüschen und an Waldrändern in den höheren Lagen der Mittelgebirge und der Alpen.

Verbreitung: Mittel- und Südeuropa.

Anmerkung: Die Alpen-Rose ist eine der wenigen heimischen Arten, deren Zweige oft nur vereinzelte oder keine Stacheln tragen.

Wein-Rose, *Rosa rubiginosa* L.
Familie: Rosengewächse, Rosaceae

1 Blüten   2 Früchte   3 Stacheln

| J | F | M | A | M | J | J | A | S | O | N | D |

Beschreibung: Bis 3 m hoher, stark verzweigter, breitbuschiger, bewehrter Strauch mit überhängenden Zweigen. Junge Zweige kahl, grün, sonnenseits gerötet. Stacheln hakig gekrümmt (kl. Bild), 6–10 mm lang, abrupt im Grundfeld verbreitert. Wechselständige Blätter unterseits auf der ganzen Fläche drüsig und nach Apfelwein duftend. Bis 5 cm große Blüten rosa, Kelchblätter nach der Blüte aufrecht. Scharlachrote Früchte (Hagebutten) eiförmig, bis 2 cm groß, mit drüsigem Fruchtstiel und bleibenden Kelchblättern.

Vorkommen: Verbreitet an Waldrändern, Böschungen und Felshängen, auf Magerweiden und als Pioniergehölz auf aufgelassenen Kulturflächen, insbesondere Weinbergen. Vom Flachland bis in 1200 m Höhe in den Alpen.

Verbreitung: Europa bis zur Krim und zum Kaukasus, Westasien.

Anmerkung: Hagebutten noch lange nach dem Laubfall zu mehreren beieinander am Strauch hängen bleibend; gut geeignet für Marmeladen und Süßspeisen.

Kartoffel-Rose
Rosa rugosa Thunb.
Familie: Rosengewächse, Rosaceae

1 Blüte   2 Früchte   3 Stacheln und Borsten

| J | F | M | A | M | J | J | A | S | O | N | D |

Beschreibung: Bis 2 m hoher, dichter und bewehrter Strauch. Junge Zweige graubraun, behaart, ca. 5 mm dick. Stacheln bis 8 mm lang, ± rechtwinklig abspreizend, gerade oder schwach gebogen, am Grund filzig behaart, von fast gleicher Farbe wie die Rinde. Daneben noch Stachel- und Drüsenborsten. Wechselständige, gefiederte Blätter stark runzelig («kartoffelartig») und unterseits filzig, mit 5–9 Fiederblättchen, insgesamt 8–15 cm lang. Kräftig rosa gefärbte (selten weiße) Blüten 6–8 cm groß und angenehm duftend. Die scharlachrote, flachkugelige Frucht (Hagebutte) ist 2–3 cm dick und sehr fleischig. Die Kelchblätter bleiben lange an der Hagebutte und die ganzen Früchte hängen meist noch lange nach dem Laubfall zu mehreren beieinander am Strauch.

Vorkommen: Häufig angepflanzt als Zierstrauch; wegen der guten Salzverträglichkeit vielfach an Straßen, Autobahnen und im Küstenbereich.
Im Küstenbereich auch verwildert.

Verbreitung: Ostasien: Korea, Kamtschatka, Sachalin, Kurilen, Japan.

Anmerkung: Rosen werden vielfältig in Tees, Parfums, Hautcremes, als Heilmittel und zur Herstellung von Marmeladen verwendet. Diese Art hat besonders viel Fruchtfleisch und liefert eine schmackhafte Hagebutten-Marmelade. Grundsätzlich sind jedoch alle Arten essbar.

Dünen-Rose, Bibernell-Rose, Pimpinell-Rose
Rosa spinosissima L.
Familie: Rosengewächse, Rosaceae

1 Blüten   2 Früchte   3 Stacheln und Borsten

| J | F | M | A | M | J | J | A | S | O | N | D |

Beschreibung: 25–75 cm hoher Strauch mit Ausläufern. Zweige nur 2–4 mm dick, rund, olivgrün bis rotbraun, dicht mit dünnen und geraden, 5–7 mm langen Stacheln und kleineren, bisweilen drüsigen Stachelborsten besetzt. Wechselständige, kahle Blätter mit 5–11 Fiederblättern und doppelt drüsig gesägtem Blattrand. Meist weiße (selten rosa) Blüten mit nach der Blüte zurückgeschlagenen Kelchblättern, bis 5 cm groß. Schwärzliche, abgeflacht urnenförmige Früchte 12–16 mm lang und von einem bleibenden Kelch gekrönt.

Vorkommen: An Waldrändern und sonnenexponierten Trockenhängen sowie Felskuppen.

Verbreitung: Europa bis Altai-Gebirge.

Anmerkung: Am natürlichen Standort bildet die Bibernell-Rose niedrige, dichte Bestände. Im Garten angepflanzt kann sie, dank guter Nährstoffversorgung und Feuchtigkeit, über 2 m hoch werden. Sie ist die einzige heimische Rosenart mit fast schwarz gefärbten Früchten.

Kratzbeere, *Rubus caesius* L.
Familie: Rosengewächse, Rosaceae

1 Blüten 2 Früchte 3 Zweige

| J | F | M | A | M | J | J | A | S | O | N | D |

Beschreibung: Bis 80 cm hoher, Wurzelsprosse bildender Strauch mit bogig überhängenden Zweigen. Junge Triebe ca. 3 mm dick, rundlich, dicht mit geraden oder etwas rückwärts gerichteten, 2–5 mm langen Stacheln besetzt, blassgrün oder rötlich überlaufen, bläulich bereift, behaart oder kahl, ohne Korkwarzen. Wechselständige Blätter 3-zählig (selten 5-zählig) gefiedert mit lanzettförmigen Nebenblättern. 5-zählige, weiße Blüten. Die Sammelfrüchte sitzen zu 5–20 Einzelsteinfrüchtchen zusammen auf einem gemeinsamen Blütenboden und sind ebenso wie der Stängel abwischbar stark bläulich bereift.

Vorkommen: Häufig an wechselfeuchten Standorten, an Gewässern, in Auenwäldern, auf feuchten Äckern und in Weinbergen sowie an Feldrainen.

Verbreitung: Westeuropa bis Westsibirien und über Kleinasien, vom Kaukasus bis zum Iran.

Anmerkung: Die fade und säuerlich schmeckenden Früchte sind essbar, aber lange nicht so schmackhaft wie diejenigen der Brombeere.

Echte Brombeere, *Rubus fruticosus* L.
Familie: Rosengewächse, Rosaceae

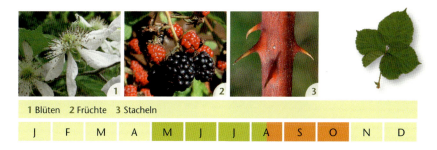

1 Blüten 2 Früchte 3 Stacheln

| J | F | M | A | M | J | J | A | S | O | N | D |

Beschreibung: Bis 3 m hoher, stark bewehrter Strauch mit bogig überhängenden, meist unverzweigten, 5–20 mm dicken Trieben, mit sehr festen Stacheln (kl. Bild) besetzt. Wechselständige Blätter 3- bis 7-zählig gefingert, mit fadenförmigen Nebenblättern. Weiße, 5-zählige Blüten mit vielen Staub- und Fruchtblättern. Sammelsteinfrüchte glänzend schwarzblau, zusammen mit dem kegelförmigen Blütenboden abfallend.

Vorkommen: An Wald- und Gebüschsäumen, auf Kahlschlägen, aufgelassenen Wiesen und Weinbergen und in Hecken. Von der Ebene bis in Gebirgslagen von 1700 m.

Verbreitung: Europa

Anmerkung: Nicht nur die Früchte der Brombeere werden verwendet, die Blätter sind in vielen Teemischungen zu finden und lindern leichten Durchfall; in Aschenlauge ausgekocht wurden sie zum Schwarzfärben der Haare verwendet, und im 19. Jh. wurden sie, ähnlich wie Eichenrinde, häufig zum Gerben benutzt. «Die» Brombeere gibt es insofern nicht als einzelne Art, als sie in viele verschiedene Arten unterteilt wurde und man von einer Sammelart spricht. Die meisten Brombeeren unterscheiden sich von der Himbeere durch die derberen Stacheln und die der Oberseite sehr ähnlich grüne Blattunterseite. Die Unterseite der Himbeerblätter hingegen ist sehr viel heller als die Oberseite.

Himbeere, *Rubus idaeus* L.
Familie: Rosengewächse, Rosaceae

1 Früchte 2 Nebenblätter

| J | F | M | A | M | J | J | A | S | O | N | D |

Beschreibung: Bis 2 m hoher, Wurzelsprosse bildender Strauch. Junge Triebe einzeln aus dem Erdboden aufsteigend, etwas hin und her gebogen, stets unverzweigt und am Ende etwas überhängend, braun bis rotbraun, schwach bis drüsig filzig behaart, mit kurzen Stachelchen oder Stacheln. Ohne Korkwarzen. Fruchtende Zweige im Herbst absterbend. Wechselständige Blätter 3- oder 5-zählig gefiedert, unterseits weiß filzig, mit fadenförmigen Nebenblättern (kl. Bild). Weiße, 5-zählige Blüten in meist nickenden, mehrblütigen Trauben (Bild unten). Sammelfrucht (Himbeere) mit zahlreichen roten, flaumig behaarten, sich leicht vom kegelförmigen Blütenboden lösenden Steinfrüchten.

Vorkommen: Auf Waldlichtungen und an Waldrändern, Pioniergehölz auf Kahlschlägen. Vorwiegend in Gebirgslagen. Vom Tiefland bis in 1850 m in den Alpen. Bisweilen durch die Wurzelsprosse dichte Bestände bildend.

Verbreitung: Europa und gemäßigtes Asien.

Anmerkung: Beliebte Gartenpflanze deren vitaminreiche Früchte roh genossen oder vielfältig zu Marmelade, Gelee oder Saft verarbeitet werden. Die Blätter werden in Teemischungen und in der Heilkunde verwendet. Viele der bewehrten Sträucher galten früher als Zaubersträucher, mit deren Hilfe man Hautkrankheiten und andere Beschwerden abstreifen konnte, indem man durch einen «Torbogen» aus den Zweigen dieser oft rankenden Sträucher hindurchgeschlüpft ist.

Silber-Weide, *Salix alba* L.
Familie: Weidengewächse, Salicaceae

1 weibliche Blütenkätzchen 2 weibliche Blüten 3 Blätter 4 Borke

J	F	M	A	M	J	J	A	S	O	N	D

Beschreibung: Bis 30 m hoher, breitkroniger und reich verzweigter Baum mit starken Ästen und meist überhängenden Zweigen sowie dicker, anfangs genetzter, später längs gefurchter, tiefrissig breit gerippter Borke. Junge Zweige dünn, gelbgrün, gelbbraun oder rötlich braun, anfangs anliegend behaart, später ± verkahlend und graubraun, glänzend. Wechselständige, schraubig angeordnete, 5–10 cm lange Blätter ± lanzettförmig, bis 1,5 cm breit, beiderseits anfangs ± dicht anliegend silberweiß seidenhaarig, später oberseits kahl, grün, unterseits bleibend behaart (selten kahl), blaugrün, mit 2 Drüsen am unteren Blattrand. Mit früh abfallenden Nebenblättern und gleichmäßig dicht und fein gesägtem Blattrand, mit den Zähnen aufsitzenden kleinen Drüsen. Zweihäusige, 3–6 cm lange Kätzchen, die weiblichen Blüten mit einer Nektardrüse, die den fast sitzenden Fruchtknoten am Grund ± umschließt; Griffel kurz und unscheinbar; männliche Blüten mit 2 Nektardrüsen und zwei an der Basis behaarten Staubblättern; längliche, gelbgrüne Tragblätter schwach behaart. Vom Wind verbreitete Kapselfrüchte mit Haarschopf.

Vorkommen: Vor allem im Bereich der großen Ströme und Flüsse. Wichtiger Bestandteil der Auenwälder.

Verbreitung: Europa bis Westsibirien, Westasien, Kaukasus und Himalaja.

Anmerkung: Diese Art ist (neben der ebenso verwendeten Korb-Weide) eine der Weiden, die regelmäßig geschnitten wurden, um die Zweige für Flechtwerk zu gewinnen.

Ohr-Weide, *Salix aurita* L.
Familie: Weidengewächse, Salicaceae

1 weibliche Blütenkätzchen   2 männliche Blüten   3 Früchte   4 Blätter

| J | F | M | A | M | J | J | A | S | O | N | D |

Beschreibung: Breiter, bis 2 m hoher, reich verzweigter, etwas sparriger Strauch mit schwarzbrauner, flach längsrissiger Borke. Junge Zweige anfangs filzig behaart, später ± verkahlend, graubraun. Holz der 2- bis 4-jährigen Zweige nach Entfernen der Rinde mit 1–2 cm langen Striemen. Wechselständige, schraubig angeordnete Blätter oberseits ± runzelig durch eingesenkte Nerven, bis 5 cm lang und 3 cm breit, verkehrt eiförmig, stark zugespitzt, Blattspitze krumm, Basis der Blattspreite keilförmig, Blattrand wellig, unregelmäßig grob gesägt, unterseits besonders anfangs filzig behaart; mit großen, nierenförmigen Nebenblättern. Zweihäusige, bis 2 cm lange, sitzende Kätzchen vor dem Blattaustrieb blühend, weibliche Blüten mit behaarten, gestielten Fruchtknoten und kaum sichtbaren Griffeln und ungeteilten Narben und einer kurzen Nektardrüse; männliche Blüten mit 2 unterseits behaarten Staubblättern. Tragblätter zweifarbig und lang behaart. Kapselfrüchte mit Haarschopf.

Vorkommen: Gewässerbegleitend oder an Nassstellen und in Flachmooren. Vom Tiefland bis in 1800 m Höhe im Gebirge.

Verbreitung: Europa bis zum Ural, Westasien.

Sal-Weide, *Salix caprea* L.
Familie: Weidengewächse, Salicaceae

1 weibliche Blütenkätzchen 2 männliche Blütenkätzchen 3 Fruchtstand 4 Borke

| J | F | M | A | M | J | J | A | S | O | N | D |

Beschreibung: Bis 10 m (selten 20 m) hoher Baum mit meist nur kurzem Stamm oder vom Grund an verzweigter Großstrauch mit längsrissiger, grau- bis schwarzbrauner Borke und im Alter typisch rautenförmigen Aufbrüchen. Junge Zweige aufrecht, olivgrün, sonnenseits oft rötlich, anfangs behaart, später ± verkahlend. Holz der 2- bis 4-jährigen Zweige nach Entfernen der Rinde ± ohne Striemen. Wechselständige, schraubig angeordnete, bis 10 cm lange und 6 cm breite Blätter sehr variabel, in oder unter der Mitte am breitesten, zugespitzt, ganzrandig bis gezähnt, oberseits im Alter verkahlend, unterseits bleibend dicht grau filzig behaart, oberseits ± runzelig. Nebenblätter klein und schief nierenförmig. Zweihäusige, sitzende Kätzchen bis 4,5 cm lang, vor dem Blattaustrieb blühend. Weibliche Blüten mit gestieltem Fruchtknoten, Narben und Griffel kurz, eine breite Nektardrüse; männliche Blüten mit 2 kahlen Staubblättern. Zweifarbige Tragblätter lang behaart. Kapselfrüchte mit Haarschopf.

Vorkommen: Pioniergehölz an Wald- und Wegrändern, in Steinbrüchen und Kiesgruben, auf Brachland und aufgelassenen Kulturflächen sowie Trümmergelände. Vom Tiefland bis in 2000 m Höhe im Gebirge.

Verbreitung: Europa bis West- und Nordasien.

Anmerkung: Diese Art ist eine der ersten blühenden Sträucher im Frühjahr und eine wichtige Futterpflanze für Insekten, als wichtige Bienenweide ist sie seit langer Zeit in Kultur. Sie wird häufig in renaturierten Tagebaugebieten angepflanzt. Die früh austreibenden, silbrigen Weidenkätzchen kündigen das Frühjahr an. In China gilt die Weide als Symbol für den Frühling und für Erotik. In der katholischen Kirche werden vielerorts, zum Beispiel in Bayern und Österreich, am Palmsonntag «Palmkätzchen» geweiht; die in der Bibel erwähnten Palmwedel wurden dabei durch europäische Gehölze wie die Weide ersetzt.

Grau-Weide, *Salix cinerea* L.
Familie: Weidengewächse, Salicaceae

1 weibliche Blütenkätzchen   2 männliche Blütenkätzchen   3 Nebenblätter   4 Striemen

| J | F | M | A | M | J | J | A | S | O | N | D |

Beschreibung: Bis 5 m hoher, breitbuschiger Strauch. Junge Zweige gelbgrün bis dunkelgrau, samtig grau behaart. Rinde später schmutzig grau. Holz der 2- bis 4-jährigen Zweige nach Entfernen der Rinde mit bis zu 5 cm langen Striemen. Wechselständige, schraubig angeordnete Blätter bis 10 cm lang und 4,5 cm breit, unterseits filzig behaart; länglich bis verkehrt eiförmig, kurz zugespitzt, mit unregelmäßig bogig gekerbtem oder entfernt gezähntem Blattrand und meist ± großen und nierenförmigen Nebenblättern (kl. Bild). Zweihäusige, sitzende Kätzchen bis 5 cm lang, weibliche Blüten mit spindelförmigem, lang gestieltem und behaartem Fruchtknoten, kurzer Griffel mit geteilter, länglicher Narbe und einer Nektardrüse am Grund (kl. Bild); männliche Blüten mit 2 Staubblättern, unten behaart. Zweifarbige Tragblätter lang behaart. Kapselfrüchte mit Haarschopf.

Vorkommen: Weit verbreitet an nassen, meist kalkfreien Standorten. Vom Tiefland bis in 700 m Höhe im Gebirge.

Verbreitung: Europa bis Westsibirien und über Nordkleinasien bis zum Kaukasus.

Reif-Weide, *Salix daphnoides* Vill.
Familie: Weidengewächse, Salicaceae

1 Blütenkätzchen   2+3 Äste und Zweige

| J | F | M | A | M | J | J | A | S | O | N | D |

Beschreibung: 10 m (selten bis 20 m) hoher Baum mit starken Ästen oder vom Grund an verzweigter Großstrauch mit gelblichen, weinroten bis bräunlichen, zum Teil deutlich bereiften, runden Zweigen und zerstreut stehenden Korkwarzen. Wechselständige, schraubig angeordnete Blätter breit lanzettförmig, bis 10 cm lang und 2,5 cm breit, am hinteren Ende am breitesten, scharf bespitzt, am Rand fein drüsig gesägt, oberseits dunkelgrün glänzend, unterseits graugrün und matt. Zweihäusige, 2,5–5 cm lange Kätzchen sitzend, weibliche Blüten mit kahlem, kurz gestieltem Fruchtknoten und sichtbarem Griffel; männliche Blüten mit 2 kahlen Staubblättern. Tragblätter rotbraun mit schwarzer Spitze, lang behaart. Kapselfrüchte mit Haarschopf.

Vorkommen: Verbreitet gewässerbegleitend und in Auengebüschen, vor allem im Gebirge. In den Alpen bis in etwa 1500 m Höhe.

Verbreitung: Europa bis zum Ural.

Anmerkung: Zur Gewinnung von Kätzchenzweigen häufig angepflanzt. Im Winter durch die bereiften Zweige auffallend.

Lavendel-Weide, *Salix elaeagnos* Scop.
Familie: Weidengewächse, Salicaceae

1 weibliche Blütenkätzchen 2 Fruchtstand 3 Blätter

| J | F | M | A | M | J | J | A | S | O | N | D |

Beschreibung: Meist bis 6 m hoher, breitbuschiger Strauch mit überhängenden Zweigen, selten bis 20 m hoher Baum. Zweige kantig, gelbgrün oder olivgrün bis rötlich, grau filzig behaart. Wechselständige, schraubig angeordnete Blätter bis 12 cm lang, schmal lanzettlich, oberseits fast kahl und unterseits dicht weiß filzig, mit an der Basis ganzrandigem und zur Spitze hin drüsig gezähntem Blattrand. Zweihäusig verteilte Kätzchen bis 3 cm lang, weibliche Blüten mit kahlem, kurz gestieltem Fruchtknoten und sichtbarem Griffel; männliche mit zwei unterseits behaarten Staubblättern. Grüne Tragblätter randlich behaart. Kapselfrüchte mit Haarschopf.

Vorkommen: Gewässerbegleitend, vor allem in Gebirgslagen häufig als Pioniergehölz. In den Alpen bis in 1800 m Höhe. Im Tiefland häufig zur Hangbegrünung angepflanzt.

Verbreitung: Süd- und Mitteleuropa bis Kleinasien.

Bruch-Weide, Knack-Weide, *Salix fragilis* L.
Familie: Weidengewächse, Salicaceae

1 weibl. Blütenkätzchen   2 männl. Blütenkätzchen   3 Blattstieldrüsen   4 Borke

| J | F | M | A | M | J | J | A | S | O | N | D |

Beschreibung: Bis 15 m hoher Baum mit überhängenden Zweigen und längsrissiger, graubrauner Borke. Junge Zweige kahl, glänzend, ± starr und lehmfarben (gelbgrau). Die biegsamen Zweige brechen sehr leicht und mit einem deutlichen Knacklaut vom Hauptast (man prüft es am besten durch Andrücken des Zweiges an den Leitast). Wechselständige, schraubig angeordnete, bis 15 cm lange und 4 cm breite Blätter lanzettförmig, lang zugespitzt und im untersten Drittel am breitesten, oberseits kahl und glänzend, unterseits anfangs leicht seidig behaart und später kahl.

Blattstiel unterhalb der Blattspreite mit auffälligen Drüsen (kl. Bild). Blattrand gesägt mit knorpeligen Blattzähnen und in deren Buchten sitzenden Drüsen. Früh abfallende Nebenblätter halbherzförmig und gesägt. Zweihäusig verteilte, gestielte Kätzchen 3–7 cm lang, weibliche Blüten mit kahlem, fast sitzendem Fruchtknoten mit kurzem Griffel und geteilter Narbe sowie 2 Nektardrüsen am Grund; männliche Blüten mit 2 an der Basis behaarten Staubblättern. Gelbgrüne Tragblätter lang behaart und an der Spitze kahl. Kapselfrüchte mit Haarschopf.

Vorkommen: In Auenwäldern und gewässerbegleitend. Vom Tiefland bis in 800 m Höhe im Gebirge.

Verbreitung: Europa bis Westsibirien und Westasien bis zum Kaukasus.

Anmerkung: Der Name Knack-Weide bezieht sich auf den Knacklaut, der beim Abbrechen junger Zweige an den Verzweigungsstellen entsteht. Dieses Merkmal findet man ± ausgeprägt auch bei den Bastarden dieser Art wie z. B. der Fahl-Weide. Die Fahl- und Silberweide sind leicht mit der Bruch-Weide zu verwechseln, doch hat die Bruch-Weide keine Blattranddrüsen.

Purpur-Weide, *Salix purpurea* L.
Familie: Weidengewächse, Salicaceae

1+2 weibliches Blütenkätzchen   3+4 männliches Blütenkätzchen

| J | F | M | A | M | J | J | A | S | O | N | D |

Beschreibung: Bis 6 m hoher, meist nur schmalbuschiger Strauch. Junge Zweige sehr dünn und biegsam, gerundet, kahl, olivgrün bis rotbraun, glänzend. Wechselständige, mitunter jedoch fast gegenständig erscheinende Blätter bis 12 cm lang und 2 cm breit, im vorderen Drittel zur Blattspitze hin am breitesten, Blattrand nur im oberen Drittel gezähnt, im unteren Teil ganzrandig. Blätter oberseits kahl und glänzend dunkelgrün, unterseits bläulich bis blaugrün und kahl oder anfangs behaart, beim Eintrocknen oft schwarz werdend. Nebenblätter fehlen. Zweihäusig verteilte, schlanke Kätzchen bis 4,5 cm lang, die weiblichen Blüten mit sitzendem Fruchtknoten, kaum sichtbarem Griffel und rundlicher Narbe sowie einer Nektardrüse; männliche Blüten mit zwei ganz miteinander verwachsenen Staubblättern, deren Staubbeutel anfangs purpurn, dann gelb und später schwärzlich verfärben. Behaarte Tragblätter dunkelbraun. Kapselfrüchte mit Haarschopf.

Vorkommen: Gewässerbegleitend. An Auenwaldrändern, in Auen- und Ufergebüschen. Vom Tiefland bis in höhere Gebirgslagen. In den Alpen gelegentlich bis in über 2000 m Höhe.

Verbreitung: Von Mittel- und Südeuropa, über das nördliche Kleinasien, den Kaukasus bis nach Westsibirien, Zentral- und Ostasien.

Anmerkung: Die Purpur-Weide ist die einzige heimische Weidenart, bei der die Blattnarben fast gegenständig angeordnet sein können. Es ist die in der pflanzlichen Heilkunde am meisten verwendete Art. Wirkstoffe aus der Rinde lindern fieberhafte Erkrankungen und Schmerzen.

Kriech-Weide, *Salix repens* L.
Familie: Weidengewächse, Salicaceae

1 weibliche Blütenkätzchen   2 männliche Blütenkätzchen   3 Fruchtstand

| J | F | M | A | M | J | J | A | S | O | N | D |

Beschreibung: 0,5–1 m hoher, niederliegend-aufsteigender Strauch mit dünnen, braunen bis dunkelbraunen, anfangs silbrig kraus behaarten Zweigen, erst im 2. Jahr verkahlend. Rinde später dunkel rotbraun. Wechselständige, spiralig angeordnete Blätter 1,5–5 cm lang und 1–2 cm breit, anfangs beiderseits seidenhaarig, später oberseits kahl und unterseits bleibend behaart, Blattrand ganzrandig und z. T. umgerollt und drüsig. Nebenblätter oft fehlend. Zweihäusig angeordnete Kätzchen sitzend und 1–1,5 cm lang, vor dem Laubaustrieb blühend, weibliche Blüten mit behaartem, lang gestieltem Fruchtknoten, kurzem Griffel und geteilter Narbe sowie einer länglichen Nektardrüse; männliche Blüten mit 2 gelben bis rötlichen Staubblättern. Tragblätter zweifarbig, oben dunkler und kurz behaart. Kapselfrüchte mit Haarschopf.

Vorkommen: Auf staunassen Feuchtwiesen oder in Heide- und Flachmooren. Vom Tiefland bis in 1700 m Höhe im Gebirge.

Verbreitung: Europa bis Mittel-, West- und Zentralasien.

Mandel-Weide, *Salix triandra* L.
Familie: Weidengewächse, Salicaceae

1 weibliches Blütenkätzchen 2 männliche Blütenkätzchen 3 Blattdrüsen 4 Borke

| J | F | M | A | M | J | J | A | S | O | N | D |

Beschreibung: Meist 3 m (selten bis 10 m) hoher Großstrauch. Rinde der älteren Zweige sich in Fetzen ablösend, neue Rinde zimtbraun; junge Zweige kahl oder nur anfangs behaart und rotbraun bis olivgrün. Wechselständige, schraubig angeordnete Blätter in der Mitte oder dem hinteren Drittel am breitesten, bis 15 cm lang und 3 cm breit, lanzettförmig bis elliptisch und kurz zugespitzt. Blattrand fein drüsig gezähnt mit in den Buchten zwischen den Sägezähnen stehenden Drüsen (kl. Bild). Blattstiel meist mit 2 Drüsen. Große, nieren- bis halbherzförmige Nebenblätter am Rand gesägt und nicht abfallend. Zweihäusig verteilte, gestielte Kätzchen 3–8 cm lang und meist etwas gebogen, weibliche Blüten mit kahlem, gestieltem Fruchtknoten, kurzem Griffel und ungeteilter, dicker, seitwärts gebogener Narbe sowie einer Nektardrüse am Grund; männliche Blüten mit 3 an der Basis braun behaarten Staubfäden und 2 Nektardrüsen. Tragblätter zur Fruchtreife erhalten bleibend, grün und leicht behaart. Kapselfrüchte mit Haarschopf.

Vorkommen: An Gewässerufern sowie in Auenwäldern. Vom Tiefland bis in fast 2000 m Höhe in den Alpen.

Verbreitung: Von Europa über das nördliche Kleinasien bis zum Kaukasus und Iran; über Sibirien bis Ostasien.

Anmerkung: Die Zweige der Mandel-Weide können, wie diejenigen der Bruch-Weide, auch knackend vom Ast brechen, die Borke macht diese Art jedoch unverwechselbar. Durch den ausladend ausgebreiteten Wuchs kann man sie meist schon von Weitem von der Korb-Weide mit ihrem deutlich strafferen Wuchs unterscheiden. Die Blätter kräuseln sich beim Eintrocknen meist auffällig.

Korb-Weide, Hanf-Weide
Salix viminalis L.
Familie: Weidengewächse, Salicaceae

1 weibliches Blütenkätzchen   2 männliches Kätzchen   3 Fruchtstand   4 Borke mit Pilz

| J | F | M | A | M | J | J | A | S | O | N | D |

Beschreibung: Bis 10 m hoher, vom Grund an verzweigter Baum oder Großstrauch mit längsrissiger, dunkler Borke sowie aufrechten Ästen und überhängenden Zweigen. Junge Zweige grünlich bis gelblich braun, samtig grau behaart, bisweilen etwas verkahlend. Wechselständige, schraubig angeordnete, bis 25 cm lange und 1,5 cm breite Blätter schmal lanzettförmig und allmählich zugespitzt, jung beiderseits lang seidig behaart, oberseits dunkelgrün und später ± verkahlend, unterseits seidig silbergrau behaart, ganzrandig mit etwas umgerolltem Blattrand. Nebenblätter schmal lanzettförmig. Zweihäusig verteilte, längliche Kätzchen bis 3 cm lang, weibliche Blüten mit sitzendem Fruchtknoten, langem Griffel und langer, deutlich geteilter Narbe sowie einer langen und schmalen Nektardrüse. Behaarte Tragblätter rötlich bis bräunlich. Kapselfrüchte mit Haarschopf.

Vorkommen: Häufig, gewässerbegleitend und in Auenwäldern und Gebüschen, vor allem des Tieflandes. Im Gebirge bis in 800 m Höhe.

Verbreitung: Europa bis Sibirien.

Anmerkung: Da Weiden besonders tolerant gegenüber Beschneidung sind, wurden sie früher zur Gewinnung von Zweigen für die Korbflechterei regelmäßig geschnitten und «auf den Kopf gesetzt», die Baumkronen erhielten dadurch ein kopfförmiges Aussehen. Dazu hat man besonders diese Art – aber auch Silber-, Bruch- und Fahl-Weiden – genommen.

Schwarzer Holunder, Holderbusch, Holler
Sambucus nigra L.
Familie: Moschuskrautgewächse, Adoxaceae

1 Blüten 2 Früchte 3 Mark 4 Borke 5 Korkwarzen

J	F	M	A	M	J	J	A	S	O	N	D

Beschreibung: Bis 10 m hoher, sehr kurzstämmiger, meist fast vom Grund an breitkroniger Baum oder Großstrauch mit übergebogenen Zweigen und längsrissiger, graubrauner Streifenborke (kl. Bild). Junge Zweige rund und oliv- bis graubraun mit charakteristischen, großen, etwas länglichen Korkwarzen (kl. Bild). Mark der Zweige weiß (kl. Bild), in den Schösslingen sehr dick. Gegenständige, 10–30 cm lange, unpaarig gefiederte Blätter mit 5 Fiederblättchen, mit strengem, charakteristischem Geruch. Weißliche Blüten in 10–15 cm breiten Schirmrispen. Schwarze, beereartige Steinfrüchte mit 3 Steinkernen.

Vorkommen: In wechselfeuchten Wäldern, an Waldrändern und in Gebüschen und Hecken. Häufig in Siedlungsnähe oder in Siedlungen.

Verbreitung: Vom westlichen Europa bis zum Djnepr, der Krim; über das nördliche Kleinasien bis zum Kaukasus.

Anmerkung: Alle Teile, bis auf die Blüten, sind giftig – auch die Beeren. Gekocht verlieren sie jedoch ihre Giftwirkung und sind ein beliebtes Obst für Süßspeisen, Likör und Getränke (die Kerne sollten entfernt werden). Als «Fliederbeeren» sind sie ein beliebtes Hausmittel bei Erkältungskrankheiten. Sie enthalten einen intensiven Farbstoff und wurden früher auch zum Färben von Haaren, Leder oder Rotwein eingesetzt. Die Blüten helfen bei Erkältung sowie gegen Nieren- und Blasenleiden, sie schmecken auch als Tee und in Keks- oder Waffelteig gebacken. Ein Sud aus den Blättern kann als Pflanzenschutzmittel verwendet werden.

Roter Holunder, Berg-Holunder, Trauben-Holunder
Sambucus racemosa L.
Familie: Moschuskrautgewächse, Adoxaceae

1 Blüten 2 Früchte 3 Mark 4 Borke

| J | F | M | A | M | J | J | A | S | O | N | D |

Beschreibung: Bis 4 m hoher, aufrechter, nur mäßig und meist schon vom Grund an verzweigter Strauch mit übergebogenen Zweigen. Junge Zweige olivbraun bis graubraun und oft rötlich getönt, mit auffälligen, etwas länglichen Korkwarzen. Mark der Zweige gelbbraun. Gegenständige, 10–25 cm lange Blätter mit 5 Fiederblättchen und strengem, charakteristischem Geruch. Gelblich weiße Blüten in ei- oder kegelförmigen Rispen. Beerenähnliche, rote Steinfrüchte mit 3–5 Steinkernen.

Vorkommen: An Waldrändern, in lichten Laub- und Nadelwäldern, häufig auf Waldlichtungen und in jungen Schonungen, vor allem in der Hügel- und Bergstufe. In den Alpen bis in etwa 2300 m Höhe. In Norddeutschland nicht ursprünglich, aber oft angepflanzt und eingebürgert.

Verbreitung: Europa bis Westasien.

Anmerkung: Alle Pflanzenteile sind leicht giftig. Die Früchte enthalten mehr Säure als diejenigen des Schwarzen Holunders, können aber erhitzt zu Gelee, Marmelade und Saft verarbeitet werden. Während beim Schwarzen Holunder die ganzen Früchte Sambunigrin enthalten, sind es bei dieser Art nur die Samen. Nach dem Erhitzen verliert sich dessen toxische Wirkung.

Echte Mehlbeere
Sorbus aria (L.) Crantz
Familie: Rosengewächse, Rosaceae

1 Blütenknospen   2+3 Früchte   4 Borke

J	F	M	A	M	J	J	A	S	O	N	D

Beschreibung: Meist bis 15 m hoher, mitunter 25 m erreichender Baum mit ei- oder kugelförmiger Krone, lange glatt bleibender Rinde und grauer, längsrissiger Borke (kl. Bild). Junge Zweige anfangs olivgrün, später dunkel- bis rotbraun, mit deutlichen Korkwarzen. Wechselständige Blätter gesägt bis doppelt gesägt, außer an den Langtrieben kaum gelappt, unterseits auffallend dicht schneeweiß filzig. Blütenstand oft weiß filzig mit mehreren weißlichen, 12–17 mm breiten Blüten in vielblütigen Schirmrispen. Längliche Frucht (beerenförmiger Kernapfel) orange- bis scharlachrot und 10–15 mm lang.

Vorkommen: In lichten Kiefern- und Laubmischwäldern und an Waldrändern sowie südexponierten Hängen. Licht- und wärmeliebendes Gehölz. Vom Hügelland bis in 1600 m Höhe in den Alpen.

Verbreitung: Europa. Von Spanien bis zur nördlichen Balkanhalbinsel.

Anmerkung: Seit dem Altertum kultiviert, inzwischen gibt es zahlreiche Kultursorten. Die Früchte werden zu Gelee, Brannt- oder Obstwein verarbeitet, gedörrt gegessen oder in Brot eingebacken sowie in der Medizin bei Husten und Durchfall verabreicht – roh können sie Magenverstimmungen verursachen.

Eberesche, Vogelbeere
Sorbus aucuparia L.
Familie: Rosengewächse, Rosaceae

1 Blüten 2 Früchte 3 Borke

| J | F | M | A | M | J | J | A | S | O | N | D |

Beschreibung: Bis 15 m hoher, oft schon vom Grund an mehrstämmiger Baum oder großer Strauch mit locker verzweigter, ovaler oder rundlicher Krone und lange glatt bleibender, grauer Rinde und später längsrissiger, schwarzgrauer Borke. Junge Zweige graubraun bis rötlich braun, anfangs filzig behaart, später ± verkahlend. Wechselständige Blätter mit 9–17, je 2–6 cm langen Fiederblättchen, die bis auf das unterste Drittel scharf gesägt sind. 20 oder mehr, ca. 1 cm breite Blüten in Schirmrispen. Orange bis scharlachrote Früchte (beerenförmige Kernäpfel) bis 1 cm dick.

Vorkommen: Auf Waldlichtungen, an Waldrändern oder als Pioniergehölz auf Kahlschlägen. Vom Tiefland bis in 2000 m Höhe in den Alpen, vorwiegend in der Hügel- und Gebirgsstufe. In den Gebirgslagen oft die Baumgrenze bildend. Sehr lichtbedürftiges Gehölz.

Verbreitung: Europa bis Kaukasus.

Anmerkung: Die Vogelbeere ist entgegen ihrem schlechten Ruf nicht giftig, sie kann zu Gelee, Mehl, Wein und Obstbrand verarbeitet werden. Sie säumte Orakel- und Gerichtsplätze. Mit der Rinde lassen sich Stoffe braunrot einfärben.

Zwerg-Mehlbeere, Berg-Mehlbeere
Sorbus chamaemespilus (L.) Crantz
Familie: Rosengewächse, Rosaceae

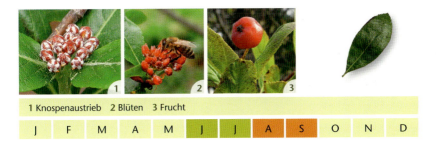

1 Knospenaustrieb 2 Blüten 3 Frucht

| J | F | M | A | M | J | J | A | S | O | N | D |

Beschreibung: 1,3 m (selten bis 3 m) hoher, breiter, oft nur mäßig verzweigter Busch. Zweige olivgrün bis rot- oder dunkelbraun, völlig kahl und glänzend, mit deutlichen, länglichen Korkwarzen. Wechselständige, ungelappte Blätter etwa 3–6 cm lang mit zumindest in der oberen Blatthälfte fein gesägtem Blattrand und abgerundeter oder kaum zugespitzter Blattspitze. Rosa bis rötliche Blüten in Schirmrispen, mit weiß filzigen Blütenstielen und 2 Griffeln. 10–13 mm lange, rote bis braunrote Frucht (beerenförmiger Kernapfel) rundlich bis eiförmig.

Vorkommen: Lichtbedürftiges Gehölz. In Hochstaudenfluren, lichten Kiefern- und Lärchenwäldern der höheren Gebirge. In den Alpen bis in 2000 m Höhe.

Verbreitung: Gebirge Mittel- und Südeuropas.

Speierling, *Sorbus domestica* L.
Familie: Rosengewächse, Rosaceae

1 Blütenstand 2 Früchte 3 Borke

| J | F | M | A | **M** | J | J | A | **S** | **O** | N | D |

Beschreibung: Bis 20 m hoher Baum mit starken Ästen, ovaler oder breiter, gerundeter Krone und graubrauner, an Birnbäume erinnernder Schuppenborke (kl. Bild). Junge Zweige dunkel olivgrün bis bräunlich, kahl, nur unterhalb der Endknospe etwas behaart, mit zahlreichen, länglichen Korkwarzen, die heller als die Rinde sind. Wechselständige Blätter mit 15–17, je 3–8 cm langen, gesägten Fiederblättchen. 6–12, ca. 15 mm breite Blüten mit jeweils 5 Griffeln in Schirmrispen. Frucht (beerenförmiger Kernapfel) 2–3 cm lang, gelbgrün bis bräunlich und rotbackig.

Vorkommen: Licht- und wärmeliebendes Gehölz. Vorwiegend im Weinbauklima. An sonnigen, sommerwarmen Hängen und in lichten Laubmischwäldern. In Mitteleuropa ursprünglich nicht heimisch.

Verbreitung: Süd- und Südosteuropa bis zur Krim und dem nördlichen Kleinasien.

Anmerkung: Die Früchte sind essbar, aber recht gerbstoffreich und herb, sie werden zu Marmeladen und Speierlingsbrand verarbeitet, Apfelwein zugesetzt sowie gegen Durchfall und Erbrechen verabreicht. Speierling liefert wertvolles Möbel-, Furnier-, Schnitz- und Drechselholz.

Schwedische Mehlbeere, *Sorbus intermedia* (Ehrh.) Pers.
Familie: Rosengewächse, Rosaceae

1 Blütenstand 2 Früchte 3 Borke

J	F	M	A	M	J	J	A	S	O	N	D
				M	J	J	A	S	O		

Beschreibung: Bis 15 m hoher, dicht verzweigter Baum mit meist ebenmäßiger ovaler oder kugelförmiger Krone, kräftigen Ästen und lange glatt bleibender Rinde sowie dunkel- bis schwarzgrauer Borke (kl. Bild). Junge Zweige schwach hin und her gebogen, olivgrün bis braun, mit vielen, helleren Korkwarzen. Anfangs behaart, später ± stark verkahlend, glänzend rotbraun. 6–10 cm lange, wechselständige Blätter mindestens um die Hälfte länger als breit, jederseits mit 6–9 Seitennerven bzw. Lappen. Ca. 12 mm breite, weißliche Blüten in Schirmrispen. Elliptische Frucht (beerenförmiger Kernapfel) 12–15 mm lang und orangerot, gelbfleischig.

Vorkommen: In lichten Laubmischwäldern. In Mitteleuropa häufig als Straßen-, Allee- oder Parkbaum angepflanzt.

Verbreitung: Südskandinavien, Baltikum.

Elsbeere, *Sorbus torminalis* (L.) Crantz
Familie: Rosengewächse, Rosaceae

1 Blütestand   2 Früchte   3 Fruchthaut   4 Borke

| J | F | M | A | M | J | J | A | S | O | N | D |

Beschreibung: Bis 20 m hoher, bisweilen mehrstämmiger Baum oder Großstrauch mit lockerer Krone und dunkel graubrauner, kleinschuppiger Borke (kl. Bild). Zweige olivbraun, mit vielen punktförmigen, wenig ins Auge fallenden Korkwarzen, da sie fast die Farbe der Rinde haben. Wechselständige Blätter beidseitig mit 3–5 auffallenden, dreieckigen, spitzen Lappen, Seitennerven bis in die Lappenspitzen verlaufend. Weiße Blüten 10–15 mm breit, mit 2 Griffeln. 12–15 mm dicke, rundliche Frucht (beerenförmiger Kernapfel) bräunlich und hell punktiert (kl. Bild).

Vorkommen: Licht- und wärmeliebendes Gehölz. In lichten Laubmischwäldern. Vom Tiefland bis in 900 m Höhe in den Alpen.

Verbreitung: Von Europa über das nördliche Kleinasien bis zum Kaukasus.

Anmerkung: Im Elsass wird aus den Früchten der Elsbeere der «Alisier» hergestellt, ein dem Schlehenschnaps ähnlich schmeckender Obstbrand.

Sorbus torminalis, Elsbeere

Gewöhnliche Pimpernuss
Staphylea pinnata L.
Familie: Pimpernussgewächse, Staphyleaceae

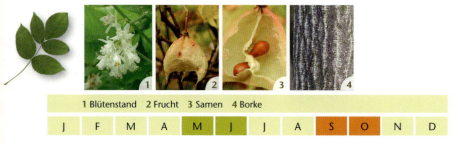

1 Blütenstand   2 Frucht   3 Samen   4 Borke

| J | F | M | A | M | J | J | A | S | O | N | D |

Beschreibung: Bis 5 m hoher, aufrechter, nur mäßig verzweigter Strauch mit netzartig gemusterter, grauer Rinde (kl. Bild). Junge Zweige gerundet, kahl, grünlich, sonnenseits rotbraun, mit zahlreichen, hellen Korkwarzen. Gegenständige, bis 25 cm lange Blätter mit 5–7 fein gesägten Fiedern. Weiße Blüten in lockeren, hängenden Rispen. 2- bis 3-zipfelige, blasige und pergamentartige Kapselfrüchte mit netzartig gemusterter Außenhaut. In jedem der 2–3 Fächer befinden sich 1–2 glatte, birnen- bis eiförmige Samen (kl. Bild), die reif in die fast ganz geschlossen bleibenden Früchte fallen und bei Wind ein klapperndes Geräusch verursachen. Kapsel den Winter über am Strauch bleibend.

Vorkommen: Selten; in sommerwarmen Laubmischwäldern vor allem der Hügelstufe bis in 600 m Höhe. In Deutschland nur südlich des Mains. In der «Roten Liste der gefährdeten Pflanzen» ist die Pimpernuss als ‹gefährdet› eingestuft.

Anmerkung: Die Samen in den Blasenfrüchten schmecken ähnlich wie Pistazien. Im Bayerischen Wald wird daraus ein Pimpernusslikör hergestellt. Der Pimpernuss wird eine aphrodisierende Wirkung nachgesagt. Die Blüten können zu einer Süßigkeit kandiert oder in Teig ausgebacken werden.

Gewöhnliche Schneebeere
Symphoricarpos albus (L.) S. F. Blake
Familie: Geißblattgewächse, Caprifoliaceae

1 Blütenstand 2 Früchte 3 Blätter 4 Borke

| J | F | M | A | M | J | J | A | S | O | N | D |

Beschreibung: Bis 2 m hoher, Ausläufer bildender, dicht verzweigter, breitbuschiger Strauch mit grauen, hohlen Zweigen. Zweigspitzen ± lang abgestorben. Junge, kahle Zweige schwach kantig, grau- bis rotbraun, ohne markante Korkwarzen. Rinde sich später in Längsstreifen lösend (kl. Bild). Gegenständige, einfache Blätter nur an den üppigen Langtrieben gelappt, sonst ungelappt und ganzrandig. Blüten in unterbrochenen, ährenartigen Trauben, mit rötlicher, glockiger Blütenkrone, innen bärtig, mit kahlen Griffeln. Frucht weiß bis rot, und weiße, beerenartig Steinfrucht sitzend oder fast sitzend, in end- oder seitenständigen Ähren, oft fast köpfchenartig verkürzt, 10–15 mm dick, mit 2 Steinkernen, die meist noch lange nach dem Laubfall an den Zweigen hängen bleiben.

Vorkommen: Häufig angepflanzt und verwildert, stellenweise, vor allem an Gewässern und feuchten Stellen, auch eingebürgert. Durch die Ausläufer sich schnell ausbreitend.

Verbreitung: Pazifisches Nordamerika.

Anmerkung: Die weißen, beerenartigen Steinfrüchte sind giftig! Die Schneebeere richtet ihre Blätter zur optimalen Lichtausnutzung durch Wachstumsbewegungen in den Blattstielen passend zum Lichteinfall aus.

Gewöhnlicher Flieder, *Syringa vulgaris* L.
Familie: Ölbaumgewächse, Oleaceae

1 Blütenstand 2 Früchte 3 Zweig

| J | F | M | A | M | J | J | A | S | O | N | D |

Beschreibung: Bis 6 m hoher Baum mit nur kurzem, meist drehwüchsigem Stamm, gabeliger Verzweigung und grauer Streifenborke. Junge Zweige mit deutlichen Längslinien, die an beiden Seiten der Blattstielbasis beginnen und bis zum nächstunteren Blattpaar herablaufen (kl. Bild), Korkwarzen nur wenig auffallend. Gegenständige, ganzrandige Blätter am Grund herzförmig. 4-zipfelige Blütenkrone röhrig verwachsen, weiß, violett oder rötlich. Frucht eine 2-klappige Kapsel, deren einzelne Klappen sich in der Mitte noch einmal spalten.

Vorkommen: Lichtbedürftige Pflanze. Häufiges, vor allen in zahlreichen Gartenformen und Farben angepflanztes Gehölz. Verwildert auf flachgründigen Felshängen. Hier auch längere Trockenheit vertragend.

Verbreitung: Südosteuropa: Albanien, Bulgarien, Mazedonien, Nordgriechenland, Rumänien und Serbien.

Anmerkung: Er ist in der Blumensprache das Symbol der jungen, romantischen Liebe. Im 16. Jahrhundert gelangte der erste Flieder von Konstantinopel nach Wien. Seit Ende des 16. Jahrhunderts fand er seine Verbreitung aus den französischen Parkanlagen in die mitteleuropäischen Bauerngärten.

Winter-Linde, *Tilia cordata* Mill.
Familie: Malvengewächse, Malvaceae

1 Blüten 2 Früchte 3 Blattunterseite 4 Borke

| J | F | M | A | M | J | J | A | S | O | N | D |

Beschreibung: Bis 30 m hoher, breitkroniger und reich verzweigter Baum mit längs gefurchter, dicht gerippter, graubrauner bis schwarzgrauer Borke (kl. Bild). Zweige hin und her gebogen, kahl, rötlich. Wechselständige, einfache Blätter zweizeilig stehend, am Grund herzförmig und mit gesägtem Blattrand, bis auf die bräunlichen Haare in den Blattachseln der Unterseite (kl. Bild) kahl, bis 10 cm lang. Gelbliche bis grünliche, 5-zählige Blüten zu 5–7 in einem Blütenstand, der mit einem flügelartigen, im unteren Teil seiner Achse angewachsenen Hochblatt versehen ist. Fruchtstand mit ± kugelförmigen, stark verholzten, hängenden, schwach kantigen Nussfrüchten, die mit einem pergamentartigen Flügel (Hochblatt) verbunden sind und gemeinsam vom Wind verbreitet werden; nach dem Laubfall meist noch lange am Baum hängend. Unterhalb des Flügels mit deutlichem Stielabschnitt.

Vorkommen: In Auen- und Laubmischwäldern sowie in Hangwäldern. Vom Tiefland bis in 1500 m Höhe.

Verbreitung: Europa bis Ural, Westsibirien, Krim und Kaukasus.

Anmerkung: Die Sommer- und Winter-Linden werden gleich vielfältig verwendet. Lindenwasser stärkt die Haut und lindert als Badezusatz Rheuma. Die jungen Blätter können roh als Salat oder geschmort gegessen werden. Die Blüten haben als Teeaufguss eine lange Tradition als schweißtreibendes Mittel bei grippalen Infekten und Erkältungen. In der Volksmedizin werden sie darüber hinaus auch gegen Nervosität, Schlafstörung, Kopf- und krampfartige Schmerzen eingesetzt. Früher wurden mit den jungen Blättern Schulbrote belegt und die älteren Blätter als Tabakersatz verarbeitet. Lindenlaub wurde auch – ähnlich wie heute Heu – an das Vieh verfüttert. Aus dem recht weichen und wenig dauerhaften Holz wurde medizinische und Zeichen-Kohle hergestellt. Es diente für Schnitzereien in der Sakralkunst und für Masken. Der Bast wurde zu Tauwerk verarbeitet.

Sommer-Linde, *Tilia platyphyllos* Scop.
Familie: Malvengewächse, Malvaceae

1 Blütenstand 2 Früchte 3 Blattunterseite 4 Borke

| J | F | M | A | M | J | J | A | S | O | N | D |

Beschreibung: Bis 40 m hoher, breitkroniger und reich verzweigter Baum mit längs gefurchter, dicht gerippter, grau- bis schwarzbrauner Borke (kl. Bild). Junge Zweige hin und her gebogen, olivgrün bis rötlich, abstehend flaumig behaart, meist erst im 2. Jahr verkahlend. Wechselständige, einfache Blätter zweizeilig angeordnet, mit gesägtem Blattrand und herzförmigem Blattgrund, meist über 10 cm lang, unterseits kurzhaarig und mit weißlichen Haarbüscheln in den Achseln der Blattadern (kl. Bild). Mit einem Hochblatt (Flugorgan) versehener Blütenstand meist 3-blütig. Deutlich 5-kantige Frucht dickwandig verholzt, mit unterhalb des Flügels nur kurzem Stielabschnitt (im Vergleich zur Winter-Linde). Die geflügelten Fruchtstände bleiben oft noch lange nach dem Laubfall am Baum.

Vorkommen: In Mischwäldern, Hangwäldern und auf Geröllhalden. Vom Tiefland bis in 1000 m Höhe.

Verbreitung: Europa bis Kleinasien und Kaukasus.

Anmerkung: Die Germanen verehrten die Linde als Baum, der der Göttin Freya geweiht war, der Göttin der Liebe, des Glücks, der Gerechtigkeit, Schönheit und Fruchtbarkeit. Die Tradition, unter Linden Gericht zu halten, geht auf die germanische Gerichtsversammlung, das Thing, zurück. Daher wird die Linde auch als «Gerichtsbaum» oder «Gerichtslinde» bezeichnet und wurden in die Mitte des Dorfplatzes und an Versammlungs- sowie Gerichtsstätten gepflanzt. Unter ihr wurde Recht gesprochen, getanzt und Nachrichten ausgetauscht.

Silber-Linde
Tilia tomentosa Moench
Familie: Malvengewächse, Malvaceae

1 Blüte 2 Früchte 3 Borke

| J | F | M | A | M | J | J | A | S | O | N | D |

Beschreibung: Bis 30 m hoher, breitkroniger und reich verzweigter Baum mit starken, spitzwinklig aufstrebenden Ästen und im Alter dicht gerippter, längs gefurchter, silber- bis dunkelgrauer Borke (kl. Bild). Junge Zweige gerade oder nur wenig hin und her gebogen, fein grau filzig behaart. Wechselständige, einfache Blätter zweizeilig stehend, unterseits weiß filzig, mit scharf gesägtem Blattrand und herzförmigem Blattgrund, bis 10 cm lang und breit. Rispiger, mit Hochblatt als Flugorgan zur Verbreitung der Früchte versehener Blütenstand 5- bis 10-blütig. Verholzte Nussfrucht deutlich zugespitzt und gerippt.

Vorkommen: Häufig angepflanzt als Park-, Straßen- und Alleebaum. Die Silber-Linde verträgt mehr Lufttrockenheit und Hitze als die heimischen Arten und eignet sich daher besser zur Anpflanzung im innerstädtischen Bereich.

Verbreitung: Südosteuropa bis nördliches Kleinasien.

Anmerkung: Ein Lindenbaum kann bis zu 60 000 Blüten tragen und der honigsüß duftende Nektar wird vermehrt gegen Abend abgeschieden; Blütenbesucher sind hauptsächlich Bienen und Hummeln. In den 1970er-Jahren wurde behauptet, der Nektar sei giftig, weil besonders unter Silber-Linden oft viele tote Blütenbesucher gefunden wurden. Die Ursache ist jedoch, dass zu der relativ späten Blütezeit der Silber-Linde den Insekten kaum noch andere Nahrungsquellen zur Verfügung stehen und die Nektarproduktion insgesamt nicht ausreicht. Die Empfehlung, keine nicht einheimischen Linden in Parkanlagen zu pflanzen, sollte dahingehend angepasst werden, mehr spätblühende Gehölze einzubringen.

Stechginster, *Ulex europaeus* L.
Familie: Hülsenfrüchtler, Leguminosae
Unterfamilie: Schmetterlingsblütler, Faboideae

1 Blüte   2+3 Früchte   4 Dornen

| J | F | M | A | M | J | J | A | S | O | N | D |

Beschreibung: Bis 1,5 m hoher, immergrüner, breitbuschiger und stark dornig bewehrter Strauch mit grünen, anfangs behaarten und gerieften Zweigen. Alle Verzweigungen enden in Dornen, auch die 4–8 mm langen, pfriemlichen Blätter. Die meist 3-zähligen Blattspreiten sind nur bei jungen Pflanzen ausgebildet. Nebenblätter fehlen. Duftende, goldgelbe Schmetterlingsblüten einzeln an den Zweigen stehend, an der Basis oft rötlich, knapp 2 cm groß und behaart. Rauhaarige, schwarzbraune Hülsenfrucht ca. 1,5 cm lang (kl. Bild).

Vorkommen: In Mitteleuropa bisweilen angepflanzt. In küstennahen Bereichen auch eingebürgert. Am natürlichen Standort wichtiger Bestandteil der Atlantischen Heide.

Verbreitung: Atlantisches Westeuropa von Portugal bis England.

Anmerkung: Durch die starke Bewehrung bildet er eine ideale natürliche Auslaufbegrenzung für Haustiere. Außerdem fördert er die Bodenfruchtbarkeit, da viel Stickstoff aus der Luft gebunden und im Boden angereichert wird. Andererseits häuft sich in den undurchdringlichen Dickichten das abgestorbene Strauchwerk an und in den heißen Sommermonaten entsteht ein hohes Brandrisiko, da die grünen Zweige leicht entzündliche, ätherische Öle enthalten. Aus den Blüten wird ein gelber Farbstoff zum Färben von Textilien gewonnen. Die Samen sind giftig. Im Weinbauklima und an den Küsten trägt er bisweilen auch im Spätherbst und Winter einige Blüten. Bei strengeren Frösten friert er oft stark zurück.

Berg-Ulme, Weißrüster, *Ulmus glabra* Huds.
Familie: Ulmengewächse, Ulmaceae

1 Blütenstand   2 Früchte   3 Borke

| J | F | M | A | M | J | J | A | S | O | N | D |

Beschreibung: Bis 40 m hoher, reich verzweigter, meist langstämmiger Baum mit graubrauner, längsrissiger Rippenborke (kl. Bild). Junge Zweige rotbraun, abstehend behaart. Wechselständige Blätter zweizeilig angeordnet, 8–16 cm lang, breit eiförmig mit asymmetrischem Blattgrund und oft mit charakteristisch 3-zipfeliger Blattspitze, oberseits rau, unterseits weichhaarig, mit 12–18 Paaren von Seitennerven. Fast sitzende Blüten aufrecht in dichten Büscheln. Kahle Frucht breit elliptisch, 2–2,5 cm lang, Samen in der Mitte der Frucht.

Vorkommen: In nährstoffreichen und feuchten Laubmischwäldern der Hügel- und Gebirgsstufe bis in 1400 m Höhe.

Verbreitung: Europa bis Kleinasien.

Anmerkung: Im Altertum galt sie als Symbol des Todes und der Trauer. Im keltischen Baumkalender wird sie als der «Baum der guten Gesinnung» bezeichnet. Sie steht für Menschlichkeit und Barmherzigkeit und stand symbolisch dafür, den eigenen Schatten zu überwinden.

Flatter-Ulme, *Ulmus laevis* Pall.
Familie: Ulmengewächse, Ulmaceae

1 Blütenstand   2 Früchte   3 Blattgrund   4 Borke

| J | F | M | A | M | J | J | A | S | O | N | D |

Beschreibung: Bis 35 m hoher, reich verzweigter und breitkroniger Baum mit graubrauner, längsrissiger Schuppenborke (kl. Bild). Stammbasis älterer Bäume mit Brettwurzelansätzen. Stämme mit zahlreichen, oft nur kurzlebigen, kurzen Zweigen besetzt. Junge Zweige grau- bis rotbraun, weich behaart. Wechselständige Blätter zweizeilig stehend, bis 10 cm lang und ca. 5 cm breit, elliptisch, mit stark asymmetrischem Blattgrund (kl. Bild) und wenig verzweigten Seitennerven. Viele lang gestielte und herabhängende, unscheinbare Blüten in einem Blütenstand (kl. Bild), der in den Achseln der Knospenschuppen entspringt. Fruchtflügel am Rand zottig behaart.

Vorkommen: In Auenwäldern und Laubmischwäldern, meist gewässerbegleitend. Vom Tiefland bis in mittlere Gebirgslagen.

Verbreitung: Europa

Anmerkung: Ulmen werden auch als Rüster oder Rusten bezeichnet, was sicherlich mit ihrem robusten, «rüstigen» Wachstum und dem festen Holz zusammenhängt. Ulmenholz ist sehr wertvoll und wird vielfältig verwendet: für Möbel, Parkettböden, Täfelungen und als Furnierholz; früher wurden daraus auch Bögen und Wagengestelle samt der dazugehörigen Felgen, Räder und Speichen gefertigt.

Feld-Ulme, Rotrüster, *Ulmus minor* Mill.
Familie: Ulmengewächse, Ulmaceae

1+2 Blüten   3+4 Früchte   5 Borke

| J | F | M | A | M | J | J | A | S | O | N | D |

Beschreibung: Bis 40 m hoher, breitkroniger Baum mit graubrauner, längsrissiger Schuppenborke (kl. Bild). Junge Zweige kahl oder spärlich behaart, bisweilen mit auffälligen Korkleisten (Bild links). Wechselständige, breit eiförmige Blätter 4–19 cm lang und 2,5–5 cm breit, oberseits glänzend grün und kahl, unterseits bis auf Mittelader und Achselbärte kahl, mit doppelt gesägtem Blattrand und 10–13 Paaren von Seitennerven. Aufrechte Blüten fast sitzend in dichten Büscheln (kl. Bild). Elliptische bis verkehrt eiförmige Frucht mit oberhalb der Mitte sitzendem Samen (kl. Bild).

Vorkommen: In Auen- und Mischwäldern oder als Feldgehölz. Vom Tiefland bis in 1000 m Höhe. Früher häufig angepflanzt als Straßen- und Parkbaum.

Verbreitung: Europa bis Kaukasus.

Anmerkung: Die Rinde und die Blätter enthalten Gerb- und Bitterstoffe und können Entzündungen im Mund- und Rachenraum sowie im Magen-Darm-Trakt lindern. Sie wirken auch gegen Durchfall und fördern die Wundheilung. Das Laub dieses wegen seiner Schnittfestigkeit beliebten Heckenstrauches wurde früher geschnitten und an das Vieh verfüttert. Die früh heranreifenden, blattartigen Flügel der Früchte übernehmen bereits vor dem Blattaustrieb einen Teil der Fotosynthese. Die Feld-Ulme ist durch das Ulmensterben, hervorgerufen durch einen Pilz, am stärksten betroffen. Große und alte Bäume sind nur noch selten zu sehen. Die Feld-Ulme bildet Wurzelsprosse aus, die zu jungen Bäumen heranwachsen, später jedoch ebenfalls befallen werden und absterben.

Heidelbeere, Blaubeere, *Vaccinium myrtillus* L.
Familie: Heidekrautgewächse, Ericaceae

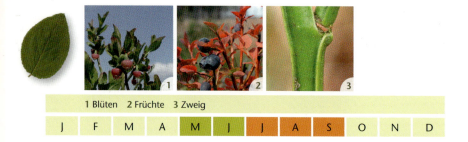

1 Blüten   2 Früchte   3 Zweig

| J | F | M | A | M | J | J | A | S | O | N | D |

Beschreibung: Bis 50 cm hoher, reich verzweigter Strauch mit im Erdboden kriechenden Sprossen. Grüne Zweige nur 1,5 mm dick, deutlich hin und her gebogen und charakteristisch kantig gerieft (kl. Bild). Wechselständige Blätter 2–3 cm lang, eiförmig bis elliptisch und zugespitzt, fein gesägt und beiderseits grasgrün. Einzeln stehende, hängende Blüten krugförmig, weißlich grün und oft rötlich überlaufen, 5–7 mm groß. Blauschwarze Beere mit rotem Saft und zahlreichen Samen.

Vorkommen: Häufig in Laub- und Nadelwäldern, auf saurem Untergrund, zum Teil bodendeckend dichte Bestände bildend. Vom Tiefland bis in 2800 m Höhe in den Alpen.

Verbreitung: Europa bis Sibirien und zum Kaukasus.

Anmerkung: Die essbaren und schmackhaften Beeren lassen sich zu Marmelade, Likören oder Süßspeisen verarbeiten und sind eine wichtige Futterquelle für viele Wildtiere. In der Volksmedizin werden die getrockneten Früchte und Blätter als Tee gegen Durchfall und Erbrechen eingesetzt. Die Heidelbeere gedeiht durch eine Lebensgemeinschaft mit Pilzen auch auf kargen Böden. Dieser gegen Schadstoffeintrag empfindliche Wurzelpilz mag für die rückläufigen Erträge einiger Wildbestände verantwortlich sein.

Rauschbeere, Trunkelbeere, *Vaccinium uliginosum* L.
Familie: Heidekrautgewächse, Ericaceae

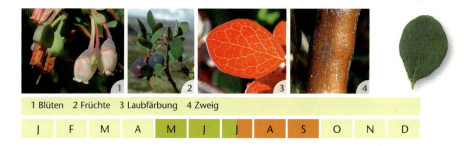

1 Blüten   2 Früchte   3 Laubfärbung   4 Zweig

| J | F | M | A | M | J | J | A | S | O | N | D |

Beschreibung: Bis 90 cm hoher, sparrig verzweigter Strauch mit drehrunden, geraden, hell- bis rotbraunen Zweigen (kl. Bild). Rinde im unteren Teil junger Abschnitte längs aufreißend. Wechselständige Blätter ganzrandig und unterseits blaugrün. 5-zähnige Blütenkrone glockig verwachsen, weißlich bis rosafarben und Blüten zu 1–4 an den Zweigen. Schwarzblaue Beere bereift, mit farblosem Saft.

Vorkommen: In Hochmooren und Moorwäldern, zum Teil dichte Bestände bildend. In Mitteleuropa weit verbreitet, vom Tiefland bis in Hochgebirgslagen von über 2500 m Höhe.

Verbreitung: Europa bis Nordasien, Nordamerika.

Anmerkung: Die Rauschbeere kann ebenso wie die Heidelbeere gegessen werden. Ihre Früchte lösen angeblich Rauschzustände aus, darauf geht ihr Trivialname zurück. Die Frucht verdirbt leicht und die berauschende Wirkung beruht auf einer zu langen Lagerung.

Wolliger Schneeball, *Viburnum lantana* L.
Familie: Moschuskrautgewächse, Adoxaceae

1 Blütenstand 2 reife und unreife Früchte 3 Blätter 4 Zweig

| J | F | M | A | M | J | J | A | S | O | N | D |

Beschreibung: Bis 3 m hoher, reich verzweigter, aufrechter, wollig behaarter Strauch. Junge Zweige gerundet, durch Sternhaare dicht graubraun, filzig behaart (kl. Bild). Gegenständige, ungeteilte Blätter am Rand scharf gezähnt und unterseits dicht filzig, ca. 10 cm lang. Weiße Blüten in Schirmrispen, alle gleich gestaltet. Steinfrucht mit einsamigem Steinkern erst rot und dann glänzend schwarz, oft noch den ganzen Winter über an den Zweigen hängend.

Vorkommen: Lichtbedürftiges Gehölz. In lichten Eichen-, Laubmisch- und Kiefernwäldern. Vom Tiefland bis in 1900 m Höhe in den Alpen

Verbreitung: Europa bis Kaukasus.

Anmerkung: Die Beeren sind für die meisten Vögel ungiftig, werden von vielen heimischen Vögeln jedoch verschmäht. Beim Menschen können sie – vor allem unreif – Magen-Darm-Entzündungen verursachen. Der Strauch wird als Böschungsbegrünung und in Schutzgebieten als Vogelnist- und Nährgehölz angepflanzt. Früher wurden aus dem Holz Pfeilschäfte hergestellt.

Gewöhnlicher Schneeball, Herzbeer, *Viburnum opulus* L.
Familie: Moschuskrautgewächse, Adoxaceae

1 Blütenstand 2 Früchte 3 Blattdrüsen 4 Zweig

J	F	M	A	M	J	J	A	S	O	N	D

Beschreibung: Bis 4 m hoher, reich verzweigter, breitbuschiger Strauch mit übergebogenen, graubraunen bis schwarzgrauen Zweigen. Junge Zweige kahl, ± stumpfkantig bis gerieft, olivgrün bis graubraun, mit auffälligen Korkwarzen. Gegenständige Blätter 3- bis 5-lappig, am Stiel mit napfförmigen Drüsen (kl. Bild), ca. 10 cm lang. Weiße Blüten in Schirmrispen (doldenähnlicher Blütenstand), von denen die randständigen vergrößert und oft ± symmetrisch sind. Rote, ca. 1 cm große Steinfrucht mit einsamigem, herzförmigem Steinkern, manchmal noch bis zur Blüte im Frühjahr am Strauch hängen bleibend.

Vorkommen: Lichtbedürftiges, verbreitetes Gehölz. In Auenwäldern und an Waldrändern. Vom Tiefland bis in 1700 m Höhe in den Alpen.

Verbreitung: Europa bis Kaukasus, West- und Nordasien.

Anmerkung: Die Früchte des Gewöhnlichen Schneeballs sind roh giftig und nur gekocht essbar. Die Früchte sind zum Färben geeignet. Die Rinde kann als krampflösendes Mittel, insbesondere bei Menstruationsbeschwerden, verwendet werden.

Wilde Weinrebe, *Vitis vinifera* L. ssp. *sylvestris* Hegi
Familie: Weinrebengewächse, Vitaceae

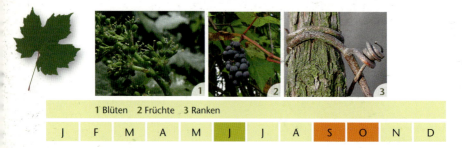

1 Blüten   2 Früchte   3 Ranken

J	F	M	A	M	J	J	A	S	O	N	D

Beschreibung: Bis 30 m hoch rankende Liane mit grau- bis rotbrauner, sich in langen Streifen lösender Borke. Junge Zweige fein gerieft, hell- bis graubraun, anfangs flockig behaart, aber bald verkahlend. Mehrjährige Zweige mit braunem Mark. Das Ende einiger Seitentriebe ist zu Ranken umgebildet (kl. Bild). Wechselständige, große Blätter 3- bis 5-lappig, mit herzförmigem Grund. Zweihäusig verteilte, grünliche Blüten in den Zweigen seitlich ansitzenden Rispen. Gelbgrüne bis schwärzliche, rundliche bis elliptische Früchte oft bereift und ca. 6 mm groß.

Vorkommen: In Mitteleuropa nur noch selten in Auenwäldern am Rhein und an der Donau. In der «Roten Liste der gefährdeten Pflanzen Deutschlands» als «vom Aussterben bedroht» aufgeführt.

Verbreitung: Von Ostfrankreich, Süddeutschland, Italien, Südosteuropa, Südrussland über Kleinasien, den Kaukasus, Transkaukasien, Nordiran bis zum Hindukusch-Gebirge.

Anmerkung: Diese Wildform der Kultur-Rebe ist, im Gegensatz zu der meist zwittrigen Kultur-Rebe überwiegend eingeschlechtlich und zweihäusig.

Anhang

Bildnachweis

Alle unten nicht aufgeführten Fotos stammen von **Rita und Frank Lüder.**

Blickwinkel   R. Linke, S. 10/11 (Sommerlinde); K. Wagner, S. 186; K. Wothe, S. 274/275 (Eichenblätter Herbstfärbung)

Dremstime.com   Janis Svitins, S. 124/125 (Eiche); Michael Smith, S. 249 (großes Bild)

Flickr   Joan Simon, CC-BY-SA-2.0, S. 130 (Bild 3); Joe Calhoun, CC-BY-SA-2.0, S. 157 (Bild 2); digital cat, CC-BY-SA-2.0, S. 172; normanack, CC-BY-SA-2.0, S. 177 (großes Bild); Joan Simon, CC-BY-SA-2.0, S. 218 (großes Bild); Lostinfog, CC-BY-SA-2.0, S. 227 (großes Bild); FPA and F, CC-BY-SA-2.0, S. 229 (großes Bild)

Fotolia   Bergringfoto, S. 253

Okapia   Gisela Poelking, S. 244 (großes Bild)

Shutterstock   kreatorex, S. 219 (großes Bild)

Wikimedia Commons   Jebulon, CC-BY-SA-0-1.0, S. 128 (gr. Bild); Liné1, CC-BY-SA-3.0, S. 130 (gr. Bild); MüBe, CC-BY-SA-3.0, S. 138 (Bild 1); Juandev, CC-BY-SA-2.5, S. 145 (gr. Bild); Rob Hille, PD, S. 157 (Bild 2); Mbdortmund, CC-BY-SA-3.0, S. 162 (Bild 2); Anneli Salo, CC-BY-SA-3.0, S. 201 (Bild 2); Tauno Erik, CC-BY-SA-3.0, S. 219 (Bild 4); tb240904, PD, S. 228 (gr. Bild); Hedwig Storch, CC-BY-SA-3.0, S. 239 (Bild 1); Rainer Lippert, CC-BY-SA-0-1.0, S. 255 (gr. Bild); Wouter Hagens, CC-BY-SA-3.0, S. 256 (gr. Bild); Le.Loup.Gris, CC-BY-SA-3.0, S. 265 (Baum-Bild); Guido Gerding, CC-BY-SA-3.0, S. 265 (Brettwurzel)

Ausgewählte Literatur und Links

Coombes, A. J. *Blätter und ihre Bäume. 600 Porträts.* Haupt, 2012
Fitschen, J. *Gehölzflora. Ein Buch zum Bestimmen der in Mitteleuropa wild wachsenden und angepflanzten Bäume und Sträucher.* Quelle & Meyer, 2006
Johnson, H. *Bäume. Die Wald- und Gartenbäume der Welt.* Haupt, 2011
Lauber, K. & al. *Flora Helvetica.* 5. Auflage. Haupt, 2012
Liebst, W. *Von Baum zu Baum. Ein Führer zu besonderen Bäumen Zürichs.* Haupt, 2009
Lüder, R. *Grundkurs Gehölzbestimmung.* Quelle & Meyer, 2012
Lüder, R. *Baumführer (Nature-Lexicon),* Ample & InnoMoS, 2010 (App)
Lüder, R. & F. *Wildpflanzen zum Genießen.* kreativpinsel, 2011
Szalatnay, D. & al. *Früchte, Beeren, Nüsse. Die Vielfalt der Sorten – 800 Porträts.* Haupt, 2011

www.baumkunde.de
www.kreativpinsel.de
www.wald.de
www.waldwissen.net/wald/baeume_waldpflanzen

Register der wissenschaftlichen Namen

Fett gedruckte Seitenzahlen verweisen auf das Artenporträt.

A

Acer 19, 45, 46, 74, 80, 120
    campestre 20, 47, 74, 80, 106, 112, **127**
    monspessulanum 19, 46, 75, 106, **128**
    negundo 17, 46, 74, 105, **129**
    opalus 20, 47, 75, 106, **130**
    platanoides 19, 47, 74, 106, **131**
    pseudoplatanus 20, 47, 75, 106, **132**
Adoxaceae 51, 247, 248, 270, 271
Aesculus 17, 45, 47, 72, 106, 115
    carnea 17, 47, 73, 107, **133**
    hippocastanum 17, 47, 72, 107, **135**
Ailanthus altissima 16, 47, 77, 109, **136**
Alnus 30, 32, 34, 35, 56, 72, 89, 102, 117, 119, 122, 123, 125, 128
    glutinosa 30, 56, 80, 89, 102, **137**
    incana 30, 56, 80, 89, 102, **138**
    viridis 30, 56, 80, 89, 102, 122, **139**
Amelanchier ovalis 29, 30, 31, 34, 68, 76, 120, **140**

B

Berberis vulgaris 22, 25, 36, 45, 85, 100, **141**
Betula 19, 32, 35, 56, 89, 102
    pendula 33, 56, 89, 103, 119, **142**
    pubescens 33, 56, 90, 103, 119, **144**
Betulaceae 55, 137, 138, 139, 142, 144, 146, 154, 156, 157

C

Caprifoliaceae 51, 180–184, 257
Caragana arborescens 16, 48, 73, **145**
Carpinus betulus 33, 55, 90, 113, **146**
Castanea sativa 36, 62, 86, 110, 113, **148**
Clematis 13, 49, 78, 96
    alpina 13, 49, 78, 96, **149**
    vitalba 13, 49, 78, 96, **150**
Colutea arborescens 17, 48, 74, 87, 112, **151**
Cornaceae 50, 152, 153
Cornus 20, 92
    mas 20, 50, 53, 54, 92, 103, 115, **152**
    sanguinea 20, 50, 54, 92, 114, 115, **153**
Corylus 33, 35, 38, 55, 86, 102, 112
    avellana 33, 57, 87, 103, **154**
    colurna 33, 57, 87, 103, **156**
    maxima 33, 57, 87, 103, **157**

Cotoneaster 23, 25, 68, 76, 122
    integerrimus 23, 68, 76, 122, **158**
    tomentosus 23, 68, 76, 122, **159**
Crataegus 34, 36, 38, 70, 75
    laevigata 34, 70, 76, 100, **160**
    monogyna 34, 70, 71, 76, 160
Cydonia oblonga 25, 69, 76, 111, **162**
Cytisus scoparius 13, 48, 73, 109, **163**

D

Daphne mezereum 23, 54, 93, 118, **164**

E

Elaeagnaceae 53, 54, 165, 175
Elaeagnus angustifolia 24, 53, 101, 117, **165**
Ericaceae 268, 269
Euonymus 18, 45, 81, 116
    europaea 18, 46, 81, 116, **166**
    latifolia 18, 46, 81, 116, **167**

F

Faboideae 47, 50, 73, 145, 151, 163, 174, 177, 220, 263
Fagaceae 62, 148, 168, 207, 208, 209, 210
Fagus sylvatica 23, 29, 31, 38, 62, 86, 122, **168**
Frangula alnus 23, 24, 46, 85, 94, 117, **212**
Fraxinus 17, 44, 88, 115
    excelsior 17, 45, 53, 89, 115, **170**
    ornus 17, 44, 89, 115, **171**

G

Ginkgo biloba 19, 37, 72, 91, 101, **173**
Grossulariaceae 216–219

H

Hippocrepis emerus 16, 48, 74, 112, **174**
Hippophae rhamnoides 24, 54, 91, 101, **175**

J

Juglandaceae 176
Juglans regia 16, 55, 91, 103, 117, **176**

L

Laburnum anagyroides 13, 48, 73, 121, **177**
Leguminosae 145, 151, 163, 174, 177, 220, 263
Ligustrum vulgare 21, 44, 85, 93, 105, 116, **178**
Lonicera 20, 51, 84, 115
    alpigena 21, 52, 85, 116, **180**
    caerulea 21, 52, 84, 116, **181**
    nigra 21, 52, 85, 116, **182**
    periclymenum 18, 51, 84, 96, **183**
    xylosteum 21, 52, 85, 116, **184**
Lycium barbarum 22, 52, 85, 100, **185**

M

Maloideae 66, 75
Malus sylvestris 31, 69, 76, 101, 122, **187**
Malvaceae 259–262
Mespilus germanica 22, 28, 29, 34, 69, 75, 100, 119, **188**
Myrica gale 22, 28, 58, 62, 88, 91, 103, 109, **189**
Myricaceae 189

O

Oleaceae 44, 52, 170, 171, 178, 258

P

Platanaceae 190
Platanus
    occidentalis 190
    orientalis 190
    x *hispanica* 37, 38, 49, 62, 78, 107, **190**
Populus 29, 31, 37, 58, 82, 119
    alba 29, 37, 58, 82, 120, **192**
    nigra 30, 58, 82, 119, **193**
    tremula 29, 58, 82, 119, **194**
Prunus 26, 66, 93, 110, 118
    avium 27, 68, 94, 111, **195**
    cerasifera 27, 67, 94, 111, **197**
    cerasus 27, 68, 94, 111, **198**
    domestica 27, 67, 94, 111, **199**
    mahaleb 27, 67, 94, 110, **200**
    padus 26, 67, 93, 111, **201**
    serotina 26, 67, 93, 111, **202**
    spinosa 26, 36, 67, 94, 100, **204**
Pyrus pyraster 22, 25, 30, 69, 76, 101, 122, **205**

Q

Quercus 23, 36, 38, 57, 62, 86, 117
   petraea 23, 36, 58, 87, 118, **207**
   pubescens 36, 57, 87, 118, **208**
   robur 24, 36, 58, 87, 118, **209**
   rubra 36, 57, 87, 118, **210**

R

Ranunculaceae 149, 150
Rhamnaceae 23, 45, 50, 54, 85, 91, 93, 211–213
Rhamnus 29, 31, 97
   cathartica 24, 29, 46, 85, 94, 97, 101, **211**
   frangula 23, 24, 46, 85, 94, 117, **212**
   saxatilis 29, 46, 85, 94, 97, **213**
Rhus hirta 15, 45, 93, 109, **214**
Ribes 37, 84, 120
   alpinum 38, 49, 84, 120, **216**
   grossularia 37, 49, 84, 100, **219**
   nigrum 38, 49, 84, 120, **217**
   petraeum 38, 49, 84, 120, **218**
   uva-crispa 37, 49, 84, 100, **219**
Robinia pseudoacacia 16, 48, 74, 99, 110, **220**
Rosa 14, 64, 78, 98, 99
   agrestis 95
   arvensis 15, 64, 79, 99, **221**
   canina 15, 64, 79, 99. **222**
   gallica 15, 64, 79, 98, **223**
   glauca 15, 64, 79, 99, **225**
   pendulina 15, 65, 79, 98, **226**
   rubiginosa 15, 64, 79, 98, **227**
   rugosa 15, 65, 79, 98, **228**
   spinosissima 15, 65, 79, 98, **229**
Rosaceae 49, 140, 158–162, 187, 188, 195–205, 221–232, 249–255
Rubus 13, 14, 43, 63, 66, 78, 99
   caesius 14, 63, 78, 99, **230**
   fruticosus 14, 63, 78, 99, **231**
   idaeus 14, 63, 78, 98, **232**

S

Salicaceae 58, 192–194, 234–246
Salix 24, 31, 58, 59, 82, 107
   alba 31, 40, 60, 108, **234**
   aurita 40, 61, 109, **235**
   caprea 39, 61, 109, **236**
   cinerea 39, 61, 109, **238**
   daphnoides 39, 60, 108, **239**
   elaeagnos 25, 40, 60, 108, **240**

fragilis 41, 60, 108, **242**
  pentandra 60
  purpurea 25, 41, 61, 108, **243**
  repens 25, 28, 59, **244**
  triandra 41, 59, 107, **245**
  viminalis 24, 40, 61, 108, **246**
Sambucus 17, 70, 83, 92, 104, 114
  nigra 17, 70, 83, 92, 104, **247**
  racemosa 17, 70, 83, 92, 105, **248**
Sapindaceae 127–135
Simaroubaceae 136
Solanaceae 185
Sorbus 15, 35, 38, 64, 65, 68, 76, 117, 121
  aria 35, 66, 77, 121, **249**
  aucuparia 16, 66, 77, 118, **250**
  chamaemespilus 34, 35, 65, 77, 121, **251**
  domestica 16, 66, 77, 118, **252**
  intermedia 35, 66, 77, 121, **254**
  torminalis 35, 65, 77, 121, **255**
Staphylea pinnata 17, 45, 81, 105, **256**
Symphoricarpos albus 19, 51, 84, 92, 105, **257**
Syringa vulgaris 21, 44, 81, 106, **258**

T

Thymelaeaceae 164
Tilia 38, 44, 90, 112
  cordata 39, 44, 90, 112, **259**
  platyphyllos 39, 44, 90, 112, 123, **261**
  tomentosa 39, 44, 90, 112, **262**

U

Ulex europaeus 12, 48, 73, 97, **263**
Ulmus 32, 34, 54, 88, 113
  glabra 32, 55, 88, 113, **264**
  laevis 32, 54, 88, 113, **265**
  minor 32, 55, 88, 113, **266**

V

Vaccinium 83
  myrtillus 28, 51, 83, 112, **268**
  uliginosum 25, 51, 83, 110, **269**
Viburnum 70, 92, 103
  lantana 18, 19, 70, 92, 104, 114, **270**
  opulus 19, 70, 92, 103, 105, **271**
Vitis vinifera ssp. *sylvestris* 37, 50, 54, 85, 96, **272**
Vitaceae 272

Register der deutschen Namen

Fett gedruckte Seitenzahlen verweisen auf das Artenporträt.

A

Ahorn 19, 45, 46, 72, 74, 105, 114
  Berg- 20, 47, 75, 106, 114, **132**
  Burgen- 19, 46, 72, 75, 106, **128**
  Eschen- 17, 46, 74, 75, 105, **129**
  Feld- 20, 47, 74, 106, 114, **127**
  Französischer 19, 46, 75, 106, **128**
  Schneeballblättriger 20, 47, 75, 106, **130**
  Spitz- 18, 19, 20, 45, 47, 74, 106, **131**
Akazie, Falsche 48, 74, **220**
Apfel
  Holz- 31, 69, 76, 101, 122, **187**
  Europäischer Wild- 31, 69, 76, 101, 122, **187**

B

Berberitze 25, 42, 45
  Gewöhnliche 22, 25, 36, 45, 85, 100, **141**
Besenginster 13, 43, 73, 109, **163**
Birke 19, 32, 35, 56, 89, 102
  Behaarte 33, 56, 90, 103, 119, **144**
  Besen- 33, 56, 90, 103, 119, **144**
  Haar- 33, 56, 90, 103, 119, **144**
  Hänge- 32, 33, 56, 89, 102, 103, 119, **142**
  Moor- 33, 56, 90, 103, 119, **144**
  Sand- 33, 56, 89, 103, 119, **142**
  Warzen- 33, 56, 89, 103, 119, **142**
Birne
  Holz- 22, 25, 30, 69, 76, 101, 122, **205**
  Wild- **205**
Blasenstrauch, Gewöhnlicher 12, 17, 48, 74, 87, 112, **151**
Blaubeere 51, 83, 112, **268**
Bocksdorn, Gewöhnlicher 22, 52, 80, 83, 85, 91, 100, **185**
Brombeere, Echte 13, 14, 43, 63, 66, 78, 99, **231**
Buche, Rot- 12, 23, 29, 31, 32, 38, 62, 86, 122, **168**

E

Eberesche 15, 16, 35, 38, 64, 65, 66, 77, 117, 118, 121, **250**
Efeu 96

Eiche 23, 36, 38, 57, 62, 86, 117
   Flaum- 36, 57, 87, 118, **208**
   Rot- 36, 57, 87, 118, **210**
   Stiel- 24, 36, 58, 87, 118, **209**
   Trauben- 23, 36, 57, 87, 118, **207**
Elsbeere 35, 64, 65, 77, 121, **255**
Erbsenstrauch, Gewöhnlicher 16, 48, 73, **145**
Erle 30, 32, 35, 56, 72, 89,102, 117, 119, 122
   Grau- 30, 56, 80, 89, 102, **138**
   Grün- 30, 35, 56, 72, 80, 89, 102, 122, **139**
   Schwarz- 30, 56, 80, 89, 102, **137**
   Weiß- 30, 56, 80, 89, 102, **138**
Esche 17, 44, 45, 52, 88, 115
   Blumen- 17, 44, 89, 115, **171**
   Gewöhnliche 17, 45, 53, 89, 115, **170**
   Manna- 17, 44, 89, 115, **171**
Espe 29, 58, 82, 119, **194**
Essigbaum 15, 45, 93, 109, **214**

F

Faulbaum 23, 24, 46, 85, 94, 116, 117, **212**
Felsenbirne, Gewöhnliche 29, 30, 31, 34, 68, 76, 120, **140**
Flieder, Gewöhnlicher 21, 44, 52, 73, 81, 106, **258**

G

Gagelstrauch 22, 28, 58, 62, 88, 91, 103, 109, **189**
Geißblatt 20, 51, 84, 115
   Wald- 18, 51, 84, 96, **183**
   Wildes **183**
Ginkgo 19, 37, 72, 91, 101, **173**
Goldregen, Gewöhnlicher 13, 48, 73, 121, **177**
Götterbaum 16, 47, 77, 109, **136**

H

Hainbuche 33, 55, 86, 88, 90
   Gewöhnliche 33, 55, 113, **146**
Hartriegel 20, 50, 92
   Gelber 20, 50, 53, 92, 103, 115, **152**
   Roter 20, 50, 54, 92, 114, 115, **153**

Hasel 26, 33, 36, 38, 55, 86, 102, 104, 112
    Baum- 33, 57, 87, 103, 112, **156**
    Gewöhnliche 33, 57, 86, 87, 103, 112, **154**
    Türkische 33, 57, 87, 103, **156**
Haselnuss 33, 38, 57, 87, 103, **154**
Heckenkirsche 42, 51, 84
    Alpen- 21, 52, 85, 90, 116, **180**
    Blaue 21, 52, 84, 116, **181**
    Gewöhnliche 21, 52, 85, 116, **184**
    Rote 21, 52, 85, 116, **184**
    Schwarze 21, 52, 85, 116, **182**
Heckenrose, Alpen- **226**
Heidelbeere 28, 51, 83, 112, **268**
Herzbeer 19, 70, 92, 103, **271**
Himbeere 13, 14, 63, 66, 78, 98, **232**
Holderbusch 17, 70, 83, 92, 104, **247**
Holler 17, 70, 83, 92, 104, **247**
Holunder 17, 51, 70, 83, 104, 114
    Berg- 17, 70, 83, 92, 105, **248**
    Roter 17, 70, 83, 92, 105, **248**
    Schwarzer 17, 70, 83, 92, 104, 114, **247**
    Trauben- 17, 70, 83, 92, 104, 105, **248**

J

Johannisbeere 37, 49, 53, 84, 120
    Alpen- 37, 38, 49, 84, 120, **216**
    Berg- 38, 49, 84, 120, **218**
    Felsen- 38, 49, 84, 120, **218**
    Schwarze 38, 49, 84, 120, **217**

K

Kastanie
    Edel- 36, 62, 110, **148**
    Ess- 36, 62, 80, 86, 110, 113, **148**
Kirsche 26, 43, 51, 53, 83, 91, 93, 110
    Felsen- 27, 67, 94, 110, **200**
    Sauer- 27, 68, 94, 111, **198**
    Süß- 27, 68, 94, 111, **195**
    Weichsel- 27, 67, 94, 110, **200**
    Vogel- 27, 68, 94, 111, **195**
Kornelkirsche 20, 50, 53, 92, 103, 115, **152**

Kratzbeere 14, 63, 78, 99, **230**
Kreuzdorn 23, 29, 31, 45, 50, 54, 85, 93, 97
   Felsen- 29, 46, 50, 85, 94, 97, **213**
   Purgier- 24, 29, 31, 46, 50, 85, 94, 97, 101, **211**
Kronwicke, Strauch- 16, 48, 49, 74, 112, **174**

L

Lambertsnuss 33, 57, 87, 103, **157**
Liguster, Gewöhnlicher 21, 44, 52, 85, 93, 105, 106, 116, **178**
Linde 26, 38, 43, 44, 51, 53, 86, 88, 90, 112
   Silber- 39, 44, 90, 112, **262**
   Sommer- 39, 44, 90, 112, 123, **261**
   Winter- 39, 44, 90, 112, **259**

M

Mehlbeere 15, 35, 38, 64, 65, 68, 76, 117, 121
   Echte 35, 66, 77, 121, **249**
   Schwedische 35, 66, 77, 121, **254**
   Zwerg- 34, 35, **251**
Mispel 22, 28, 29, 34, 69, 75, 100, 119, **188**

O

Ölweide, Schmalblättrige 24, 53, 91, 101, 117, **165**

P

Pappel 29, 31, 37, 58, 81, 82, 119
   Pyramiden- 193
   Schwarz- 30, 58, 82, 119, **193**
   Silber- 29, 37, 58, 82, 120, **192**
   Zitter- 29, 58, 82, 119, **194**
Pfaffenhütchen 45
   Gewöhnliches 18, 46, 81, 95, 116, **166**
   Breitblättriges **167**
Pflaume 26, 27, 67, 93, 94, 110, 111, **199**
   Kirsch- 27, 67, 94, 111, **197**
Pimpernuss, Gewöhnliche 17, 45, 73, 81, 105, **256**
Platane 20
   Ahornblättrige 37, 38, 49, 62, 78, 107, **190**
Pulverbaum 23, 24, 46, 85, 94, **212**

Q

Quitte, Echte 25, 69, 76, 111, **162**

R

Rainweide, Gewöhnliche 44, **178**
Rauschbeere 25, 51, 83, 110, **269**
Robinie 16, 48, 74, 99, 110, **220**
Rose 14, 64, 78, 79, 97, 98, 99
    Acker- 95
    Alpen- 15, 65, 79, 98, **226**
    Bereifte **225**
    Bibernell- 15, 65, 79, 98, **229**
    Dünen- 15, 65, 78, 79, 98, **229**
    Essig- 15, 64, 79, 98, **223**
    Feld- **221**
    Glanz- 97
    Hecht- **225**
    Hunds- 14, 15, 64, 79, 99, **222**
    Kartoffel- 15, 65, 79, 98, **228**
    Kriech- 15, 64, 79, 99, **221**
    Pimpinell- 15, 65, 79, 98, **229**
    Rotblättrige 15, 64, 79, 99, **225**
    Wein- 15, 64, 79, 98, **227**
Rosskastanie 17, 45, 47, 72, 106, 115
    Balkan- 17, 47, 72, 107, **135**
    Gewöhnliche 17, 47, 107, 115, **135**
    Rote 17, 47, 73, 107, **133**
Rotrüster 32, 55, 88, 113, **266**

S

Sanddorn, Gewöhnlicher 24, 54, 91, 101, **175**
Sauerdorn 22, 36, 85, **141**
Scheinakazie 48, 74, **220**
Schlehe 26, 36, 67, 94, **204**
Schneeball 51, 70, 92, 103
    Gewöhnlicher 19, 70, 92, 103, 105, **271**
    Wolliger 18, 19, 70, 92, 104, 114, **270**
Schneebeere, Gewöhnliche 19, 51, 84, 92, 105, **257**
Schwarzdorn 26, 36, 67, 94, **204**
Seidelbast, Gewöhnlicher 23, 54, 93, 118, **164**

Silberregen 48, 74, **220**
Speierling 16, 65, 66, 76, 77, 118, **252**
Spindelstrauch 18, 45, 81, 116
    Breitblättriger 18, 46, 81, 116, **167**
    Gewöhnlicher 18, 46, 81, 116, **166**
Stachelbeere 37, 49, 84, 100, **219**
    Küsten- 83, 91
Stechginster 12, 48, 73, 97, **263**
Steinweichsel 27, 67, 94, 110, **200**
Sumach, Hirschkolben- 15, 45, 93, 109, **214**

T

Trunkelbeere 110, **269**
Traubenkirsche 26, 42, 93, 110
    Amerikanische 26, 67, 93, 111, **202**
    Auen- 26, 67, 93, 111, **201**
    Gewöhnliche 26, 67, 93, 111, **201**
    Späte 26, 67, 93, 111, **202**

U

Ulme 26, 32, 34, 54, 88, 104, 113
    Berg- 28, 32, 55, 80, 88, 113, **264**
    Feld- 32, 55, 88, 113, **266**
    Flatter- 32, 54, 86, 88, 113, **265**

V

Vogelbeere 16, 38, 65, 66, 76, 77, 118, 121, **250**

W

Waldrebe 13, 49, 78, 96
    Alpen- 13, 49, 78, 96, **149**
    Gewöhnliche 13, 49, 78, 96, **150**
Walnuss, Echte 16, 55, 91, 103, 117, **176**
Weide 24, 31, 42, 58, 59, 60, 73, 81, 82, 104, 107
    Bruch- 41, 60, 108, **242**
    Fahl- 24, 60, 242, 246
    Grau- 39, 58, 61, 109, **238**
    Hanf- 24, 40, 61, 108, **246**
    Knack- 41, 60, 108, **242**